Christine und Bodo Müller

Über die Ostsee in die Freiheit

Christine und Bodo Müller

ÜBER DIE
OSTSEE
IN DIE
FREIHEIT

Dramatische Fluchtgeschichten

Delius Klasing Verlag

Hinweis

Verlag und Autoren haben sich nach besten Kräften bemüht, die Quellen der hier wiedergegebenen Abbildungen zu ermitteln und anzugeben. Sollten dennoch Rechte-Eigentümer in Einzelfällen nicht genannt sein, werden sie um Verständnis und um nachträgliche Kontaktaufnahme mit dem Verlag gebeten. Personen- und Schiffsnamen entsprechen den Tatsachen und werden mit Einverständnis der Betroffenen genannt. Eine Ausnahme bilden die Kapitel 6, 10, 11 und 15; hier sind die wirklichen Namen den Autoren bekannt, sie mußten jedoch aus rechtlichen Gründen geändert werden.

Die Deutsche Bibliothek — CIP-Einheitsaufnahme

Müller, Christine: Über die Ostsee in die Freiheit: dramatische Fluchtgeschichten/Christine und Bodo Müller. — 1. Aufl. — Bielefeld: Delius Klasing, 1992
ISBN 3−7688-0746-0
NE: Müller, Bodo

© 1992 Copyright Delius Klasing & Co, Bielefeld
Karten: Helmuth Seltmann
Umschlagentwurf: Siegfried Berning
Alle Rechte vorbehalten
Satz: Kunst- und Werbedruck, Bad Oeynhausen
Druck: Mohndruck, Gütersloh
Printed in Germany 1992

Inhalt

Zum Geleit

Die bisherigen Daten über die Opfer des ostdeutschen Grenz-regimes stimmen nicht mehr. Nachdem Christine und Bodo Müller die ehemals geheimen Unterlagen über Vorgänge an der DDR-Seegrenze eingesehen haben, muß die Statistik des Todes neu geschrieben werden.

Es ist ein Verdienst der Autoren, daß sie erstmals das erschrek-kende Ausmaß der Fluchtbewegung über die Ostsee dokumentiert haben. Die zum Teil dramatischen Fluchtgeschichten beleuchten ein tragisches Kapitel deutsch-deutscher Vergangenheit.

Dr. Rainer Hildebrandt
Museum *Haus am Checkpoint Charlie*, Berlin

Vorwort und Danksagung

28 Jahre lang stand an der Ostseeküste Mecklenburg-Vorpommerns eine unsichtbare Mauer. Der Ostseebesucher sah die Freiheit des Meeres, und doch war sie für ihn unerreichbar. Der ferne Horizont mit den fremden Schiffen, der Blick von Hiddensee über die Weite des Meeres zum weißen Felsen von Mön und schließlich das Wissen, daß man am anderen Ufer, falls man es je erreichen könnte, ein freier Mensch wäre, beflügelten Phantasie und Erfindergeist.

Die unsichtbare Mauer war 28 Jahre lang eine Herausforderung für Menschen, die sich ihren Freiheitswillen nicht brechen ließen und das Meer mit seinen bewaffneten Bewachern nicht fürchteten. Vor allem Wassersportler, aber auch ausgesprochene Amateure bauten in ihren Verstecken die kuriosesten Seefahrzeuge für eine abenteuerliche Flucht übers Meer. Andere versuchten es mit List und Tücke oder schwammen einfach um ihr Leben.

Auch wenn der Begriff „Freiheit oder Tod" inzwischen sehr strapaziert wurde, so war er doch für viele Ostsee-Flüchtlinge das Leitmotiv. Sie hatten innerlich so sehr mit dem SED-Staat gebrochen, daß sie die unglaublichsten Gefahren auf sich nahmen, um ein elementares Menschenrecht durchzusetzen. Dabei vollbrachten manche Flüchtlinge Leistungen, die in keinem Buch der Rekorde stehen.

Gründliche Vorbereitung, Verschwiegenheit, gute Seemannschaft, Cleverneß und nicht zuletzt eine große Portion Glück waren die wichtigsten Voraussetzungen, wenn das gefährliche Abenteuer gelingen sollte. Die Tragik der Geschichte ist, daß nur etwa einer von zehn Flüchtlingen die freien Ostseeküsten erreichte. Die anderen wurden für Jahre hinter Gitter gesteckt oder starben auf ihrem Weg in die Freiheit einen qualvollen Tod. 28 Jahre unsichtbare Mauer − das sind nicht nur Sehnsüchte und Hoffnungen. Das bedeutet vor allem Jagd auf wehrlose Menschen, Festnahmen, Schikanen, Demütigungen, Schüsse, Erschöpfung, Unterkühlung und Ertrinken. Der totalitäre SED-Staat hat die Menschen pervertiert. Junge Männer wurden in Uniformen gesteckt und mit verlo-

7

genen Heilslehren an der Küste und auf See zu Vollstreckern eines
Unrechtsregimes gemacht. Menschlichkeit und Moral haben hier
versagt. Geblieben sind unsagbares Leid, zerrissene Familien und
die Frage nach der Veranwortung.

Wir haben dieses tragische Kapitel deutscher Geschichte aufgear-
beitet, damit nicht vorsorglich der Mantel des Vergessens über das
geschehene Unrecht gebreitet wird. Mit den ausgewählten Fluchtgeschichten, die stellvertretend für viele andere stehen, wollen wir
den Mut derer würdigen, die über das Meer einen Weg in die Freiheit suchten. Und wir wollen all jenen ein Denkmal setzen, die
dabei ihr Leben ließen.

Wir danken allen Männern und Frauen, die durch ihre Aussagen,
Hinweise und ihr aktives Mitwirken zum Gelingen dieses Buches
beigetragen haben. Ein besonderes Dankeschön gilt jenen ehemaligen DDR-Bürgern, die uns ihre Fluchtgeschichte erzählten und
vorhandene Dokumente zur Verfügung stellten. Zudem bedanken
sich die Autoren bei folgenden Behörden und Institutionen für die
gewährte großzügige Unterstützung:

Arbeitsgemeinschaft 13. August, Museum
   Haus am Checkpoint Charlie, Berlin
Bundesarchiv Koblenz
Bundesaufnahmestelle Gießen
Bundesgrenzschutz
Bundesministerium für Verteidigung
Gesamtdeutsches Institut Berlin
Hafenverwaltung Klintholm, Insel Mön, Dänemark
Kriminalpolizei Lübeck
Marinekommando Rostock
Militärisches Zwischenarchiv Potsdam
Militärarchiv Freiburg im Breisgau
Museum für Deutsche Geschichte, Berlin
Oberfinanzdirektion Rostock
Wasserschutzpolizei Travemünde
Zentrale Erfassungsstelle Salzgitter
Zollabteilung der Oberfinanzdirektion Rostock

Christine und Bodo Müller   Travemünde, im März 1992

TEIL EINS:

DIE NASSE GRENZE

Beobachtungsturm auf der Insel Greifswalder Oie

1

Die unsichtbare Mauer

Heute weiß nahezu jeder Deutsche, wie das SED-Regime den DDR-Bürgern den Landweg in die Freiheit versperrte. Über die Berliner Mauer und den Stacheldraht an der Westgrenze gibt es Dokumentationen in Fülle.

Doch nur wenige wissen, wie Herr Honecker seinen Landsleuten den freien Zugang zum Meer verwehrte. Während Grenztruppen und Stasi im Binnenland jede Pfütze Wasser ummauerten, die nur irgendwie die Westgrenze tangierte, konnte man vor der Ostsee keine Mauer bauen.

Dies hätte Herrn Honeckers Ansinnen, die DDR als „weltoffenes Land" darzustellen, widersprochen. Alles sollte so aussehen, als sei die DDR-Küste frei und offen wie jede andere Küste auf der Welt: mit Badebetrieb am Strand, Schiffahrt und Sportbootverkehr.

Somit mußten sich die norddeutschen Handlanger der Ostberliner Führung damit begnügen, nur im westlichsten Abschnitt der Seegrenze – von der Halbinsel Priwall bis zum Dorf Brook – eine 13 km lange, hermetisch dichte Mauer nach Berliner Vorbild aufzustellen. Daß dabei den Bewohnern der Küstenorte Pötenitz, Rosenhagen, Barendorf, Groß Schwansee und Brook der Zugang zum Meer buchstäblich vermauert wurde, interessierte die Genossen nicht.

Der weitaus größere Teil der Außenküste zwischen der Lübecker Bucht im Westen und der Pommerschen Bucht im Osten blieb „offen". Für dieses Gebiet schufen die Grenzbrigade Küste, die BDVP* Rostock und die Stasi-Bezirksverwaltung Rostock mit einem ausgeklügelten Sicherheitssystem eine unsichtbare Mauer, die nicht weniger unmenschlich war als das bekannte Bauwerk in Berlin.

---

* Erklärung der Abkürzungen am Schluß des Buches

Die Schwierigkeit des Unterfangens lag in den geographischen Gegebenheiten: Eine stark zergliederte Außenküste mit einer Gesamtlänge von 602 km (alle Buchten, Bodden und Wieken zählten mit zum Grenzgebiet) mußte abgeschottet werden. Selbst die begradigte Grundlinie hatte noch immer eine Länge von 278 km (150 sm). Und auf der seeseitigen äußeren Grenze der Territorialgewässer mußten 338 km (182 sm) bewacht werden.

In der Praxis war das weit schwieriger, als eine Mauer zu bauen und auf jeden zu schießen, der sie zu überwinden versuchte. Da sich im Urlaubsgebiet Ostseeküste jeder DDR-Bürger bis auf wenige Einschränkungen relativ frei bewegen konnte, gab es keine feste Demarkationslinie. Eine Person, die abends in die Ostsee sprang, konnte also nicht ohne weiteres beschossen werden, da sie möglicherweise ein braver Urlauber war.

Deshalb erstreckte sich die unsichtbare Mauer über einen weiten Bereich: vom Küstenvorland über die offene See bis zu den dänischen Hoheitsgewässern. Überwacht wurde dieses Gebiet von der 6. Grenzbrigade Küste (einer Einheit der DDR-Volksmarine), die dabei mit der SED-Bezirksleitung, der Staatssicherheit, der Deutschen Volkspolizei, dem Zoll und nicht zuletzt mit den Einheiten der Volksmarine kooperierte. Die Grenzsicherung bestand aus den Teilen „landseitiges System der Grenzsicherung" und „seeseitiges System der Grenzsicherung".

Das landseitige System der Grenzsicherung

Etwa 5 km südlich der eigentlichen Küste begann die militärisch organisierte Überwachung der einheimischen Bevölkerung und der Ostsee-Urlauber. Die südlichste Ausdehnung dieses „Grenzgebiets" war in weiten Teilen des Bezirks Rostock identisch mit dem Verlauf der Küstenstraße F 105. Später wurde das System der flächendeckenden Überwachung noch weiter nach Süden ausgedehnt, und zwar auf das „grenznahe Hinterland".

Während die militärischen Truppen der 6. Grenzbrigade Küste vorrangig an der unmittelbaren Küstenlinie (Ausnahme bei Fahndungen) im Einsatz waren, wurde das Hinterland von der Volkspolizei und einem zivilen Spitzeldienst sogenannter freiwilliger Grenzhelfer abgesichert. Jede der acht Kompanien der 6. Grenzbrigade Küste verfügte über durchschnittlich 30 Helfer aus der Zivilbevölkerung, die nach einem geheimen Dienstplan in ihren Ortschaften rund um die Uhr im Einsatz waren.

Diese Grenzhelfer wurden aus nahezu allen Bevölkerungskreisen rekrutiert. Praxis war es, im Dorf wohnende SED-Mitglieder als Grenzhelfer zu werben. Ein Genosse durfte einen solchen „wichtigen Auftrag im Klassenkampf" nicht ablehnen. Üblich war es auch, daß in den Dörfern der Bürgermeister (oder dessen Stellvertreter) und ein Leitungsmitglied der LPG als freiwillige Grenzhelfer tätig waren. Typische Grenzhelfer waren die Parteisekretäre der Betriebe und Kommunen sowie Emporkömmlinge der FDJ.

Der freiwillige Grenzhelfer bekam für seinen Dienst keinen Lohn, denn es war ehrenamtliche gesellschaftliche Arbeit. Selbst wenn er einen Flüchtling faßte, erhielt er als Dank nur einen Präsentkorb (mit Delikatessen aus der Handelsgesellschaft der Nationalen Volksarmee) oder im Höchstfall 100 Mark Prämie. Die in der westdeutschen Boulevardpresse gern hochgespielte Version vom Kopfgeldjäger stimmt nicht. Der brave Biedermann hatte allerdings andere Vorteile: Der ehrenamtliche Grenzdienst beschleunigte seine Karriere in höhere berufliche und gesellschaftliche Funktionen. Dieser dienstbeflissene Mitläufer war der Prototyp des erfolgreichen DDR-Bürgers.

Noch 1984, also fünf Jahre vor dem Fall der Mauer, baute das SED-Regime das System der inneren Bespitzelung im DDR-Ostseebezirk aus. In dem geheimen Beschluß 43-5/84 des Rates des Bezirks Rostock vom 17.02.84 wurde festgelegt, daß zusätzlich zum bereits bestehenden Überwachungssystem in den Räten der „Städte und Gemeinden des Grenzgebietes und in Schwerpunktterritorien des grenznahen Hinterlandes" eine „ständige Arbeitsgruppe Grenze" gebildet werden mußte. Dieser Beschluß, der seinerzeit ohne Widerstand angenommen und durchgesetzt wurde, ist ein markantes Beispiel der Unterwürfigkeit damaliger Kommunalverwaltungen. Obwohl nahezu jeder DDR-Bürger wußte, daß die Freiheitsberaubung durch Grenzabschottung ein zum Himmel schreiendes Unrecht war, ließen sich weite Teile der Bevölkerung willenlos vor den Karren von Partei und Geheimdienst spannen.

Mit diesem Beschluß von 1984 wurde das „grenznahe Hinterland" so weit erfaßt, daß selbst die Kommunalverwaltungen kleiner Dörfer, die weitab von der Küste lagen, Spitzeldienste verrichten mußten. Leiter der „Arbeitsgruppe Grenze" war jeweils der Bürgermeister. Zu den Mitgliedern gehörten unter anderem: der Vorsitzende der Ständigen Kommission Ordnung und Sicherheit, der Leiter des VP-Gruppenpostens, der Sekretär der Ortsparteiorganisation und der Leiter der Kurverwaltung beziehungsweise des örtlichen Feriendienstes.

Erschreckend ist, wie viele zivile Seefahrer Spitzeldienste als freiwillige Grenzhelfer verrichteten. Aus einer geheimen Verschlußsache über eine Militärratssitzung vom 24. November 1987 geht unter anderem hervor, daß allein im Fischerei-Aufsichtsamt der DDR 53 Spitzel tätig waren. Auf acht Schiffen der Rostocker Bagger-, Bugsier- und Bergungsreederei verrichteten nebenbei 15 Grenzhelfer ihren ehrenamtlichen Dienst. Nahezu unfaßbar ist, daß selbst viele Fischer in geheimer Mission ihre eigenen Kollegen und andere potentielle See-Flüchtlinge observierten. Beim VEB Fischfang Saßnitz arbeiteten auf 42 Booten insgesamt 86 Spitzel. In der FPG Warnemünde verrichteten auf 14 Kuttern 15 freiwillige Grenzhelfer ihren Dienst. Und selbst in der kleinen FPG in Wismar leisteten 14 Fischer auf zwölf Booten nebenberufliche Spitzeldienste.

Wenn man heute die Verantwortung für die Opfer auch an der ehemaligen Ostseegrenze der DDR allein SED-Chef Honecker und Stasi-Chef Mielke zuspricht, ist das nur die eine Seite. Das Unrechtsregime wäre nicht möglich gewesen, hätte es nicht das Heer der zivilen Hilfskräfte gegeben.

Freiwillige Grenzhelfer observierten die Verkehrswege zur Küste und hielten Ausschau nach Fahrzeugen mit verdächtigen Zuladungen wie Surfbrettern und Schlauch- oder Paddelbooten. Auf den Bahnhöfen wurde das Reisegepäck nach eventuellen Fluchtmitteln durchschnüffelt. Auf den Campingplätzen bespitzelten die Grenzhelfer die Urlauber, wenn der Verdacht bestand, daß in einem Zelt heimlich ein Fluchtboot gebaut wurde. Auf diese Art konnten die meisten Flüchtlinge schon festgenommen werden, ehe sie überhaupt das Wasser erreichten. An der Küste, in den Häfen und auf See fungierten ausgewählte Fischer, Matrosen und selbst Kapitäne als verlängerter Arm der Staatsicherheit.

Erst unmittelbar an der See trat die 6. Grenzbrigade Küste in Erscheinung. Zwischen Pötenitz im Westen und Ahlbeck im Osten operierten insgesamt acht Grenzkompanien sowie zwölf technische Beobachtungskompanien. Jede Grenzkompanie bestand durchschnittlich aus 80 Mann, wovon etwa die Hälfte unmittelbar an der Grenze im Einsatz waren. Zu jeder technischen Beobachtungskompanie gehörten 24 Mann. Insgesamt zählten zum System der landseitigen Grenzsicherung 968 Mann in Uniform. Etwa die Hälfte davon stand ständig unter Waffen. Schwerpunkt war die Beobachtung der unmittelbaren Küstenlinie und der See.

Dazu wurden Mitte der siebziger Jahre entlang der Küste 38 Beobachtungstürme „BT 11" (Betontürme von 11 m Höhe) aufgestellt. Sie waren mit Suchscheinwerfern (Reichweite etwa 500 m) und später auch mit Radargeräten ausgerüstet.

Wachturm „BT 11" an der Steilküste bei Warnemünde

15

Außerdem waren die zwölf technischen Beobachtungskompanien mit speziellen Funkmeßtürmen ausgestattet. Von diesen aus wurde einerseits der Schiffsverkehr auf der Ostsee verfolgt, andererseits nach Flüchtigen gesucht. Die Türme standen (von West nach Ost) bei Pötenitz, Boltenhagen, auf der Insel Poel, bei Kühlungsborn, in Warnemünde, auf dem Fischland, auf Darßer Ort, in Barhöft, auf dem Dornbusch (Insel Hiddensee), auf Kap Arkona (Insel Rügen), auf den Kreidefelsen der Stubbenkammer (Rügen), in Sellin (Rügen), auf der Insel Ruden und der Insel Oie vor dem Greifswalder Bodden.

Um die Lücken dazwischen aufzufüllen, wurden an der Küste mobile Suchscheinwerfer auf russischen Militärfahrzeugen vom Typ SIL aufgestellt. Dies waren extrem starke Scheinwerfer mit Kohle-Lichtbogen, wie sie bei den Luftstreitkräften eingesetzt wurden. Die Suchscheinwerfer hatten eine Reichweite von 18 km. Mit starken Ferngläsern konnten bei ruhiger See im Scheinwerferkegel noch in einer Entfernung von 3 sm kleine Schwimmobjekte identifiziert werden. Diese Scheinwerfer hatten zusätzlich einen psychologischen Effekt: Die Soldaten ließen die Lichtkegel regelmäßig über See und Küste streichen, damit sich Flüchtlinge beobachtet fühlten und von ihrem Vorhaben abließen. Zusätzlich gingen Postenpaare in besonders gefährdeten Küstenabschnitten Streife.

Die landseitig eingesetzten Grenzsoldaten waren zum überwiegenden Teil Wehrpflichtige (Dienstzeit 18 Monate) aus dem Binnenland. Sie waren mit russischen Maschinenpistolen (Kalaschnikow) und scharfer Munition bewaffnet.

Das seeseitige System der Grenzsicherung

Zu den Fahrzeugen der 6. Grenzbrigade Küste gehörten insgesamt 34 Schiffe:

- 18 HMSR (Hochsee-Minensuch- und Räumschiffe mit je 24 Mann Besatzung),
- 10 GB 23 (Grenzboote von 23 m Länge mit je sechs Mann Besatzung),
- 6 Kutter (Fischkutter von 17 m Länge mit je sieben Mann Besatzung).

Insgesamt waren 534 Einsatzkräfte auf See. Zusammen mit dem Stab gehörten zur seeseitigen Grenzsicherung rund 800 Personen.

Am wirkungsvollsten war der Einsatz der HMSR. Diese von den eigenen Landsleuten auf der Wolgaster Peene-Werft gebauten Schiffe waren für DDR-Verhältnisse relativ gut ausgerüstet. Das betraf sowohl die Radargeräte, mit denen bei ruhiger See sogar Wasservögel ausgemacht werden konnten, als auch die Anlagen

HMSR-Schiffe im Militärhafen Hohe Düne bei Warnemünde

17

der Hydroakustik. Die Bewaffnung bestand aus Handfeuerwaffen (Kalaschnikow) für die Besatzung sowie einer 23-mm-Zwillings-flak.

Im Normalfall waren immer vier HMSR gleichzeitig auf See, und zwar vor Klützhöved (etwa in der Mitte zwischen Lübecker Bucht und Wismarer Bucht), vor Kühlungsborn, vor Graal-Müritz und im Seegebiet zwischen Darßer Ort und Kap Arkona. Damit war die DDR-Küste westlich der Insel Rügen bis zur Lübecker Bucht unter ständiger Beobachtung. Zusätzlich waren die GB 23 und die Kutter (jeweils mit Handfeuerwaffen ausgerüstet) an solchen Stellen stationiert, wo es Verbindungen zwischen den geschützten Boddengewässern und der offenen See gab, insbesondere in der Wismarer Bucht, bei Barhöft, im Libben (nördlicher Ausgang der Boddengewässer zwischen Hiddensee und Rügen) und in der Ostansteuerung des Greifswalder Boddens.

Dieses System der Grenzüberwachung entsprach haargenau den Erfahrungen aus den bekannt gewordenen, erfolgreichen Grenz-durchbrüchen. Die meisten Fluchtversuche erfolgten an drei Schwerpunkten:

● aus der westlichen Wismarer Bucht direkt nach Schleswig-Holstein,
● ab Fischland/Darß zum internationalen Schiffahrtsweg,
● ab Rügen oder Hiddensee zur dänischen Insel Mön.

Häufigste Fluchtzeiten waren Spätsommer und Herbst, wenn die Nächte lang genug und die Ostseegewässer noch warm waren. Die Nachtstunden an den Wochenenden waren Hauptzeiten für Fluchtversuche.

Dies wußte die Grenzbrigade Küste sehr genau und verließ samstags und sonntags in der Morgendämmerung mit Such-schiffen die DDR-Hoheitsgewässer, um auf der offenen See nach Fluchtbooten zu suchen, die sich über Nacht unentdeckt entfernt hatten. Zu diesem Zweck wurden zwei russische Kampfhub-schrauber vom Typ Mi 4 der Volksmarine in Stralsund mit einge-setzt. Dabei hatten die Hubschrauber die Flüchtlinge zu orten und gegebenenfalls durch Tiefflug am Weiterfahren zu hindern, wäh-rend über Funk das nächste Schiff der 6. Grenzbrigade Küste gerufen wurde. Waren ihre Schiffe zu weit vom „Ziel" entfernt,

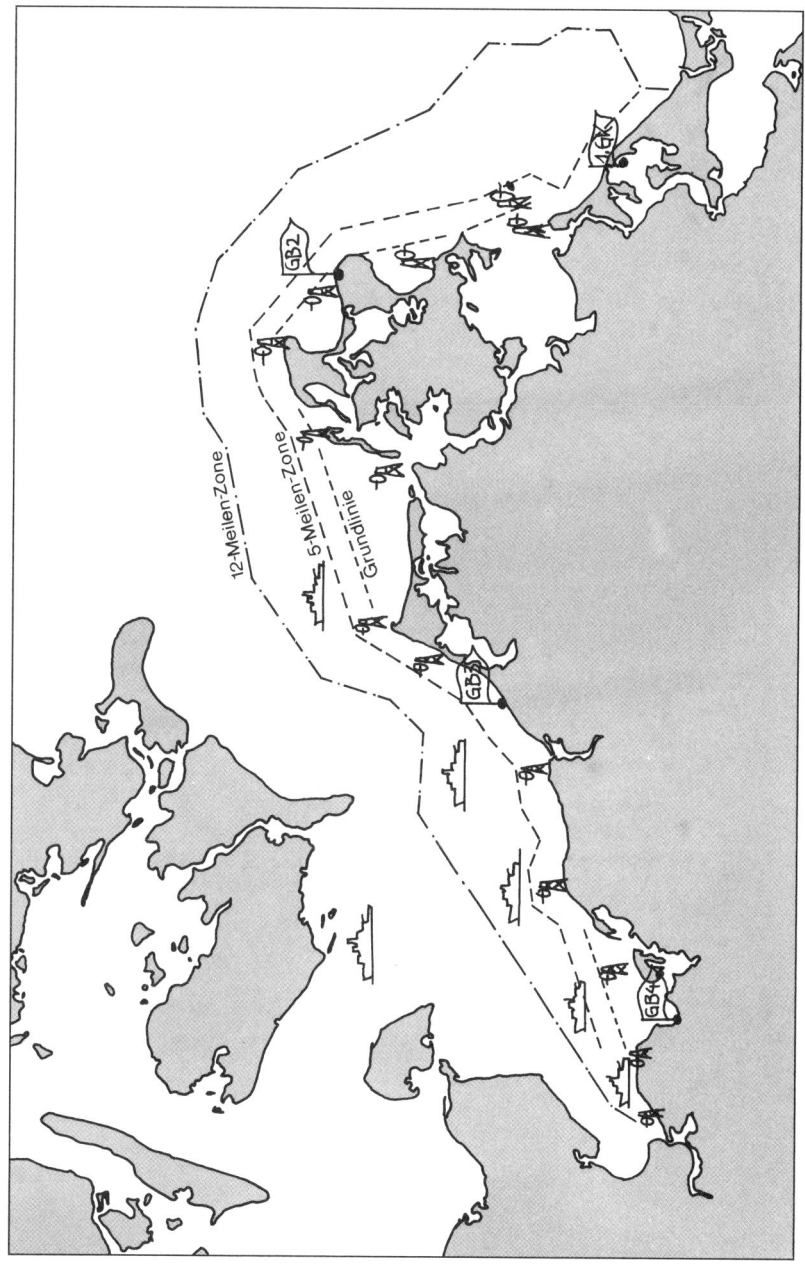

Die Ostseeküste der ehemaligen DDR mit den Positionen der Grenzboote und Funkmeßtürme sowie den Standorten der Grenzbataillone

19

wurden zusätzlich Einheiten der Volksmarine mit herangezogen. Die Jagd auf wehrlose Menschen wurde auch dann noch fortgesetzt, wenn die Flüchtlinge die DDR-Hoheitsgewässer schon längst verlassen hatten und theoretisch bereits in Freiheit waren.

Im Grenzgesetz vom 25. März 1961 (Gbl. I, Nr. 11, S. 197) wurde im Schießbefehl § 27 die gezielte Anwendung der Schußwaffe „zur Ergreifung von Personen" gerechtfertigt. Der § 31 (2) gestattete den Schußwaffengebrauch auch bei „Verfolgung von Wasserfahrzeugen über die Territorialgewässer hinaus".

Dokumentenadresse	BAA000 43	Vertraulichkeitsgrad
		GVS / VVS / VD / NfD

Notation 8.50.34.;   Nur für den Dienstgebrauch

Deskriptoren GRENZGEBIETE , GRENZSICHERUNG , BEVOELKERUNG , ORDNUNG
UND SICHERHEIT , ERHOLUNG , TOURISTIK;

BESCHLUSS 43 – 5/84
Rat des Bezirkes Rostock

STCSC 5.4.
STCPA 5.4.
STCRD 5.4.

(Redaktionelle Bearbeitung beendet am 22. 3. 1984)

Beschlußgegenstand   Maßnahmen zur Erhöhung der Ordnung und Sicherheit
im Grenzgebiet und grenznahen Hinterland des
Bezirkes Rostock

Beschluß-Nr.: 0043;   Beschluß-Tag (BeT): 17.02.1984

Standort: 47000800001;   Anzahl der Ausfertigungen: 550
                                   Verteiler:

gez. M a r l o w   gez. H a ß
Vorsitzender des Rates des Bezirkes   Stellvertreter des Vor-
        Unterschrift   sitzenden für Inneres
                                                  Unterschrift

Cg 19 II/15/111.

20

Anlage 2

Zusammensetzung der <u>Arbeitsgruppen Grenze</u> beim Rat des Bezirkes
Rostock und den Räten der Kreise, Städte und Gemeinden

1. <u>Bezirk:</u>

Leiter der Arbeitsgruppe:	Stellv.d.Vorsitzenden für Inneres
Mitglieder:	Ratsmitglied für Erholungswesen
	Ratsmitglied für Jugendfragen, KuS
	Vertreter Bereich Verkehr
	Vertreter SED-Bezirksleitung
	Vertreter FDGB-BV (Feriendienst)
	Vertreter Kombinat Fischwirtschaft
	Stellv.d.Stabschef BDVP
	Leitungskader BV MfS
	<u>Stellv.d.Stabschef 6. GBrK</u>
	Leitungskader BV Zoll
Sekretär der AG:	Leitender Mitarbeiter für Grenz- sicherheit beim Rat des Bezirkes, Bereich Inneres

2. <u>Kreis:</u>

Leiter der Arbeitsgruppe:	Stellv.d.Vorsitzenden für Inneres
Mitglieder:	Ratsmitglied für Erholungswesen
	Vertreter SED-Kreisleitung
	Vertreter KV des FDGB
	Offizier d. Leitung des VPKA (in der Regel STCH)
	Leitungskader KD MfS
	<u>Stellv.d.STCH Grenzbataillon</u>
Sekretär der AG:	Mitarbeiter für Grenzsicherheit beim Rat des Kreises, Ber.Inneres

3. <u>Stadtkreis:</u>

Leiter der Arbeitsgruppe:	Stellv.d.OB für Inneres
Mitglieder:	Stadtrat für Umweltschutz, WW und Erholungswesen
	Stadtrat für Jugendfragen
	Vertreter SED-Kreisleitung
	Abg. d. Ständ.Komm. Ordnung und Sicherheit

4. <u>Stadt/Gemeinde:</u>

Leiter der Arbeitsgruppe:	Bürgermeister
Mitglieder:	Vors.d.Ständ.Kommission Ordnung und Sicherheit
	Leiter VPGP/Grenze bzw.Ltr.VPGP
	<u>Vertreter Grenzkompanie</u>
	Sekretär der Ortsparteiorganisation
	Vorsitzender des GSA
	Leiter Kurverwaltung/Ferienein- richtung

21

Freiwillige Helfer der Grenztruppen der 6.GBrK			Zugehörigkeit der FHG			
			Truppenteile / Einheiten	operativ landseitig	Informations kräfte	seeseitig
Gesamtanzahl der FHG	630		Grenzkompanie -1	26	17	—
			Stab Grenzbataillon -2	—	2	86
Anzahl der landseitigen operativen FHG	313		Grenzkompanie -2	41	8	—
			Grenzkompanie -3	46	13	—
			Technische Beob.- Komp. -5	2	8	—
Anzahl der landseitigen Informationskräfte	134		3. küstenwachbootsgruppe	6	3	—
			Grenzbataillon -2 gesamt	95	34	86
Anzahl der FHG auf Schiffen und Booten	183		Stab Grenzbataillon -3	—	10	—
			Grenzkompanie -4	41	14	—
			Grenzkompanie -5	37	12	—
			Grenzkompanie -6	39	13	—
Betriebe / Organe	Anzahl FHG	Schiffe Boote	Technische Beob. Komp. -8	—	7	—
Fischereiaufsichtsamt der DDR	53	2	Grenzbataillon -3 gesamt	117	56	—
			Stab Grenzbataillon -4	—	10	—
BBB Rostock	15	8	Grenzkompanie - 7	31	—	—
Fischfang Saßnitz	86	42	Grenzkompanie - 8	44	—	—
			Technische Beob. Komp -10	—	6	—
FPG Warnemünde	15	14	6. küstenwachbootsgruppe	—	—	14
FPG V. Parteitag Wismar	14	12	Grenzbataillon-4 gesamt	77	16	14
			2. Grenzschiffsabteilung	—	—	1
Gesamt	183	78	4. Grenzschiffsabteilung	—	11	15

Oben: Das geheime Protokoll der Militärratssitzung vom 24. 11. 87 zeigt die erschreckende Anzahl von freiwilligen Grenzhelfern aus allen Bereichen der Zivilbevölkerung. Unten und folgende Seite: Das Gesetz rechtfertigte die Anwendung der Schußwaffe.

I

Gesetz

über

die Staatsgrenze

der Deutschen Demokratischen Republik

(Grenzgesetz)

vom 25. 03. 1982

§ 27

Anwendung von Schußwaffen

(1) Die Anwendung der Schußwaffe ist die äußerste Maßnahme der Gewaltanwendung gegenüber Personen. Die Schußwaffe darf nur in solchen Fällen angewendet werden, wenn die körperliche Einwirkung ohne oder mit Hilfsmitteln erfolglos blieb oder offensichtlich keinen Erfolg verspricht. Die Anwendung von Schußwaffen gegen Personen ist erst dann zulässig, wenn durch Waffenwirkung gegen Sachen oder Tiere der Zweck nicht erreicht wird.

(2) Die Anwendung der Schußwaffe ist gerechtfertigt, um die unmittelbar bevorstehende Ausführung oder die Fortsetzung einer Straftat zu verhindern, die sich den Umständen nach als ein Verbrechen darstellt. Sie ist auch gerechtfertigt zur Ergreifung von Personen, die eines Verbrechens dringend verdächtig sind.

(3) Die Anwendung der Schußwaffe ist grundsätzlich durch Zuruf oder Abgabe eines Warnschusses anzukündigen, sofern nicht eine unmittelbar bevorstehende Gefahr nur durch die gezielte Anwendung der Schußwaffe verhindert oder beseitigt werden kann.

(4) Die Schußwaffe ist nicht anzuwenden, wenn

a) das Leben oder die Gesundheit Unbeteiligter gefährdet werden können,

b) die Personen dem äußeren Eindruck nach im Kindesalter sind oder

c) das Hoheitsgebiet eines benachbarten Staates beschossen würde.

Gegen Jugendliche und weibliche Personen sind nach Möglichkeit Schußwaffen nicht anzuwenden.

(5) Bei der Anwendung der Schußwaffe ist das Leben von Personen nach Möglichkeit zu schonen. Verletzten ist unter Beachtung der notwendigen Sicherheitsmaßnahmen Erste Hilfe zu erweisen.

§ 31

22

(2) Bei der Verfolgung von Wasserfahrzeugen über die Territorialgewässer hinaus können die in den §§ 27, 29 und 30 aufgeführten Befugnisse wahrgenommen werden.

23

Dienststelle	Standort	postalische Anschrift	Postschließ-fach-Nr.
Führung 6.Grenzbrigade Küste	Rostock	Rostock	4427
Stabskompanie 6. GBK	Rostock	Rostock	4427
Führung Grenzkompanie 1	Bansin	Bansin	9o93
Grenzkompanie 1/ 2 Züge	Ahlbeck	Ahlbeck	2127
Kontrollpunkt Kaminke	Kaminke	Kaminke	4o32
Kontrollpunkt und Bootsgruppe Altwarp	Altwarp	Altwarp	6673
Führung Grenzbataillon 2	Stubbenkammer	Stubbenkammer	38o2
2. Grenzkompanie	Sellin	Sellin	4o24
3. Grenzkompanie	Lohme	Lohme	4496
1. techn.Beobachtungskompanie	Insel Greifswalder Oie	Greifswalder Oie	4363
2. techn.Beobachtungskompanie	Sellin	Sellin	8752
3. techn.Beobachtungskompanie	Stubbenkammer	Stubbenkammer	871o
4 techn.Beobachtungskompanie	Arkona	Arkona	7328
5. techn. Beobachtungskompanie	Dornbusch	Dornbusch	5111
1. techn.Beobachtungszug	Insel Ruden	Ruden	7611
2. techn.Beobachtungszug	Saßnitz	Saßnitz	8955
3. techn.Beobachtungszug	Barhöft	Barhöft	8885
Kontrollpunkt-Kompanie Saßnitz	Saßnitz	Saßnitz	8955
Kontrollpunkt-Kompanie Barhöft	Barhöft	Barhöft	8885

Dienststelle	Standort	postalische Anschrift	Postschließ-fach-Nr.
Führung Grenzbataillon 3	Graal-Müritz	Graal-Müritz	6o88
4. Grenzkompanie	Ahrenshoop	Ahrenshoop	4484
5. Grenzkompanie	Graal-Müritz	Graal-Müritz	1942
6. Grenzkompanie	Kühlungsborn	Kühlungsborn	9993
6. techn. Beobachtungskompanie	Darßer Ort	Darßer Ort	874o
7. techn. Beobachtungskompanie	Wustrow	Wustrow	6931
8. techn. Beobachtungskompanie	Warnemünde	Warnemünde	5735
9. techn. Beobachtungskompanie	Bukspitze	Kühlungsborn	9167
KP-Kompanie Warnemünde	Warnemünde	Warnemünde	3475
Führung Grenzbataillon 4	Tarnewitz	Tarnewitz	7783
7. Grenzkompanie	Kirchdorf/Poel	Kirchdorf	4451
8. Grenzkompanie	Brook	Brook	1o44
1o. techn. Beobachtungskompanie	Poel	Po-l	9223
11. techn. Beobachtungskompanie	Boltenhagen	Boltenhagen	872o
12. techn. Beobachtungskompanie	Barendorf	Barendorf	3755
KP-Tarnewitz	Tarnewitz	Tarnewitz	7783
Grenzausbildungsbataillon 5	Kühlungsborn	Kühlungsborn	9916

24

Dienststelle	Standort	postalische Anschrift	Postschließ-fach-Nr.
1. Grenzschiffsabteilung	Saßnitz	Saßnitz	4o24
2. Grenzschiffsabteilung	Warnemünde	Warnemünde	216o
4. Grenzschiffsabteilung	Warnemünde	Warnemünde	5763
Grenzübergangsstelle Saßnitz	Saßnitz	Saßnitz	8955
Grenzübergangsstelle Warnemünde	Warnemünde	Warnemünde	3475

Die Dienststellen und Standorte der 6. Grenzbrigade Küste

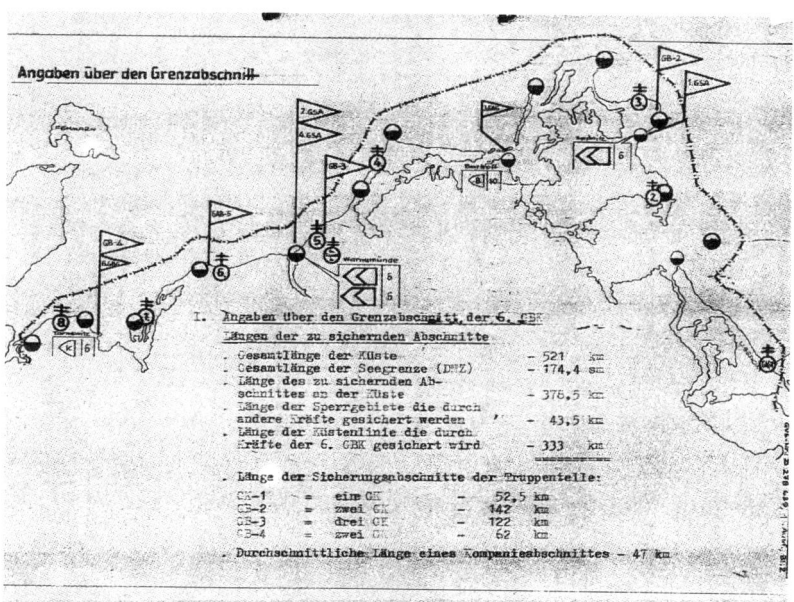

Geheime Dienstkarte vom Grenzabschnitt Küste

GRENZTRUPPEN
DER DEUTSCHEN DEMOKRATISCHEN REPUBLIK
6. GRENZBRIGADE KÜSTE "FIETE SCHULZE"
Stellvertreter d. Chefs und Stabschef

Az.:

i.A., den 17.12.1988

Vertrauliche Verschlußsache

GVS-Nr.: D 178 969
1. Ausfertigung - /3 Blatt

Einschätzung

der Erfüllung der im Befehl Nr. 30/87 des
Chefs der 6. Grenzbrigade Küste gestellten
Aufgaben zur Grenzsicherung im Ausbildungs-
jahr 1987/88

1. Sicherung der Seegrenze der DDR

Im Befehl Nr. 101/87 des Ministers für Nationale Verteidigung, der Anordnung Nr. 80/87 und den Befehlen Nr. 53/85
und 91/87 des Stellvertreters des Ministers und Chefs der
Volksmarine wurden der 6. Grenzbrigade Küste folgende Aufgaben gestellt:

Die Seegrenze der DDR ist auf der Grundlage eines abgestimmten Systems der ununterbrochenen Beobachtung sowie
der Aufklärung von Vorbereitungshandlungen für Grenzverletzungen durch den schwerpunktmäßigen Einsatz von land-
und seeseitigen Grenzsicherungskräften mit Unterstützung
von Kräften des Gefechtsdienstes der Volksmarine und im
engen Zusammenwirken mit den anderen Schutz- und Sicherheitsorganen zuverlässig mit hoher Effektivität zu sichern.
Die land- und seeseitigen wahrscheinlichen Richtungen
der Bewegung der Grenzverletzer sind dabei ständig unter
Kontrolle zu halten.
Für Handlungen bei Eintreten besonderer Lagen an der Seegrenze sind Bereitschaftskräfte an Land, Grenzschiffe und
-boote im Hafen sowie Marinehubschrauber einsatzbereit zu
halten.

Diese Aufgaben wurden im Befehl Nr. 30/87 des Chefs der
6. Grenzbrigade über die Aufgaben zur Sicherung der Seegrenze der DDR (GVS-Nr.: D 178 390) umgesetzt.

1.1. Ergebnisse der Grenzsicherung und -überwachung:

Die Beobachtung und Aufklärung der Handlungen der See- und
Luftstreitkräfte der NATO sowie des BGS-See im Berichts-
zeitraum ergab keine neuen Erkenntnisse. Es besteht eine
ständige Präsenz dieser Kräfte in unmittelbarer Nähe unserer Territorialgewässer. Die Aufklärungs- und Übungshand-
lungen der Fliegerkräfte, Oberwasser- und Unterwasserkräf-
te der NATO-Ostseeanliegerstaaten wurden durch die Kräfte
der 6. Grenzbrigade Küste beobachtet und in der Verantwortungszone der Volksmarine begleitet. Ein unbemerktes Durch-

laufen der Verantwortungszone wurde trotz der verstärkten Aktivitäten nicht zugelassen.
Zur Durchführung des Gefechtsdienstes im Küstenvorfeld der DDR setzten die See- und Luftstreitkräfte des NATO-Kommandos Ostseeausgänge 943 Schiffe und Boote (Vorjahr 498) sowie 3.051 Flugzeuge und Hubschrauber (Vorjahr 3.175) ein.

Es wurden folgende zwei TTG-Verletzungen durch Kriegsfahrzeuge festgestellt:

- Am 13.06.1988 durch M-18 und M-13 der schwedischen Seestreitkräfte nordwestlich Buk-Spitze mit einer Einlauftiefe von 1,8 sm;

- am 04.07.1988 durch A-958, dem Segelschulschiff der belgischen Seestreitkräfte, westlich Darßer Ort mit einer Einlauftiefe von 2,5 sm.

Die durchgeführten NATO-Übungen dokumentieren die Fortsetzung der Verstärkung der militärischen Präsenz der USA und anderer NATO-Staaten in den europäischen Randmeeren.

Die Einsatzgrundsätze des BGS-See haben sich nicht verändert. Wie im Vorjahr wurden 435 Fahrzeuge eingesetzt, die durch ihre Fahrtrouten das Ziel, mögliche Handlungen von Grenzverletzern zu unterstützen, deutlich erkennen lassen. Die Boote des BGS-See wurden dabei durch 84 Einsätze (Vorjahr 58) der Hubschrauber der Grenzschutzfliegerstaffel Küste unterstützt.

In das Fischereigebiet in einem Teil der Lübecker Bucht liefen 1.230 BRD-Fischereifahrzeuge (Vorjahr 1.200) ein. Es wurden 19 Verstöße (Vorjahr 16) gegen die Bestimmungen zum Befahren des Fischereigebietes festgestellt und über den TGS des Kommandos der Volksmarine bis zum Stellvertreter des Ministers und Chef des Hauptstabes gemeldet. Die Fischereizone der DDR wurde in 8 Fällen durch dänische Fischkutter verletzt.

Die Territorialgewässer der DDR wurden durch 235 Sportfahrzeuge (Vorjahr 171) verletzt. Den Hauptanteil an diesen Verletzungen wird durch polnische mit 60,8 % und BRD-Fahrzeuge mit 20 % verursacht. Die Schwerpunktzeit für diese TTG-Verletzungen liegt in den Monaten Mai bis September mit 89 Prozent aller Verletzungen. In den Seegebieten um Arkona mit 35,2 Prozent, Dornbusch mit 14,9 Prozent und Darßer Ort mit 12,3 Prozent haben die meisten TTG-Verletzungen stattgefunden.

Die Angriffe auf die Seegrenze in Richtung Offenes Meer bzw. kapitalistisches Ausland weisen eine stark steigende Tendenz auf. In den letzten 5 Jahren gab es folgende Entwicklung:

01.12.83 - 30.11.84 - 74 Fälle mit 118 Personen
01.12.84 - 30.11.85 - 63 Fälle mit 87 Personen
01.12.85 - 30.11.86 - 69 Fälle mit 86 Personen
01.12.86 - 30.11.87 - 85 Fälle mit 124 Personen
01.12.87 - 30.11.88 -143 Fälle mit 221 Personen

Gegenüber dem Vorjahr stellt dies eine Steigerung bei den
Fällen auf 168,2 Prozent und bei den Personen auf 178 Prozent dar. Damit setzt sich die im Vorjahr beginnende Tendenz verstärkt fort.
Von den 221 Personen versuchten:

- in 125 Fällen 199 Personen über die offene Küste unter
  Nutzung von Schlauch-, Falt- und anderen Booten, geeigneten Schwimmitteln sowie schwimmend mit und ohne Surf-
  bzw. Naßanzüge;

- in 11 Fällen 18 Personen über die Häfen;

- in 4 Fällen 6 Personen zu Fuß entlang der Küste in Richtung BRD;

- und in 3 Fällen 6 Personen über die Staatsgrenze zur
  VR Polen

den Grenzdurchbruch zu vollziehen. Die Steigerung der Angriffe auf die offene Küste auf 189,4 Prozent bei den Fällen und auf 203,1 Prozent bei den Personen unterstreicht
die gestiegene Risikobereitschaft der Grenztäter.
Von den 132 Angriffen durch 209 Personen auf die Siche-
rungsabschnitte der Grenzkompanien erfolgten 110 Angriffe
durch 175 Personen, was 83,3 bzw. 83,7 Prozent entspricht,
auf die Abschnitte der 6., 7. und 8. Grenzkompanie, womit
sich der Raum der Hauptanstrengungen der 6. Grenzbrigade
Küste erneut eindeutig bestätigte. 51,2 Prozent der Angriffe erfolgten auf den Bereich der 8. Grenzkompanie und
25,8 Prozent auf den Abschnitt der 6. Grenzkompanie.
Entgegen den Erwartungen und langjährigen Erfahrungen bildete der Monat Oktober mit 29 = 20,3 Prozent der Angriffe
durch 57 = 25,8 Prozent der Personen den absoluten Schwerpunkt und lag damit wesentlich über den Monaten der Haupt-
saison wie zum Beispiel August und September mit je 18 Angriffen = 12,6 Prozent, Juli 17 Angriffe = 11,9 Prozent
oder Mai mit 12 Angriffen = 8,4 Prozent.
33,6 Prozent der Angriffe erfolgte schwimmend mit und ohne
Surf- bzw. Naßanzug, 25,2 Prozent unter Nutzung von
Schlauchbooten und 10,5 Prozent unter Einsatz von Faltbooten.
Der Anteil von Grenztätern aus dem Bezirk Rostock, welche
ihre gute Ortskenntnis zur Tatvorbereitung und Durchführung nutzten, hat sich auf 19,5 Prozent erhöht. 14 Prozent der Täter kamen aus Berlin und 10,4 Prozent aus dem
Bezirk Potsdam.
Von den 143 Angriffen mit 221 Personen erfolgten:

- 15 Grenzdurchbrüche mit 27 Personen (Vorjahr 7 Grenzdurchbrüche mit 10 Personen);

- 128 Festnahmen mit 194 Personen (Vorjahr 78 Festnahmen
  mit 114 Personen).

Die Festnahmen erfolgten:

- in 52 Fällen mit 83 Personen durch Kräfte der 6. Grenzbrigade Küste = 40,6 Prozent;

- in 66 Fällen mit 90 Personen durch Kräfte der Organe des Zusammenwirkens Bezirk Rostock = 51,6 Prozent;
- in 10 Fällen mit 13 Personen durch Kräfte der Organe des Zusammenwirkens der übrigen Bezirke = 7,0 Prozent.

Die Festnahme durch Kräfte der 6. Grenzbrigade Küste verteilen sich wie folgt:

- Grenzaufklärer 19 Festnahmen mit 50 Personen = 36,5 Prozent;
- Grenzstreifen 17 Festnahmen mit 24 Personen = 32,7 Prozent;
- durch seeseitige Grenzsicherungskräfte 16 Festnahmen mit 29 Personen = 30,8 Prozent.

Die Grenzdurchbrüche erfolgten:

- im Grenzbataillon 2   - 2 Fälle mit 2 Personen
- im Grenzbataillon 3   - 9 Fälle mit 20 Personen
- im Grenzbataillon 4   - 4 Fälle mit 5 Personen.

Den absoluten Schwerpunkt bildet der Bereich der 6. Grenzkompanie mit 8 zugelassenen Grenzdurchbrüchen. Damit konzentrieren sich 53,3 Prozent aller Durchbrüche auf diesen Bereich. Als neue Schwerpunktrichtung bildete sich der Bereich Warnemünde - Nienhagen heraus, wo 4 Grenzdurchbrüche erfolgten.

Wegen Verstößen gegen die Grenzordnung bzw. Grenzverordnung wurden in 41 Fällen die Handlungen von 170 Personen geahndet. Schwerpunkt dabei bildet weiterhin das unberechtigte Zelten in der Grenzzone.

Im Gesamtergebnis betrug die Effektivität in der Grenzsicherung 87,7 Prozent und lag damit unter der des Vorjahres von 91,8 Prozent. Damit wurde das Ziel:"Erhöhung der Wirksamkeit in der Grenzsicherung", nicht erreicht.

Aus der Analyse der Angriffe auf die Seegrenze lassen sich folgende neue Erkenntnisse für die Beurteilung der Grenzverletzer ableiten:

1. Die Verwendung solcher Tatmittel wie Naß- und Surfanzüge hat sich bedeutend erhöht und beträgt anteilmäßig 53 Prozent. Mit diesen relativ leicht zu beschaffenden und zu transportierenden Tatmitteln wird ein hoher Grad der Gedecktheit der Handlungen sowie eine wesentlich erhöhte mögliche Aufenthaltszeit im Wasser erreicht.

2. Bei 50 Prozent der Angriffe wurde von den Tätern keine Basis angelegt. Es wurden vorrangig leicht transportable Tatmittel genutzt, und in mehreren Fällen erfolgte der Angriff nach dem Absetzen durch einen Mittäter mit PKW.

3. Der Anteil der Täter aus dem Bezirk Rostock, welche über gute Ortskenntnisse und Kenntnisse über das Grenzsicherungssystem verfügen, hat zugenommen.

So stammen von den 27 Personen, denen der Grenzdurchbruch gelang, 14 = 51,8 Prozent aus dem Bezirk Rostock.

4. Die Gruppentäterschaft und damit der Gefährlichkeits-
   grad der Angriffe ist steigend.

1.2. Maßnahmen zur wirksamen Sicherung der Staatsgrenze:

Die Führungsanstrengungen zur Erhöhung der Wirksamkeit
der Grenzsicherung waren ausgerichtet auf:

- die konsequente Durchsetzung des Befehls des Ministers
  für Nationale Verteidigung, des Befehls 53/85 und der
  Anordnung 80/87 des Stellvertreters des Ministers und
  Chefs der Volksmarine;
- eine hohe Qualität der Führung aller Grenzsicherungskräfte
  und den ständigen Kampf um die Klarheit der Lage;
- die Durchsetzung der Beobachtung als Hauptmethode in der
  Grenzsicherung;
- die volle Umsetzung des Diensthabenden Systems der Technischen Beobachtungskompanien/-züge in Abstimmung mit
  dem Einsatz der Funkmeßzüge (mot.) sowie der sich im
  Einsatz befindlichen Küstenwachboote und Grenzschiffe;
- den beweglichen und koordinierten Einsatz der Kräfte und
  Mittel der Grenzkompanien unter Beachtung der verkürzten
  Ausbildung;
- den Einsatz der Funkmeßnahbereichskette in Abstimmung mit
  den anderen Kräften und Mitteln der Grenzkompanien;
- die Durchsetzung der Beobachtungsrolle "Grenzdienst" auf
  den Küstenwachbooten und Grenzschiffen;
- die weitere Befähigung der Grenzaufklärer im Zentrum
  ihres eigenverantwortlichen Handelns in zugewiesenen
  Sicherungsabschnitten;
- die Aufrechterhaltung der Bereitschaft zur Führung ge-
  meinsamer Handlungen von Kräften der 6. Grenzbrigade
  Küste mit zugeteilten und zur Unterstützung zugewiesenen
  Kräften;
- die weitere Vertiefung des Zusammenwirkens und der Zusammenarbeit mit den Schutz- und Sicherheitskräften, den
  staatlichen Institutionen und gesellschaftlichen Orga-
  nisationen;
- die weitere Qualifizierung und Erhöhung der Wirksamkeit
  des Einsatzes der Freiwilligen Helfer der Grenztruppen;
- die konsequente Durchsetzung des festgelegten Melde- und
  Informationssystems unter allen Lagebedingungen.

Die Technischen Beobachtungskompanien und -züge des landgestützten Beobachtungssystems handelten im Ausbildungsjahr 1987/88 im Diensthabenden System.

30

Durch die Einheiten wurden 252.965 Ziele (Vorjahr 239.048) aufgefaßt und in den Führungspunkten der Truppenteile/Einheiten 1.713.223 Ortungen und Meldungen (Vorjahr 1.662.755) ausgewertet.
In der Funkmeßbeobachtung wurden 115.730 Ziele mit 1.047.410 Ortungen (Vorjahr 118.432 mit 1.109.470) registriert.
Visuell wurden 137.235 Ziele (Vorjahr 120.616) aufgefaßt und 665.813 (Vorjahr 553.285) Zielmeldungen abgesetzt.
Das um 6 Prozent höhere Zielaufkommen resultiert aus der Steigerung der Ergebnisse der visuellen Beobachtung auf 113,8 Prozent. Die damit verbundenen höheren Anforderungen an die Führung der Beobachtung wurden mit guten Ergebnissen bewältigt. Hervorzuheben sind dabei:

- die stabile Funkmeßbegleitung von NATO-Schiffen und Booten im Verantwortungsbereich;

- die gefestigten Kenntnisse und Fertigkeiten beim Heranführen von Grenzsicherungsfahrzeugen zur Aufklärung von Zielen und zur Festnahme von Grenzverletzern in See;

- das rechtzeitige Ausmachen von Handlungen ausländischer Sportfahrzeuge an bzw. in den Territorialgewässern der DDR;

- die Funkmeßsicherstellung im Rahmen der Gefechtsausbildung von Einheiten der 6. Flottille und des Küstenraketenregiments 18 in 49 Fällen in guter Qualität.

Im Rahmen von Grenzhandlungen wurde in 23 Fällen für Technische Beobachtungskompanien "DHS-Alarm" ausgelöst. In den Monaten September und Oktober konnte das Diensthabende System nicht in vollem Umfang durchgesetzt werden. Auf Grund der Lageentwicklung an der Seegrenze mußten 4 Technische Beobachtungskompanien zur Verdichtung des Beobachtungssystems befohlen werden.

Die Funkmeßzüge (mot.) wurden in 23 operativen Einsätzen (Vorjahr 24) mit 139 Einsatztagen (Vorjahr 180) schwerpunktmäßig im Raum der Hauptanstrengung eingesetzt.

Im Rahmen der planmäßigen Weiterentwicklung des landgestützten stationären Beobachtungssystems wurde im Oktober die Funkmeßanlage Typ BWR-X-12A der Technischen Beobachtungskompanie Darßer Ort ausgebaut und mit dem Einbau einer polnischen Funkmeßanlage mit halbautomatischer Zielverfolgung vom Typ "NUR-23" begonnen.

In der Effektivität des Einsatzes der landgestützten Beobachtungskräfte und -mittel gegenüber Klein- und Kleinstzielen gibt es noch Reserven. Ursachen dafür sind:

- die nicht rechtzeitige Beurteilung der konkret vorherrschenden technischen und visuellen Beobachtungsreichweiten gegenüber diesen Zielgruppen;

- die nicht exakte zeitliche Tiefenstaffelung der eingesetzten Beobachtungskräfte und -mittel;

- die nicht konsequente Durchführung einer 30-minütigen Beurteilung der Beobachtungslage im engen Zusammenwirken Technische Beobachtungskompanie und Grenzkompanie.

Vertrauliche Verschlußsache!

VVS-Nr.: D 178 969   2.Ausf., Bl. 7

Festlegungen zur spürbaren Veränderung wurden dazu im Befehl 30/88 des Chefs der 6. Grenzbrigade Küste getroffen.

Die seeseitige Grenzsicherung wurde durch den Wocheneinsatz von 4 Küstenminenabwehrschiffen einer Grenzschiffsabteilung und 3 Küstenwachbooten bzw. Reedeverkehrsbooten der Küstenwachbootsgruppen in der 2. bis 4. Sicherungsperiode (März bis Dezember) gewährleistet. Diese Kräfte wurden in den Schwerpunktmonaten (Mai bis September) durch 2 Bereitschaftsschiffe und 2 Bereitschaftsboote verstärkt. Auf Grund der Entwicklung der Lage an der Seegrenze im Monat Oktober konnte die geplante Kräftereduzierung nicht durchgeführt werden, sondern der verstärkte Einsatz der Bereitschaftskräfte in See wurde durchgesetzt.
Der Einsatz der Schiffe und Boote auf Grenzvorpostenpositionen, Patrouillenpositionen und Demonstrationsvorpostenlinien in Küstennähe erfolgte in Abstimmung mit dem Diensthabenden System der Technischen Beobachtungskompanien/-züge und dem landseitigen Kräfteeinsatz. Als neues Element des taktischen Einsatzes der seeseitigen Grenzsicherung wurde die Einnahme von FuM-Vorpostenlinien vor ablandegefährdeten Abschnitten in der Schwerpunktzeit der Ablandung bzw. an der Nordgrenze der Suchgebiete vor Beginn der bürgerlichen Dämmerung eingeführt.
Die Schiffe handelten an 352 Tagen (Vorjahr 283) in See. An 3 Tagen (Vorjahr 82) konnten auf Grund extremer Sturmwetterlagen keine Schiffe und Boote eingesetzt werden.
An 221 Tagen (Vorjahr 249) wurden Bereitschaftsschiffe und -boote geteilt, die an 167 Tagen (Vorjahr 145) zur Verdichtung des Systems der Grenzsicherung in See handelten. Die Schiffe und Boote führten an 306 Tagen (Vorjahr 241) Kontrollsuchen in den festgelegten Suchgebieten durch.
An 60 Tagen wurden diese Suchmaßnahmen durch Hubschrauber des Marinehubschraubergeschwaders 18 unterstützt. Es wurde eine Fläche von 167.760 sm² (Vorjahr 118.936) abgesucht, was einem Durchschnitt von 548,3 sm² (Vorjahr 493,5) pro durchgeführter Kontrollsuche entspricht. Außerdem wurde in 8 Fällen "Grenzalarm" für eine Grenzschiffsabteilung ausgelöst und diese in See eingesetzt. Diese deutliche Steigerung der Anspannung der seeseitigen Grenzsicherungskräfte wurde auf Grund der günstigen hydrometeorologischen Bedingungen und des gestiegenen Drucks auf die Seegrenze notwendig.
Schwerpunkt der seeseitigen Grenzsicherung bildete die konsequente Durchsetzung der Beobachtungsrolle "Grenzdienst" für Grenzschiffe und Boote. Die damit verbundene Verbesserung bzw. Erhöhung der Effektivität der Beobachtung sowie der konzentrierte Kräfteeinsatz führte zu 14 Festnahmen mit 23 Personen durch die Schiffe und Boote der 6. Grenzbrigade Küste (Vorjahr 5 Festnahmen mit 9 Personen). In 2 Fällen mit 4 Personen erfolgte die Aufnahme in See durch das Zollboot "Butt" bzw. das Pionierschiff "Seid Bereit". Gleichzeitig gilt es jedoch auch festzustellen, daß es in 15 Fällen gelang, trotz der in den Seegebieten eingesetzten Kräfte, den Grenzdurchbruch zu vollziehen. In

6 Fällen wurden dabei die Grenzverletzer durch Schiffe
und Boote kapitalistischer Staaten in See aufgenommen.
Die Schiffe und Boote verwiesen in 231 Fällen 234 (Vorjahr 125) Sportfahrzeuge aus den Territorialgewässern
der DDR. Dies ist eine Steigerung gegenüber dem Vorjahr
auf 187,2 Prozent.

Die Gesamtheit dieser Aufgaben konnte nur durch die Bean-
tragung und Zuweisung zusätzlicher Limite an Motorenbe-
triebsstunden, Dieselkraftstoffe und Hubschrauberflug-
stunden bewältigt werden.

Auf der Grundlage der Weisung des Stellvertreters des
Ministers und Chefs der Volksmarine erfolgte der plan-
mäßige Einsatz von Unterstützungskräften der Volksmarine
zur Grenzsicherung. Durch die Hubschrauber des Marinehubschraubergeschwaders 18 wurden an 60 Tagen die Suchgebiete
in der Nebenrichtung, vorrangig von Dornbusch bis Darßer
Ort, abgesucht. Damit erfaßte das Marinehubschrauberge-
schwader 18 ein großes Seegebiet, und die Schiffe der
6. Grenzbrigade Küste konnten in den Schwerpunktrichtun-
gen eingesetzt werden. Durch die 6. Flottille erfolgte an
insgesamt 14 Tagen der Einsatz von 2 TS-Booten im Stützpunkt Warnemünde, um diese bei Grenzlagen sofort einzusetzen.
Ab September wurden alle planmäßigen Einsätze von Schiffen
der 1., 4. und 6. Flottille über das Operative Führungs-
zentrum der 6. Grenzbrigade Küste im Interesse der Erfüllung von Grenzsicherungsaufgaben abgestimmt. Im Monat Oktober bestand die Notwendigkeit, weitere Unterstützungskräfte einzusetzen. An 14 Tagen erfolgte der Einsatz von
2 Bereitschaftsschiffen der 4. Flottille, wobei 1 Schiff
an 12 Tagen zur Kontrollsuche eingesetzt wurde. Der Einsatz dieser Unterstützungskräfte sowie der Einsatz von
Offizieren des Führungsorgans und der Truppenteile der
6. Grenzbrigade Küste zur Unterstützung der Besatzungen
der Hubschrauber haben sich bewährt. Zur Vervollkommnung
der Einsatzprinzipien und Methoden der Kräfte und Mittel
der Volksmarine, welche im Interesse der Grenzsicherung
handeln, wurden in den Flottillen und dem Marinehubschrau-
bergeschwader 18 Vorträge zu ausgewählten Problemen der
Grenzsicherung organisiert und im Monat November durchgeführt.
Im Ergebnis der Analyse der Handlungen der seeseitigen
Grenzsicherungskräfte, der in deren Bereich eingedrungenen
Grenztäter sowie der vollzogenen Grenzdurchbrüche wurden
folgende Möglichkeiten zur Erhöhung der Effektivität der
Grenzsicherung erkannt und deren Erprobung durch den
Chef der 6. Grenzbrigade Küste befohlen:

1. Veränderung der Länge der Suchgebiete in Abhängigkeit
   von der Länge der Nachtzeit sowie Präzisierung der Vor-
   postenpositionen auf der Grundlage der Analyse der Ab-
   lande- und Anlandeorte bzw. Aufnahmepositionen und der
   wahrscheinlichen Kurse der Grenzverletzer.

2. Festlegung von Funkmeßvorpostenlinien für die Schwerpunktzeit der Ablandung bzw. für Nachtzeiten über 9
   Stunden an der nördlichen Begrenzung der Suchgebiete.

3. Absuche der Tonnen im Seegebiet durch den koordinierten
   Einsatz von Schiffen und Booten sowie Verbesserung der
   Abstimmung zwischen see- und landseitigem Kräfteeinsatz.

4. Einsatz der Motorschlauchboote in bestimmten Seegebieten zur Erhöhung der Ausmachwahrscheinlichkeit von
   Grenzverletzern in der Schwerpunktzeit der Ablandung.

In der landseitigen Grenzsicherung waren die Hauptanstrengungen im Ausbildungsjahr auf das rechtzeitige Erkennen
und Verhindern von Grenzverletzungen im Zusammenwirken
mit den Schutz- und Sicherheitsorganen und in enger Zusammenarbeit mit den örtlichen Partei- und Staatsorganen und
der Grenzbevölkerung ausgerichtet.
Der Einsatz der Kräfte und Mittel der Grenzkompanien erfolgte in den ablandegefährdeten Abschnitten und in den Richtungen der wahrscheinlichen Bewegung der Grenzverletzer zur
Schwerpunktzeit.
Der deutliche Anstieg der Angriffe auf die Seegrenze der
DDR erforderte eine außerordentlich hohe Kräfteanspannung.
So handelten in der verstärkten Grenzsicherung:

- die Grenzkompanie 1   89 Tage
- das Grenzbataillon 2   114 Tage
- das Grenzbataillon 3   130 Tage
- das Grenzbataillon 4   144 Tage.

Insgesamt wurden in 5 Fällen für ein Grenzbataillon und
in 334 Fällen für Grenzkompanien "Grenzalarm" ausgelöst.

Trotz der Verstärkung der Kräfte im Raum der Hauptanstrengung der 6. Grenzbrigade Küste ist es nicht vollständig
gelungen, dem gestiegenen Druck auf die Seegrenze zu be-
gegnen.
Als neue Schwerpunktrichtung hat sich die Richtung Warnemünde bis Nienhagen im Bereich der 6. Grenzkompanie her-
ausgebildet. Die getroffenen Maßnahmen wie Verstärkung
der Kräfte in diesem Raum, führungsmäßige Beurteilung ana-
log dem Raum der Hauptanstrengungen, Verstärkung der Kontrollen durch das Führungsorgan der 6. Grenzbrigade Küste
und Verstärkung der seeseitigen Grenzsicherung vor diesem
Raum führten nur teilweise zum Erfolg.
Zur Weiterentwicklung des Systems der landseitigen Grenzsicherung wurden im Ausbildungsjahr folgende Maßnahmen
durchgesetzt:

- lageabhängiger Einsatz der Funkmeßanlagen der Nahbereichs-
  kette gegen Klein- und Kleinstziele in Verantwortung der
  Kommandeure der Grenzbataillone;

- Einführung der Struktur 88, womit der Einsatz der 3. Züge
  in der Grenzsicherung und der Einsatz von zusätzlich
  15 Grenzstreifen möglich wurde;

- Erhöhung der Anzahl der Grenzaufklärer in der 5., 6., 7. und 8. Grenzkompanie in Vorbereitung der Struktur 90;

- Ausbau des Grenzsignalzaunes 80 bis zum Orientierungspunkt 414 und Beschaltung bis zum Orientierungspunkt 410;

- Vorbereitung der Vorverlegung der Alarmgruppe an die Sperre unter Nutzung des Objektes Groß-Schwansee und des zielstrebigen Einsatzes von Diensthunden zur Aufnahme von Spuren.

Im Vergleich zu den zurückliegenden Jahren stieg der Anteil der eigenen Festnahmen an. Die Wirksamkeit der einzelnen Strukturelemente der landseitigen Grenzsicherung ist dabei unterschiedlich.
Bereits im Vorjahr festgestellte hohe Effektivität der Grenzaufklärer wurde weiter durchgesetzt. Auf sie entfielen 36,5 Prozent (Vorjahr 32,2) der Festnahmen der 6. Grenzbrigade Küste. Vorbildlich arbeitet auf diesem Gebiet das Grenzbataillon 4, während das Grenzbataillon 2 und -3 verstärkt die guten Erfahrungen des Grenzbataillons 4 zur Grundlage ihrer Arbeit machen müssen. Die Wirksamkeit der Grenzstreifen konnte trotz der durchgesetzten Verstärkungsmaßnahmen im Raum der Hauptanstrengung und in der Richtung Stoltera - Nienhagen nicht erhöht werden.
Die Ursachen sind zu suchen in:

- der ungenügenden Umsetzung der richtigen Schlußfolgerungen für den Kräfteeinsatz aus der analytischen Tätigkeit zu erwartender Bewegungen und Handlungen der Grenzverletzer;

- der starren bzw. formalen Umsetzung der Entschlüsse zur Grenzsicherung über einen Zeitraum von 24 Stunden ohne notwendige kurzfristige Präzisierung bei Lageveränderungen sowie Änderung der hydrometeorologischen Bedingungen;

- der schematischen Abarbeitung der 30-minütigen Lagemeldung an die Führungspunkte sowie die formelle Auswertung vieler Informationen;

- der routinehaften Vorbereitung der Grenzstreifen auf den Einsatz sowie deren Einführung in den Abschnitt;

- dem ungenügenden Ausbildungsstand im grenztaktischen Verhalten insgesamt sowie speziell im Verhalten gegenüber Gruppentätern.
Witerhin gibt es in den Grenzkompanien Niveauunterschiede in der Qualität der Organisation und Durchführung der Grenzsicherung.

Der Abbau dieser Ursachen und die Beseitigung der Niveauunterschiede bilden die Voraussetzung für eine Steigerung der Effektivität der landseitigen Grenzsicherung.

Vertrauliche Verschlußsache!

VVS-Nr.: D 178 969   2.Ausf., Bl. 11

Die Festlegungen des Befehls 36/86 des Ministers für Nationale Verteidigung über das **Zusammenwirken** der Grenztruppen der DDR mit den Kräften des Ministeriums für Staatssicherheit und des Ministeriums des Innern zum Schutz der Staatsgrenze wurde im Ausbildungsjahr 1987/88 bis auf Einheitsebene realisiert.

Im Ergebnis wirksamer Anleitungsmethoden durch die Arbeitsgruppe der Chefs/Leiter der Organe des Zusammenwirkens wurde eine Verbesserung des koordinierten Kräfteeinsatzes sowie der lagebezogenen Aufgabenerfüllung in den einzelnen Sicherungsabschnitten erreicht. Die mit der wesentlich gestiegenen Anzahl der Angriffe erhöhten Anforderungen machten aber auch deutlich, daß die Qualität und Wirksamkeit des abgestimmten und koordinierten Kräfteeinsatzes noch nicht ausreichend den Erfordernissen entspricht, um Grenzverletzer rechtzeitig vor dem Erreichen der Ablandeorte aufzuklären und festzunehmen.

Im Ausbildungsjahr wurde durch die Arbeitsgruppe Zusammenwirken der 6. Grenzbrigade Küste in Zusammenarbeit mit der Militärabwehr eine Analyse der Operativität der Freiwilligen Helfer der Grenztruppen der DDR durchgeführt. Im Ergebnis der Untersuchung trennte sich die 6. Grenzbrigade Küste von 55 Freiwilligen Helfern auf Grund von Invalidität, Verwandtschaftsbeziehungen zu BRD-Bürgern und Erreichen eines hohen Lebensalters. Diese Maßnahme erhöhte die Operativität der Freiwilligen Helfer der Grenztruppen und wurde mit der gezielten Neugewinnung von Freiwilligen Helfern der Grenztruppen verbunden. Mit Ende des Ausbildungsjahres unterstützten 642 Freiwillige Helfer der Grenztruppen (Vorjahr 632) die Grenzsicherung. Durch ihre Arbeit konnten in 5 Fällen 9 Personen festgenommen werden.

Die Schwerpunkte für die weitere Arbeit mit den Freiwilligen Helfern der Grenztruppen bilden ihre Qualifizierung auf der Grundlage eines zu erstellenden Ausbildungsprogramms sowie die Erschließung weiterer Möglichkeiten für die Verstärkung der operativen Handlungen zur Überwachung und schwerpunktmäßigen Kontrollen der Personen- und Fahrzeugbewegungen in Richtung der Küstenbereiche.

Informationen und Feststellungen aus der Grenzbevölkerung, die zur Überprüfung und Festnahme von Grenzverletzern führen, wurden zu wenig wirksam. Die Zusammenarbeit mit den Kreis- und Ortsparteileitungen, den Räten der Kreise, Städte und Gemeinden sowie den Betrieben, Schulen und Einrichtungen und insbesondere den Arbeitsgruppen Grenze und den Grenzsicherheitsaktiva ist wirksam zu erhöhen und die weitere Ausprägung von grenzbezogenem Denken der Bevölkerung in den Mittelpunkt zu stellen.

1.3. Im Ergebnis der Anstrengungen aller zur Grenzsicherung eingesetzten Kräfte wurde eine Effektivität bei der Abwehr von Angriffen auf die Seegrenze in Richtung Offenes Meer von 87,7 Prozent erreicht. Trotz der durchgeführten Verstärkungsmaßnahmen, Kontrollen und Anleitungen sowie Verstärkung der seeseitigen Grenzsicherung ist es nicht gelungen, die um 170,8 Prozent gestiegenen Angriffe auf

Vertrauliche Verschlußsache!

VVS-Nr.: D 178 969   2.Ausf., Bl. 12

den Bereich der 6. Grenzkompanie vollständig abzuwehren.
Als Ursachen für den Rückgang in der Wirksamkeit der
Grenzsicherung wurden erkannt:

1. Subjektive Mängel von Vorgesetzten und Unterstellten
   wie:

   - langsames und unentschlossenes Reagieren auf Lagever-
     änderungen, besonders durch Diensthabende;

   - Unaufmerksamkeit bei der Durchführung von Beobach-
     tungsaufgaben an Land und auf See;

   - taktisch falsches Verhalten im Grenzabschnitt und

   - Verstöße gegen den festgelegten Melde- und Informa-
     tionsfluß.

2. Rückgang der Ordnung in der Grenzzone in der Nachsaison
   und der Wirksamkeit der Schutz- und Sicherheitsorgane
   zur Festnahme von Grenztätern in der Vorbereitungsphase
   bzw. auf den Anmarschwegen.

3. Geringe Eignung der eingesetzten Beobachtungstechnik
   zur Ortung von Kleinstzielen.

4. Fehlende Möglichkeiten zur Erhöhung der Postendichte
   auf Grund der großen Ausdehnung der Sicherungsabschnit-
   te der Grenzkompanien. So konnte zwar im Monat Oktober
   durch die Verstärkung des Raumes der Hauptanstrengungen
   mit Kräften und Mitteln aus weniger gefährdeten Richtungen dem steigenden Druck mit Erfolg entgegengewirkt
   werden, öffnete aber Lücken auf der Insel Rügen.

Die Intensivierungsvorhaben in der Grenzsicherung, an deren Umsetzung kontinuierlich und zielstrebig gearbeitet
wurde, haben ihre Richtigkeit gezeigt. Ohne diese Maßnahmen wäre der enorme Anstieg des Druckes auf die Seegrenze
nicht zu bewältigen gewesen.
Die erkannten Ursachen für das Absinken der Wirksamkeit
der Grenzsicherung sowie die sich aus der Analyse des
Grenzgeschehens ergebenden Schlußfolgerungen finden ihren
Niederschlag im Befehl Nr. 30/88 des Chefs der 6. Grenzbrigade Küste über die Aufgaben zur Sicherung der Seegrenze der DDR sowie in den Nachfolgedokumenten.

2. Schlußfolgerungen:

   1. Die 6. Grenzbrigade Küste hat die Hauptaufgabe, die
      Sicherung der Seegrenze, auf der Grundlage des Befehls
      Nr. 101 des Ministers für Nationale Verteidigung, der
      Anordnung 80 des Stellvertreters des Ministers und Chefs
      der Volksmarine mit Unterstützung von Kräften und Chefs
      des Gefechtsdienstes der Volksmarine im engen Zusammenwirken
      mit den anderen Schutz- und Sicherheitsorganen und in

Zusammenarbeit mit den gesellschaftlichen Kräften und
staatlichen Organen des Grenzgebietes erfüllt.

2. Die Zielstellung, "Erhöhung der Wirksamkeit der Grenzsicherung", wurde nicht erreicht. Die Effektivität der
Abwehr der Angriffe auf die Seegrenze der DDR in Richtung Offenes Meer betrug 87,7 Prozent.

3. Im Mittelpunkt der Anstrengungen zur Erhöhung der Effektivität der Grenzsicherung stehen folgende Schwerpunkte:

- Weiterführung und Durchsetzung der Intensivierungs-
maßnahmen in der see- und landseitigen Grenzsicherung;

- Erhöhung der Wirksamkeit der Grenzstreifen durch Verbesserung des taktischen Verhaltens und Verstärkung
des Einsatzes der Diensthunde;

- Präzisierung der Einsatzprinzipien der seeseitigen
Grenzsicherungskräfte;

- Gewährleistung der ununterbrochenen Beobachtung des
Verantwortungsbereiches unter allen Lagebedingungen
und Weiterentwicklung der Beobachtung als Hauptmethode in der Grenzsicherung;

- Weiterführung der Organisation geschlossener Beobach-
tungsabschnitte gegen Klein- und Kleinstziele unter
Beachtung des Diensthabenden Systems der Technischen
Beobachtungskompanien/-züge, des Einsatzes der Grenz-
funkmeßkompanie, der Funkmeßnahbereichskette, der
Scheinwerfer der Grenzkompanien, der Besetzung der
Grenzvorposten- und Patrouillenpositionen der Schiffe
und Boote sowie der Außerdienststellung der 2. Technischen Beobachtungskompanie;

- konsequente Umsetzung der Grundsatzdokumente für die
Grenzsicherung bis auf Einheitsebene durch wirkungs-
volle Hilfe und Anleitung durch die Führungsorgane;

- kontinuierliche Durchsetzung der ununterbrochenen Lagebeurteilung auf den Führungspunkten und Herausbil-
dung eines einheitlichen Niveaus durch die Schaffung
von "Musterführungspunkten";

- weitere Erhöhung der Verfügbarkeit der Freiwilligen
Helfer der Grenztruppen, besonders an den Schwerpunkttagen und Verbesserung ihrer Ausbildung auf der Grundlage eines einheitlichen Ausbildungsprogramms;

- Verbesserung des täglich koordinierten Kräfteeinsatzes mit den zusammenwirkenden Organen;

- Erweiterung der pioniertechnischen Anlagen, besonders
des Grenzsignalzaunes 80.

Vernichtungstermin: nach Erledigung

Fregattenkapitän

2
Segeln an der langen Leine

Die DDR war ein sportfreundliches Land. Dies galt jedoch nicht für das Seesegeln. Da diese Sportart im Grenzgebiet Ostseeküste ausgeübt wurde, konnten sich die Hobby-Seeleute nicht der allgemeinen Sportförderung erfreuen. Im Gegenteil, die Seesegler waren den Grenzhütern immer suspekt und wurden darum im besonderen Maße reglementiert.

DDR-Segelyachten am Grenzkontrollpunkt Warnemünde

Dieses Mißtrauen der SED-Führung war aus ihrer Sicht durchaus berechtigt. Denn das Seesegeln als Freizeitbeschäftigung oder Sport übten vor allem solche DDR-Bürger aus, die sich dadurch im kleinkarierten SED-Staat ein Stückchen Freiheit schaffen wollten. Wenn die See auch Grenzen hatte, so war doch der Traum von der Freiheit des Meeres bei vielen ostdeutschen Crews stets mit an Bord. Viele Skipper gaben ihren selbstgebauten Yachten denn auch Namen wie SEVEN SEAS, PASSAT, KONTIKI, ATLANTIK oder gar FREEDOM. Den Genossen der Stasi muß das stets wie ein böses Omen vorgekommen sein.

Die SED-Führung reagierte mit Schärfe und reduzierte nach dem Bau der Mauer die Segelmöglichkeiten auf die sogenannten „inneren Seegewässer im Bereich der Grenzzone". Das waren im wesentlichen alle Bodden und Haffs, die südlich der Basislinie der Territorialgewässer (Drei-Meilen-Zone, später Zwölf-Meilen-Zone) lagen. Frei segeln durfte man demnach nur in der Wismarbucht und den pommerschen Boddengewässern. Am härtesten gestraft waren die Rostocker Seesegler, die sich nur auf einem neun Meilen langen Stück der Unterwarnow bis Warnemünde frei bewegen konnten.

Als einzig attraktives Segelrevier blieben die pommerschen Bodden. Aber auch dort galten Einschränkungen aufgrund des überzogenen Sicherheitsbedürfnisses. So durfte man im grenznahen Gebiet nachts weder segeln noch ankern. Die ostdeutschen Segler mußten bei Sonnenuntergang im Hafen liegen. Weil viele Boote keine oder nur unzuverlässige Motoren hatten, erforderte das selbst im Urlaub eine genaue Zeitplanung in Abhängigkeit vom Wind.

Am Liegeplatz mußten die Yachten „mittels Kette oder Stahltrosse und Sicherheitsschloß" arretiert werden (so festgelegt im Beschluß des Rates des Bezirks Rostock Nr. 43-5/84). Zusätzlich verlangt wurde die „Entfernung von Riemen, Dollen, Rudern, Segeln bzw. Zündquellen von Motoren und die verschlußsichere Aufbewahrung".

Wollte jemand an der Außenküste innerhalb der Hoheitsgewässer segeln, durfte er das nur zu offiziellen Regatten (zum Beispiel „Rund Rügen" oder „Internationale Ostseeregatta Warne-

006

Auf den Bootsliegeplätzen an der offenen Küste (Anlage 4) und in den inneren Seegewässern im Bereich der Grenzzone sind die in den Liegeplatzordnungen zur Gewährleistung einer hohen Ordnung, Sicherheit und Sauberkeit festgelegten Maßnahmen durch die Rechtsträger bzw. jeweiligen Nutzer mit hoher Verantwortung durchzusetzen.

Hierzu gehören insbesondere:

- die ordnungsgemäße Einfriedung und Kenntlichmachung der Liegeplätze;

- das sichere Anschließen der Boote mittels Kette oder Stahltrosse und Sicherheitsschloß;

- die Entfernung von Riemen, Dollen, Rudern, Segeln bzw. Zündquellen von Motoren und die verschlußsichere Aufbewahrung.

Alle Bootsliegeplätze an der offenen Küste sind während der Nachtzeit zu beleuchten.

V.:Vors.d.RdK u. OBM d.St.

Verhaltensmaßregeln für ostdeutsche Segler aus dem Rostocker Bezirksratsbeschluß vom 17. 2. 84

münde") oder zur Überführung der Yachten von Wismar beziehungsweise Warnemünde zu den pommerschen Bodden und zurück.

Viele Crews, die eigentlich wenig Lust auf Regattasegeln hatten, entschlossen sich nur deshalb zur Teilnahme an den offiziellen Wettfahrten, um einmal an der offenen Küste segeln zu dürfen. Daß diese Segler in Wirklichkeit nur ein wenig Freiheit suchten, wurde nach dem Fall der Mauer offenbar. Die meisten pfiffen danach auf die offiziellen Veranstaltungen und segelten endlich dorthin, wohin sie schon immer gewollt hatten.

PM 18, Nachtsegelgenehmigung und PM 19

Doch selbst die Teilnahme an Regatten und Überführungen zu den Boddengewässern war nicht jedermann erlaubt. Um die Territorialgewässer befahren zu dürfen, benötigte jedes Crewmitglied eine „PM 18". Hinter dieser Abkürzung steckt der Begriff „Paß und Meldewesen" der Volkspolizei.

Um in den Besitz einer PM 18 zu kommen, mußte das Crewmitglied im Herbst des Vorjahres über seine Betriebssportgemeinschaft einen entsprechenden Antrag einreichen. Das Papier wurde dann kurz vor Saisonbeginn ausgegeben und trug das Dienstsiegel des jeweiligen Volkspolizei-Kreisamtes.

Antrag auf eine „PM 18" zum Seesegeln an der DDR-Küste

Doch schon zu DDR-Zeiten war es ein offenes Geheimnis, daß über die Gewährung der PM 18 nicht von der Volkspolizei, sondern hinter den verschlossenen Türen der Staatssicherheit entschieden wurde. Damit sollte ausgeschlossen werden, daß nicht-systemkonforme Bürger an der Küste segeln durften. Eine falsche Bemerkung über den Staat oder der laut formulierte Wunsch nach mehr Segelfreiheit reichten aus, um einem segelbegeisterten DDR-Bürger die Genehmigung zu verweigern.

Seitens der Stasi wurde eigens zu diesem Zweck ein ausgeklügeltes System der Bespitzelung der Wassersportler eingerichtet. Diese sogenannte Sicherheitsüberprüfung erfolgte dann durch Stasi-Mitarbeiter lange vor der eigentlichen Segelsaison. Die meisten ehemaligen DDR-Segler ahnen selbst heute noch nicht, wie weit früher die Stasi mit konspirativen Mitteln in ihr Privatleben vordrang. Hier kann dies nur auszugsweise wiedergegeben werden, denn die gesamte Anweisung zur Bespitzelung einer Einzelperson umfaßt 31 Seiten!

Grundlage der Überwachung der Seesegler war die geheime Stasi-Anweisung *Richtlinie Nr. 1/82 zur Durchführung von Sicherheitsüberprüfungen (GVS MfS 0008-14/82)*. Wer sich dieser Sicherheitsüberprüfung zu unterwerfen hatte, wurde unter Punkt 3.2.2. genau definiert:

Sicherheitsüberprüfungen zu Personen, (...) die eine Erlaubnis bzw. Genehmigung zum Aufenthalt im Schutzstreifen an der Staatsgrenze zur BRD und in besonders gefährdeten Bereichen des Grenzgebietes zu Westberlin bzw. zum Befahren der Seegewässer außerhalb der Grenzzonen der DDR erhalten oder eine Tätigkeit ausführen sollen, die objektive Möglichkeiten zum widerrechtlichen Passieren der Staatsgrenze bietet, z. B. mit Luft- oder Wasserfahrzeugen.

Dabei mußte der Wassersportler, der nur mal ein Stück an der Küste entlang schippern wollte, nach folgenden Schwerpunkten mit konspirativen Mitteln bespitzelt werden:

— Bindung an die gesellschaftlichen Verhältnisse der DDR, Wertschätzung der sozialen Sicherheit, grundsätzliche Übereinstimmung

persönlicher und gesellschaftlicher Interessen, Übereinstimmung in
Wort und Tat;
— Bindung an Familie, an Verwandte und Freunde, an die beruf-
liche Tätigkeit und das Arbeitskollektiv;
— Bindung an vorhandene materielle Werte wie Wohnungseinrich-
tungen, Fahrzeuge, Wochenendgrundstücke, Ersparnisse und Ver-
mögenswerte;
— Bindung an ideelle Werte, wie gesellschaftliche Auszeichnungen
und Anerkennungen, berufliche und familiäre Traditionen, Heimat-
verbundenheit u. dgl.

Zusätzlich war unter Punkt 5.1 für die Erteilung einer Genehmigung zum Seesegeln das Abfragen personengebundener Informationen in folgenden geheimen Stasi-Speichern vorgeschrieben:

— in der Abteilung XII des MfS (Speicher Zentrale Auskunft) *gemäß*
Dienstanweisung Nr. 2/81,
— in der VSH-Kartei (Vorverdichtung, Such- und Hilfskartei) *der*
einleitenden, durchführenden und einbezogenen Diensteinheit,
— im Reisedatenspeicher der Hauptabteilung VI (Paßkontrolle, Tou-
rismus, Interhotel) *gemäß der Ordnung Nr.4/80,*
— in den Speichern der Abteilungen M (Kontrolle des privaten Post-
verkehrs und der Telefonkontakte) *und Abteilungen PZF* (Postzoll-
fahndung).

Damit nicht genug. Um ein umfangreiches Bild vom künftigen
Seesegler zu gewinnen, war obendrein die konspirative Stasi-
Bespitzelung durch „Inoffizielle Mitarbeiter" (IM) und „Gesell-
schaftliche Mitarbeiter für Sicherheit" (GMS) vorgeschrieben.
Unter Punkt 5.3 der geheimen Stasi-Richtlinie heißt es dazu:

Der zielgerichtete und personenbezogene Einsatz der IM und GMS
ist auf die Erarbeitung solcher Informationen zu konzentrieren, die
nicht offiziell bzw. nur mit konspirativen Kräften, Mitteln und
Methoden beschafft werden können. Die IM und GMS sind zielge-
richtet zu beauftragen und personengebunden einzusetzen, insbeson-
dere zur Erarbeitung von Informationen zu Verhaltensweisen und

44

Äußerungen im Arbeits-, Wohn- und Freizeitbereich, die begründete Schlüsse auf Motive für Bewerbungen und Anträge, auf politisch-ideologische Einstellungen und auf andere operativ bedeutsame Persönlichkeitseigenschaften zulassen...

Nehmen wir den Fall, daß die Stasi aufgrund ihrer Sicherheits-überprüfung keine PM 18 erteilte. In den geheimen Anweisungen war dazu bereits Vorsorge getroffen: Gab der Betroffene danach keine Ruhe, folgten neben dem Segelverbot weitere Repressalien. Dazu heißt es unter Punkt 6 der Stasi-Richtlinie:

Bei Nichtzustimmung ist zu prüfen, ob Maßnahmen einzuleiten sind zur
— vorbeugenden Verhinderung feindlich-negativer Aktivitäten, wenn den Umständen entsprechend die Person von dem zuständigen Organ einen ablehnenden Bescheid erhält,
— Herauslösung der Person aus einer bereits innegehabten Position bzw. Veränderung ihr bereits bekannter Entwicklungsmöglichkeiten.

Normalerweise reagierte der betroffene Segler auf die Ablehnung mit einer Eingabe. Erhielt er auch nach einer zweiten Überprüfung immer noch keinen positiven Bescheid, sollte er das stillschweigend schlucken und aufgeben. Gab der Betroffene jedoch immer noch keine Ruhe, zeigten Mielkes Handlanger, wer der Stärkere war. Typische Repressalien waren Einschränkungen in der beruflichen Entwicklung, der Mitarbeit in der Segelsektion der Betriebssportgemeinschaft, Reiseverbote in sozialistische Länder oder Einreiseverbot für Besucher aus dem Westen. Der politisch unbequeme Segler wurde durch die Stasi zielstrebig in die Enge getrieben, ohne daß er erkennen sollte, wer wirklich hinter den Repressalien steckte. Auch dieses widerliche Versteckspiel war in den geheimen Stasi-Richtlinien (Punkt 8.2) genau fixiert:

Wird im Ergebnis der Sicherheitsüberprüfung festgestellt, daß eine überprüfte Person sicherheitspolitisch nicht geeignet ist, hat der Leiter der zuständigen Diensteinheit durch politisch-operative Einfluß-nahme zu sichern, daß

– soweit erforderlich, die Mitteilung der Entscheidung durch das jeweilige Organ, die Einrichtung bzw. gesellschaftliche Organisation als ihre Entscheidung erfolgt und die betreffenden Personen keine Überprüfungshandlungen des MfS erkennen können...

Was sich wie ein fiktiver Geheimdienst-Thriller liest, war bitterer Alltag in der DDR. Etliche Segler, die keine PM 18 mehr erhielten, wurden durch ausgeklügelte Repressalien immer weiter an den Rand der Gesellschaft gedrängt, um sie letztendlich in die Knie zu zwingen, also zur Aufgabe des Seesegelns zu bewegen. Bei vielen Betroffenen wurde der DDR-Frust immer unerträglicher. Manche sahen in einem Ausreiseantrag die letzte Chance. Doch viele hatten dazu längst keine Nerven mehr und wurden regelrecht zu einer verzweifelten Flucht über die Ostsee getrieben.

Viele Opfer, die bei der Flucht über das Meer ertranken, können somit in direkter Weise dem Mielke-Imperium und seinen zivilen Handlangern angelastet werden. .

Nehmen wir aber den Fall, daß eine PM 18 erteilt wurde. Der glückliche Besitzer des Papiers hatte damit in einer zeitlich genau definierten Saison des jeweiligen Jahres, vom 1. April bis 31. Oktober, mehrere Gelegenheiten, an der scharf bewachten DDR-Küste zu segeln. Das war zumindest ein kleines Stück von der großen Freiheit des Meeres.

Doch auch dabei gab es haarsträubende Auflagen und Einschränkungen. Da normalerweise nur von Sonnenaufgang bis Sonnenuntergang gesegelt werden durfte, benötigte man zur Überführung – zum Beispiel von Warnemünde zu den pommerschen Bodden – eine zusätzliche Nachtsegelgenehmigung. Also wieder Behördengänge. Die Nachtsegelgenehmigung war nur gültig, wenn sie von fünf (!) verschiedenen Stellen genehmigt und abgestempelt wurde, und zwar vom:

● Bund Deutscher Segler, Kreisfachausschuß
● Bund Deutscher Segler, Kommission Seesegeln
● Deutschen Turn- und Sportbund, Bezirksvorstand
● von der Nationalen Volksarmee, Grenzbrigade Küste
● von der Bezirksbehörde der Deutschen Volkspolizei.

46

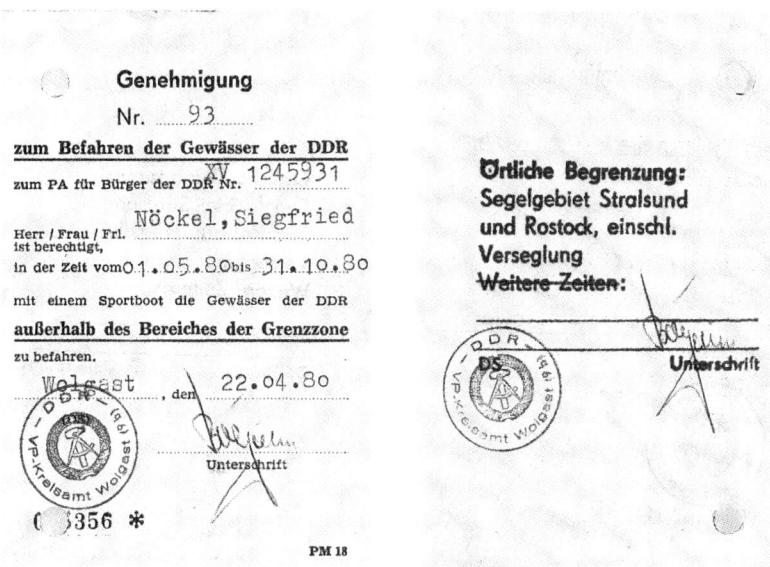

Genehmigung

Nr. ....93......

zum Befahren der Gewässer der DDR

zum PA für Bürger der DDR Nr. $\overline{XV.}$ 1245931

Herr / Frau / Frl. ....Nöckel,Siegfried........
ist berechtigt,

in der Zeit vom 01.05.80 bis 31.10.80

mit einem Sportboot die Gewässer der DDR

außerhalb des Bereiches der Grenzzone

zu befahren.

Wolgast , den 22.04.80

Unterschrift

( )356 *

PM 18

Örtliche Begrenzung:
Segelgebiet Stralsund
und Rostock, einschl.
Versiegelung

Weitere Zeiten:

Unterschrift

Genehmigte „PM 18" (Vorder- und Rückseite)

Diese Praxis macht deutlich, wie weit die damaligen DDR-Sportfunktionäre, speziell die des Bundes Deutscher Segler, in die Überwachung der Seesegler mit einbezogen waren.

Hatte man auch die Hürde der Nachtsegelgenehmigung genommen, konnte endlich auf See gesegelt werden. Dies jedoch wiederum mit Einschränkungen. So mußte zum Beispiel ein Überführungstörn von Rostock zu den pommerschen Bodden schon Monate vorher angemeldet werden – ohne daß der Skipper wußte, wie dann das Wetter sein würde. Und bevor er auch nur einen Meter auf die offene See durfte, mußte die Crew an den Grenzkontrollpunkten ausklarieren. Der Skipper hatte dort eine dicke Mappe mit Papieren vorzulegen, die peinlichst genau überprüft wurden. Waren dann in einer der vielen Genehmigungen auch nur ein Buchstabe oder eine Zahl falsch getippt, endete die geplante Seereise, ehe sie überhaupt angefangen hatte.

Wir erinnern uns: Der ganze Aufwand war notwendig für einen Törn innerhalb (!) der DDR-Hoheitsgewässer. Um ein Vielfaches

Mannschaftsliste

Fahrzeug/Name: Simpukku BSG/Club Motor Wolgast

Segel-Nr.: DDR 377 Reg.-Nr.: AL-14-2617

Grund der Reise 1. Lauf zur DDR-Meisterschaft im Seesegeln 1982 im Rahmen der XXXIII. Stralsunder Segelwoche – Rund Rügen – (in An- u. Abreise)

Lfd.Nr.	Name	Vorname	Geb.-Datum	Wohnungsanschrift (Hauptwohnung)	PA.-Nr.	Nr. der PM 18 gültig bis
1	Nöckel	Siegfried	10.12.1937	1502 Babelsberg, Mozartstr. 16	XV 1245931	77/Wolg./MT 31.10.82
2	Latzusch	Otto	12.07.1943	4101 Angersdorf, Kohlegraben 5	VIII 2144235	75/Wolg./MT 31.10.82
3	Haufe	Eberhard	13.07.1935	4020 Halle, W.-Pieck-Ring 29	XIII 2460939	87/Wolg./MT 31.10.82
4	Scheufler	Manfred	16.11.1939	1502 Babelsberg, Rosenstr. 23	XV 1394673	48/Wolg./MT ÖB 31.10.82
5	Bockhahn	Klaus	22.09.1963	2220 Wolgast, E.-Thälmannstr. 9	I 1095630	74/Wolg./MT 31.10.82

Für angeführte Personen wird eine

a) Berechtigung zum Umfahren des Sperrgebietes
vom 03.06. bis 06.06.1982
Gebiet Rund Rügen

b) Nachtsegelgenehmigung
vom 03.06. bis 06.06.1982
vom bis
vom bis
Gebiet Rund Rügen

beantragt. Segelgebiet Stralsund

Berechtigung zum Umfahren des Sperrgebietes erteilt
vom bis
Gebiet

Nachtsegelgenehmigung erteilt An-/Abreise
vom 03.06.82 bis 06.06.82
Peene – Greifsw. Bodden – Strelasund
Gebiet 04.06.–05.06.82 Rund Rügen

Diese Liste schließt mit der laufenden Nummer 6 5 ab.

Lfd. Nr. _____ wurde gestrichen

Unterschrift

Bund Deutscher Segler
BSG Motor Peene Werft
(St) Bund Deutscher Segler
222 Wolgast
KFA Wolgast
(DS) Kom. Seesegeln
BUND DEUTSCHER SEGLER
Bezirksausschuss Rostock
(DS) Kom. Seesegeln

48

komplizierter aber war das Genehmigungsverfahren zum Erhalt einer sogenannten „PM 19", mit der man nach Polen oder in die damalige Sowjetunion segeln durfte. Eine Zusammenstellung der dazu notwendigen Behördengänge wollen die Autoren dem Leser lieber ersparen.

Nur soviel sei gesagt: Ein Segeltörn zu den sozialistischen Bruderländern war die höchste Auszeichnung, die ein DDR-Segler erreichen konnte. Die Crew bildete dabei eine offizielle „Freundschaftsdelegation". In den meisten Fällen wurde einer solchen Mannschaft auch ein zuverlässig erscheinender SED-Genosse oder Stasi-Mann zugeteilt. Dieser mußte unterwegs aufpassen, daß die Segler nicht vom Kurs abkamen.

Es spricht für die Cleverneß der DDR-Segler, daß sie dennoch bei fast jedem Freundschaftstörn nach Polen oder in die damalige UdSSR vom Kurs abkamen und meist ein paar Stunden auf Bornholm festmachten. Dann war auf der Rückreise eben „zufällig" vor Bornholm das Trinkwasser faulig geworden – oder die Ruderanlage mußte inspiziert werden. Dagegen konnten selbst die Genossen an Bord nur schwer etwas sagen. Schließlich fanden es auch die Aufpasser auf der dänischen Insel gar nicht so schlecht. Meist einigte man sich hinterher auf eine Schweigegemeinschaft und hoffte, dadurch im nächsten Jahr wieder eine PM 19 zu bekommen.

Wie groß der direkte Einfluß der SED bei der Befürwortung einer PM 19 war, bezeugt die Tatsache, daß jeder Segler seinen Antrag zuerst auf seiner Arbeitsstelle von der jeweiligen Betriebsparteiorganisation (BPO) genehmigen lassen mußte. Selbst Parteilose oder Mitglieder von Blockparteien mußten sich, wenn sie ins Ausland segeln wollten, den Segen und die Unterschrift ihres SED-Parteisekretärs holen. Denn auch hier galt Honeckers Devise: „Die Partei hat immer recht!"

Mannschaftsliste mit Nachtsegelgenehmigung

3

28 Jahre Flucht übers Meer

Grundlage der nachfolgenden Statistik sind die Akten der Grenzbrigade Küste, die jetzt im Militärischen Zwischenarchiv in Potsdam lagern und von den Autoren eingesehen werden durften. In „operativen Tagesmeldungen", „operativen Quartals- oder Wochenberichten" über die „Lage an der Staatsgrenze", in „Chroniken" oder „Sonderberichten über besondere Vorkommnisse" wurde mit bürokratischer Akribie über die „Ergebnisse der Grenzsicherung" berichtet. Statistische Angaben über „Angriffe" auf die Seegrenze, Festnahmen oder „Grenzdurchbrüche" bildeten die Grundlage für weitere geheime Protokolle der DDR-Grenzbrigade Küste über Lage und Tendenzen an der Seegrenze.

Nach der Häufigkeit der „Angriffe auf die Staatsgrenze" wurden bestimmte Küstenabschnitte zum „Raum der Hauptanstrengung" (RdH) erklärt. Dazu gehörten vor allem das Gebiet von Barendorf über Wismar bis Kühlungsborn sowie der Darß und die Region um Graal-Müritz.

Leider ist der Bestand der Akten lückenhaft. Aus dem Jahr 1962 fehlen die Angaben. Grund dafür soll nach Auskunft des ehemaligen Chefs der Grenzbrigade Küste, Herbert Städtke, sein, daß die Grenztruppen ab 1.12.1961 nicht mehr dem Ministerium des Innern, sondern dem Ministerium für Nationale Verteidigung unterstellt waren. Dieser Wechsel und die chaotische Zeit der Neuordnung spiegelt sich in den unvollständigen Protokollen wider.

Über einige den Autoren bekannte Grenzdurchbrüche waren in den Akten keine Berichte mehr vorhanden. Laut Hinweis aus dem jetzigen Marinekommando Rostock sollen nach dem Fall der Mauer Dokumente vernichtet worden sein.

Die Ermittlung statistischer Werte wurde durch eine unterschiedliche Definition der Zeiträume erschwert: Teilweise wurden die Werte dem vollen Jahr zugeordnet, teilweise wurden Zeitspannen wie 1964/65 angeführt. Grund dafür sind statistische Erhebungen in „Ausbildungszeiträumen", die sich vom 1. Dezember des laufenden Jahres bis 30. November des Folgejahres erstreckten.

Ab 1970 erhalten sind die statistischen Angaben des westdeutschen Bundesgrenzschutzes über Flüchtlinge aus der DDR, die die Küste Schleswig-Holsteins oder Dänemarks erreichten. Diese Werte sind in der Rubrik „erfolgreiche Grenzdurchbrüche/Angaben BGS" den Werten der Grenzbrigade Küste (GBK) gegenübergestellt. Die Zahlen weisen teilweise beträchtliche Unterschiede auf.

Erfolgreiche Fluchten protokollierten die DDR-Grenzhüter nur, wenn Spuren, Vermißtenmeldungen oder Zeugenaussagen darauf hinwiesen. Außerdem registrierten sie es, wenn den Angehörigen des Flüchtlings in der DDR telefonisch oder brieflich von der geglückten Flucht berichtet wurde. Zusätzlich dienten die Westmedien als Informationsquelle. Die deutlich über den Zahlen der GBK liegenden Werte des BGS zeigen, daß die Bewacher der DDR-Seegrenze nicht jede Flucht im nachhinein ermitteln konnten.

Erreichte ein Flüchtling die holsteinische Küste, wurde gewöhnlich der Bundesgrenzschutz informiert. Die in Dänemark angekommenen Flüchtlinge mit Ziel Bundesrepublik übernahm ebenfalls der BGS. Deshalb kann man davon ausgehen, daß die Angaben des BGS über angelandete Flüchtlinge der Wahrheit am nächsten kommen.

Die geheimen Statistiken der DDR-Grenzbrigade Küste über Festnahmen an der Seegrenze sind vermutlich objektiv. Der Ehrgeiz der Grenzkommandeure bestand darin, die „Effektivität der Grenzsicherung" zu erhöhen und Erfolge weiterzumelden.

Dagegen ist die Anzahl der Todesopfer vermutlich mit einer hohen Dunkelziffer belastet. Es ist zu befürchten, daß mehr Menschen umgekommen sind, als die Akten dokumentieren (siehe auch Kapitel 4, „Die Opfer").

Statistik der Fluchtbewegung über die Ostsee

Jahr	gescheiterte: Festnahmen	Tote	GRENZDURCHBRÜCHE erfolgreiche: Angaben von GBK	BGS	gesamt: Angaben von GBK	GBK+BGS
13.8.–31.12.1961	69		30		99	
1962	k. Daten	3				
1963	168	–	9		177	
1964	247	2	99		348	
1964/65	177	2	29		208	
1965/66	210	2	33		245	
1966/67	137	1	23		161	
1967/68	88	–	11		99	
1968/69	123	1	24		148	
1969/Dez. 70	161	1	26	44	187	206
1971	215	2	19	51	236	268
1972	228	–	20	52	248	280
1973	229	1	14	33	244	263
1974	100	2	23	35	125	137
1975	109	–	11	33	120	142
1976	158	–	20	28	178	186
1977	253	3	16	38	272	294
1978	129	–	11	20	140	149
1979	154	3	10	20	167	177
1979/80	153	–	5	18	158	171
1980/81	152	–	21	42	173	194
1981/82	172	–	10	10	182	182
1982/83	155	1	5	6	161	162
1983/84	115	–	7	12	122	127
1984/85	87	1	1	5	89	93
1985/86	78	–	4	10	82	88
1986/87	115	–	10	15	125	130
1987/88	173	1	27	36	226	236
Jan.–Nov. 1989	117	1	73	32	191	150
Summe	4272	27	591	594*	4914	3635*

(* ab 1970)

<u>Entwicklung der Bewegung der Grenzverletzer</u>

<u>o1.12.1971 - 31.o5.1972</u>

Die Entwicklung der Grenzverletzerbewegung an der Seegrenze der Deutschen Demokratischen Republik war im
Chronikzeitraum charakterisiert durch:

1. <u>Grenzdurchbrüche</u>

6 Fälle mit 14 Personen
davon: 1 Fahnenflucht mit 1 Person

2. Illegale Grenzübertritte

11 Fälle mit 19 Personen
davon: 1o Fälle mit 18 Personen DDR-VRP
       1 Fall mit 1 Person   VRP-DDR

3. Zuführungen wegen versuchten Grenzdurchbruch

62 Fälle mit 97 Personen
davon: durch Kräfte der 6. Grenzbrigade Küste 13 Personen
       durch Kräfte des Zusammenwirkens   49 Personen

4. Absteiger im kapitalistischen Ausland

27 Fälle mit 29 Personen

5. Verstöße gegen die Grenzordnung

37 Fälle mit 49 Personen

In der Hauptsache wurde verstoßen gegen die Paragraphen:

17 Aufenthalte im 5oo m - Schutzstreifen
39(1) Zelten auf Zeltplätzen
4o(1) Genehmigung zum Befahren der Gewässer
52(2) Erforderliche Ausweisdokumente im Grenzgebiet

53

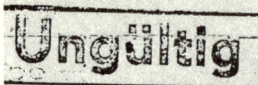

Entwicklung der Bewegung der Grenzverletzer

ol.o6. - 3o.11.1972

Die Entwicklung der Bewegung der Grenzverletzer an der
Seegrenze der Deutschen Demokratischen Republik war gekennzeichnet durch:

1. Grenzdurchbrüche

   4 Fälle mit 6 Personen

2. Illegale Grenzübertritte

   8 Fälle mit 13 Personen
   davon: 6 Fälle mit 11 Personen DDR - VRP
         2 Fälle mit 2 Personen VRP - DDR

3. Zuführungen wegen versuchtem Grenzdurchbruch bzw.
   Vorbereitung

   96 Fälle mit 13o Personen
   davon: durch Kräfte der 6. Grenzbrigade Küste 27 Personen
        durch Kräfte des Zusammenwirkens   1o3 Personen

4. Absteiger im kapitalistischen Ausland

   24 Fälle mit 24 Personen

5. Verstöße gegen die Grenzordnung

   95 Fälle mit 166 Personen
   In der Hauptsache wurde verstoßen gegen die Paragraphen:
   39 (1) Zelten auf Zeltplätzen
   4o (1) Genehmigung zum Befahren der Gewässer
   52 (2) Erforderliche Ausweisdokumente im Grenzgebiet
        der Grenzordnung in der Fassung vom 19.o3.1964

54

Methoden und Verfahren der Grenzverletzer

Bei einer Analyse der Angriffe der Grenzverletzer auf
die Seegrenze der Deutschen Demokratischen Republik ist
zu erkennen, daß:

die Grenzverletzer vorwiegend mit der Deutschen Reichs-
bahn und öffentlichen Verkehrsmitteln in das Grenzgebiet
anreisen und nach kurzer Aufklärung versuchten die Seegrenze zu durchbrechen;

die Grenzverletzer die Sicherung der kapitalistischen
Schiffe und speziell der Fährschiffe aufklärten mit dem
Ziel, mit diesen die Seegrenze zu durchbrechen;

die Grenzverletzer größtenteils in Gruppen von 2 bis 4
Personen den Versuch des Grenzdurchbruches unternehmen;

die Mehrzahl der Grenzverletzer mit industriell gefertigten
bzw. gestohlenen Schwimmitteln versuchten die Grenze zu
durchbrechen.

Unterstützung durch die Grenzbevölkerung bei der Siche-
rung der Staatsgrenze

01.12.1971 - 31.05.1972

In der Chronikperiode war die militärpolitische Öffentlich-
keitsarbeit darauf gerichtet, weitere Kreise der Bevölkerung für die Mitarbeit zu gewinnen.
Im Bereich der 6. Grenzbrigade Küste gibt es 273 freiwillige Helfer der Grenztruppen, von denen 165 operativ eingesetzt werden können.
Im Leistungsvergleich der freiwilligen Helfer der Grenz-
truppen-Gruppen, der erstmalig im Rahmen einer grenztaktischen Übung durchgeführt wurde, gab es gute und ausge-
zeichnete Leistungen.
Auf Hinweise der Grenzbevölkerung und der Tätigkeit der
freiwilligen Helfer der Grenztruppen wurden 3 Grenzverletzer der Deutschen Volkspolizei zugeführt.

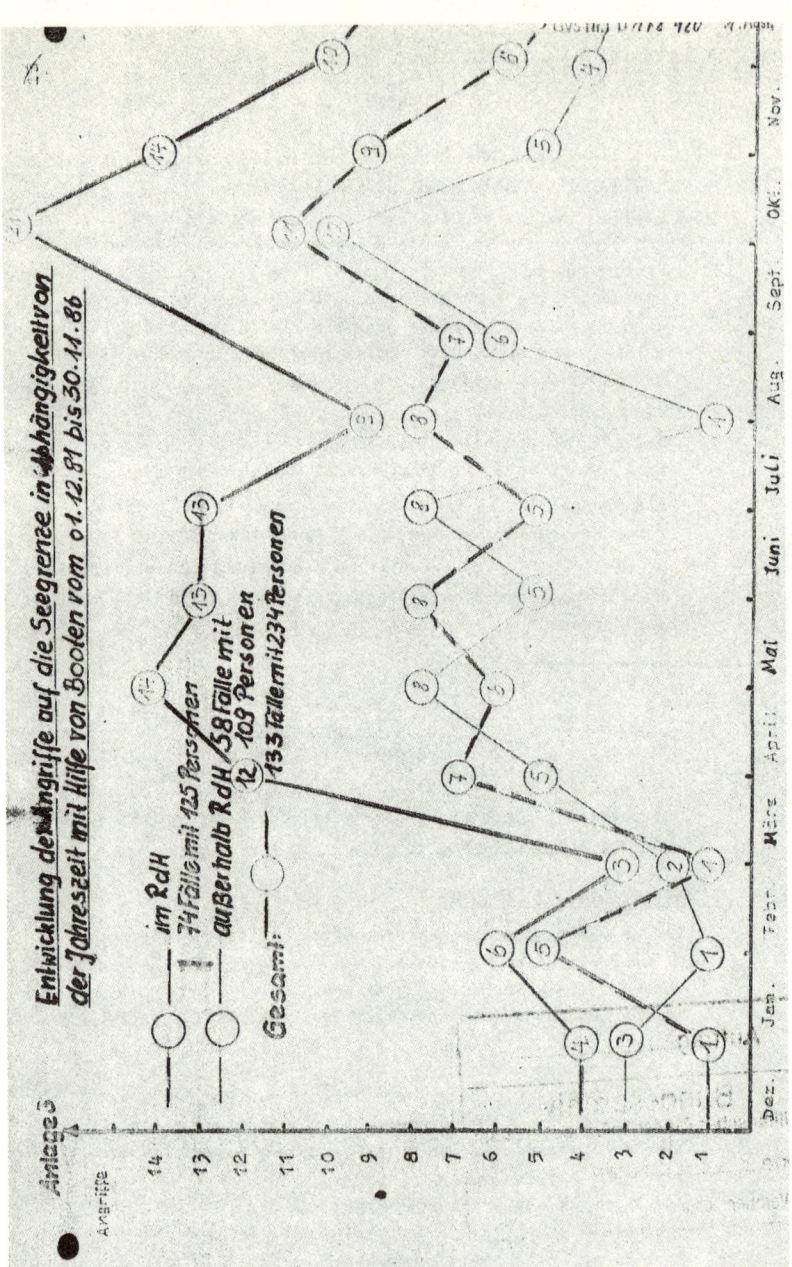

Entwicklung der Angriffe auf die Seegrenze in Abhängigkeit von der Jahreszeit mit Hilfe von Booten vom 01.12.81 bis 30.11.86

im RdH
74 Fälle mit 125 Personen

außerhalb RdH /58 Fälle mit
103 Personen

Gesamt: 133 Fälle mit 234 Personen

Anlage 3

Angriffe

14 13 12 11 10 9 8 7 6 5 4 3 2 1

Dez. Jan. Febr. März April Mai Juni Juli Aug. Sept. Okt. Nov.

56

In den Geheimdokumenten der Grenzbrigade Küste wurde die Fluchtbewegung über See genau analysiert

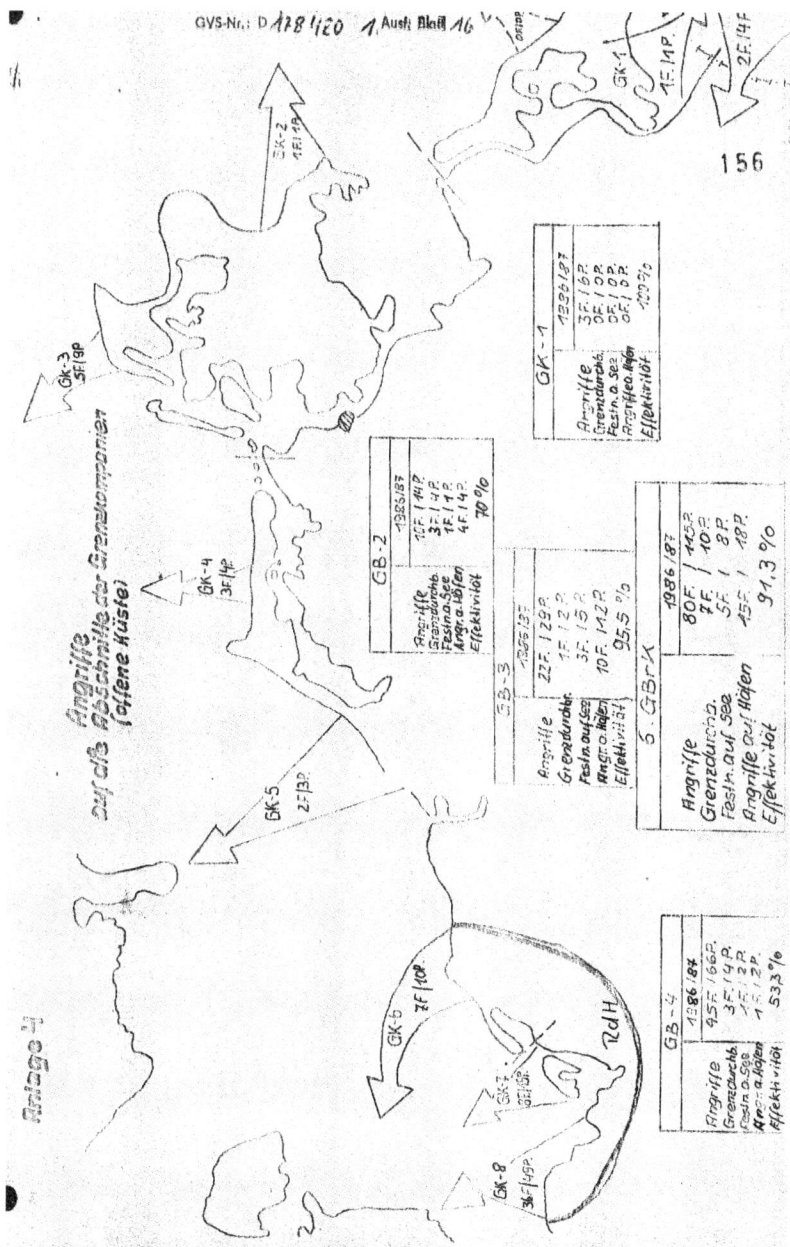

156

Anlage 4

Angriffe
auf die Abschnitte der Grenzkompanien
(offene Küste)

57

Geheime Verschlußsache
GVS Nr. D 178420   1. Ausf. Blatt 17

157

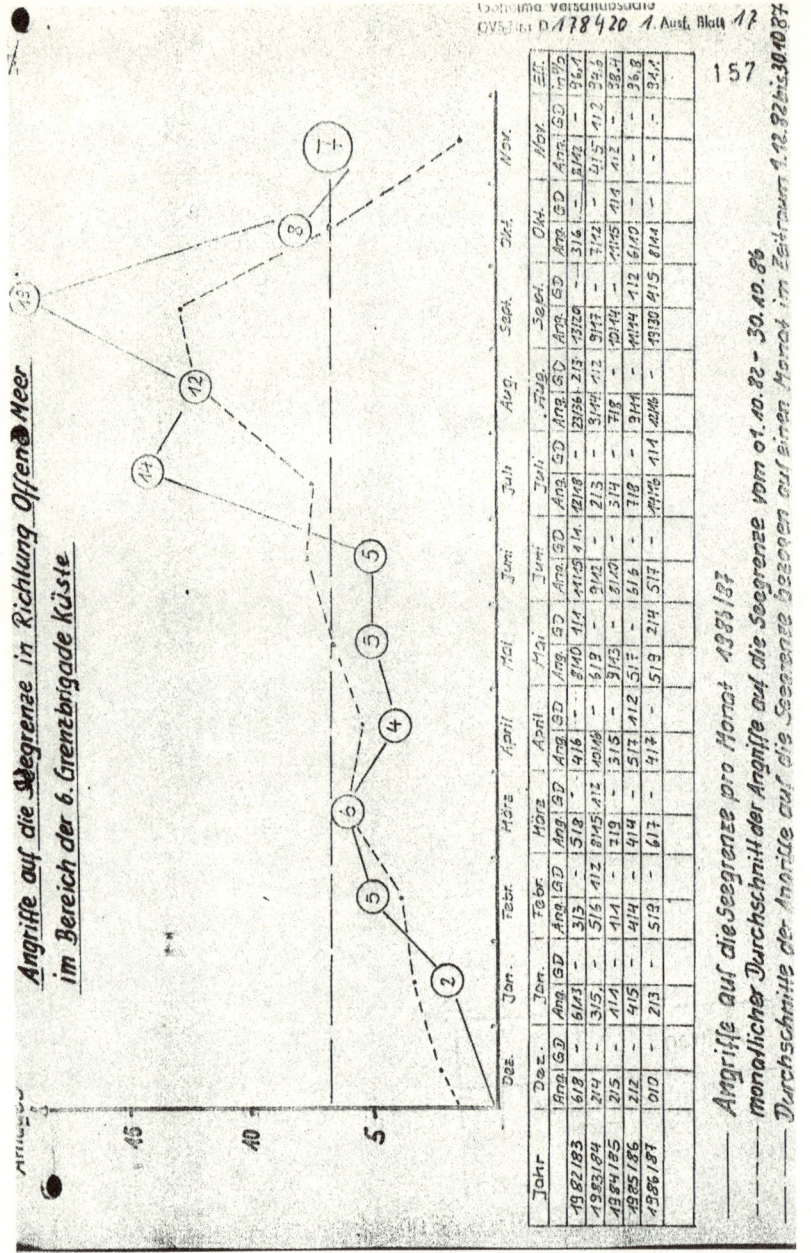

Angriffe auf die Seegrenze in Richtung Offenes Meer
im Bereich der 6. Grenzbrigade Küste

——— Angriffe auf die Seegrenze pro Monat 1983/87
– – – monatlicher Durchschnitt der Angriffe auf die Seegrenze vom 01.10.82 – 30.10.86
– · – · Durchschnitte der Angriffe auf die Seegrenze bezogen auf einen Monat im Zeitraum 1.10.82 bis 30.10.87

4

Die Opfer

Bis zum Fall der Mauer waren zehn Opfer bekannt, die auf der Flucht über den Seeweg starben. Sie wurden von der Zentralen Erfassungsstelle Salzgitter registriert. Aber nach Einsicht in die Akten der Grenzbrigade Küste ist die Todesliste erschreckend lang geworden. Die Wasserschutzpolizei in Travemünde sowie die Kriminalpolizei in Lübeck registrierten weitere Opfer. Wie viele Menschen durch Unterkühlung oder Ertrinken auf ihrem Weg in die Freiheit wirklich umkamen, wird sich nie vollständig klären lassen. Das Meer kennt keine Zeugen.

Die nachfolgende Liste nennt über die zehn bekannten Fälle hinaus eine wesentlich größere Zahl von Opfern, deren Schicksal erst durch die neuesten Recherchen der Autoren bekannt wurde und belegt ist:

Name des Opfers:	Werner Dobrick
Zeit:	27. August 1962
Ort:	Pötenitzer Wiek
Vorgang:	Bei dem Versuch, über die Pötenitzer Wiek zu flüchten, ertrunken.

Name des Opfers:	Günther Schulz, geboren ca. 1940
Zeit:	September 1962
Ort:	Küstengebiet bei Boltenhagen
Vorgang:	Bei dem Versuch, über die Ostsee zu flüchten, ertrunken.

Name des Opfers:	Karl Ludwig Schulz, geboren ca. 1942
Zeit:	September 1962
Ort:	Küstengebiet bei Boltenhagen
Vorgang:	Bei dem Versuch, über die Ostsee zu flüchten, ertrunken.

Name des Opfers:	Peter Keimling, geboren am 12. 9. 1943, ehemals wohnhaft in Premnitz
Zeit:	11. Mai 1964
Ort:	Unbekannt
Vorgang:	Bei dem Versuch, über die Ostsee zu flüchten, ertrunken.

072 Vertrauliche Verschlußsache
19 22/64 3

- 6 -

3. Am 11.05.64 wurde am Strand der Wohlenberger Wiek der Chemiearbeiter

   K e i m l i n g   Peter   geb. am 12.09.43
   wohnhaft: Premnitz

   als Wasserleiche gefunden. K war bereits fünfmal wegen Einbruchsdiebstahl straffällig und sollte jetzt zur Verantwortung gezogen werden.

4. Im Bereich der 9. Grenzkompanie wurden am 03.05.64 ca. 1000 Exemplare der Mitteldeutschen Arbeiterzeitung, Sonderausgabe 2/63, durch die Grenzsicherungskräfte aufgefunden und sichergestellt. Am 06.05.64 wurden im Abschnitt der 7. Grenzkompanie 12 Exemplare gefunden.

Korvettenkapitän

Name des Opfers:	Fred Schmidt, geboren ca. 1940, ehemals wohnhaft in Rostock
Zeit:	17. Juli 1964
Ort:	Mecklenburgische Küste
Vorgang:	Fred Schmidt ertrank bei dem Versuch, schwimmend über die Ostsee zu flüchten. Seine Leiche wurde in der Lübecker Bucht von der Wasserschutzpolizei Travemünde geborgen.
Name des Opfers:	Peter Brückner aus Schwerin
Zeit:	September 1965
Ort:	Unbekannt
Vorgang:	Peter Brückner ertrank in der Ostsee. Seine Leiche wurde nicht gefunden.
Name des Opfers:	Christian Block aus Schwerin
Zeit:	September 1965
Ort:	Unbekannt
Vorgang:	Christian Block ertrank in der Ostsee. Seine Leiche wurde nicht gefunden.
Name des Opfers:	Peter Kynast, geboren am 3.6.1941
Zeit:	Sommer 1966
Ort:	Bei Wismar
Vorgang:	Peter Kynast ertrank bei dem Versuch, die Lübecker Bucht zu durchschwimmen.
Name des Opfers:	Herbert Dessel
Zeit:	4. oder 5. September 1966
Ort:	Rostock, Überseehafen
Vorgang:	Herbert Dessel ertrank im Überseehafen Rostock bei dem Versuch, ein dort liegendes norwegisches Schiff schwimmend zu erreichen.
Name des Opfers:	Dr. med. Ulrich Peters aus Greifswald, geboren am 28.2.1935 in Greifswald
Zeit:	Frühjahr 1967

Ort:	Ostsee
Vorgang:	Dr. Ulrich Peters ertrank bei dem Versuch, über die Ostsee in die Bundesrepublik zu flüchten.

Name des Opfers:	Jürgen Fottschalk, geboren am 11.2.1944
Zeit:	Ende August 1969
Ort:	Fährhafen Warnemünde
Vorgang:	Jürgen Fottschalk war mit einer Taucherausrüstung bekleidet und hängte sich mit einem Seil an das Fährschiff Warnemünde-Gedser. Dabei ertrank er.

Name des Opfers:	Axel Wittig
Zeit:	8. Mai 1970
Ort:	Küstengebiet vor Boltenhagen
Vorgang:	Axel Wittig ist bei dem Versuch, über die Ostsee zu schwimmen, ertrunken. Seine Leiche wurde am 25.6.1970 im Abschnitt des 3. Grenzbataillons (zwischen Stralsund und Rerik) gefunden.

00038

Vertrauliche Verschlußsache!
VVS-Nr. D 8 11 06 1.Ausf.Bl.5

Im einzelnen wurde bekannt bzw. festgestellt:
- Am 08.05.1970 Fund von Bekleidungsstücken am Strand im Abschnitt Boltenhagen. Bekleidungsstücke gehörten dem DDR-Bürger W i t t i g , Axel der vermutlich in der Zeit vom 06. bis 08.05.70 vom Strand Boltenhagen aus schwimmend die Grenze verletzte. W. konnte sein Vorhaben nicht durchführen, er wurde am 25.06.70 als Leiche im Abschnitt des III. GB geborgen.

Name des Opfers:	Jahn Slata, geboren am 21. 4. 1952, ehemals wohnhaft in Klütz
Ort:	Küste vor Boltenhagen
Zeit:	10. Mai 1971
Vorgang:	Jahn Slata ertrank bei dem Versuch, mittels einer Luftmatratze die Ostsee zu überqueren. Seine Leiche wurde am 30. Mai 1971 in Tarnewitz geborgen.

Name des Opfers:	Peter Weißhahn, geb. am 9. 8. 1943, ehemals wohnhaft in Leipzig
Zeit:	Ende August 1971
Ort:	Boltenhagen
Vorgang:	Peter Weißhahn versuchte, schwimmend die Ostsee zu überqueren. Seine Leiche wurde am 14. September 1971 in Höhe der Insel Poel geborgen.

Name des Opfers:	Christoph von Büllingslöwen, geboren 4. 2. 1948, ehemals wohnhaft in Eisleben
Zeit:	1973
Ort:	Unbekannt
Vorgang:	Christoph von Büllingslöwen ist bei dem Versuch, über die Ostsee zu flüchten, ertrunken.

Name des Opfers:	Unbekannte männliche Person, geboren ca. 1950
Zeit:	April 1974
Ort:	Unbekannt
Vorgang:	Ende April 1974 wurde an der Küste der Insel Fehmarn die Leiche eines etwa 25 Jahre alten Mannes angetrieben. Der Tote konnte als DDR-Bürger identifiziert werden.

Name des Opfers: Frank Engelhardt, geb. am 21. 7. 1949,
                     ehemals wohnhaft in Halle-Neustadt

NATIONALE VOLKSARMEE   O. U., den 03.10.1974
Grenzbataillon - 3
Az.: 18 03 01   **Vertrauliche Verschlußsache**
                            Vertrauliche Verschlußsache
                            VVS-Nr. D 133 544
                            Ausfertigung = 5 Blatt

Bestätigt :
Kommandeur des Grenzbataillon - 3
am : 18.10.74   Fregattenkapitän

            A b s c h l u ß b e r i c h t

        über die Untersuchung zum Grenzdurchbruch im
        Bereich der 5. Grenzkompanie am 23.09.1974

Mit der Untersuchung des Grenzdurchbruchs wurde durch den
Kommandeur des Grenzbataillon - 3 beauftragt

            Kapitänleutnant

1. Sachverhalt :

Am 23.09.1974, 20.53 Uhr beobachtete der im Rahmen eines
Grp.-Einsatzes handelnde Obermatrose   , daß eine
Person im Naßanzug 400 m östl. vom OP-320 b eilig den Strand
überquerte, ins Wasser ging und unmittelbar darauf im Wasser
außer Sicht ging.
Am 01.10.1974 übergab der Leutnant der dän. Fremdenpolizei
P e t e r s e n Unterlagen über eine gefundene Leiche.

Angaben zur Person :
E n g e l h a r d t , Frank   geb.am : 21.07.1949
Wohnsitz : Halle - Neustadt, Block 192/9
beschäftigt : Leuna-Werke "Walter Ulbricht"

2. Wesentliches Untersuchungsergebnis :

Der Entschluß zur Grenzsicherung des Kompaniechefs der
5. Grenzkompanie (s. Anlage) war zweckmäßig.
Der Ob.-Matr. ███ beobachtete um 20.53 Uhr in ca. 150 m -
Entfernung eine über den Strand direkt zum Wasser eilende
Person im Naßanzug.
Statt zu handeln und mit allen Mitteln, den Grenzverletzer
durch persönlichen Einsatz festzunehmen, meldete Ob.-Matr.
███ lediglich den Inhalt seiner Beobachtung dem Führungs-
punkt der 5. Grenzkompanie. Zu diesem Zeitpunkt befand sich
der Grenzverletzer bereits im Wasser und außer Sicht.
Der Diensthabende des Führungspunktes Leutnant ███████
s e t z t e als Sofortmaßnahme die Offizierskontrollstreife
unter Kpt.-Ltn. ██████████████ z u r Abriegelung im
Abschnitt ein.
Um 21.42 Uhr traf die Alarmgruppe (0/0/1/5) im Abschnitt ein
und unterstützte die Abriegelung.
Durch den OP-Dienst GB - 3 wurden um 21.13 Uhr die Schein-
werfer von 324 a auf 320 a und von 326 auf 321 befohlen.
Die Leuchtzeit der Scheinwerfer nach Umsetzen begann auf
OP-321 um 22.04 Uhr, auf OP-320 a um 22.31 Uhr.
Um 22.15 Uhr Auslösung von Grenzalarm für die 5. GK durch
Kommandeur GB - 3.
Um 23.08 Uhr traf in der 5. GK Ob.-Mstr. ██████████
vom VPKA-Rostock, Abtlg. K ein.
Unter Einsatz eines Fährtenhundes wurde am 24.09.74,
01.10 Uhr der Vorbereitungsort 150 m östl. OP-320b vor dem
Waldrand gefunden.
Am Fundort wurden sichergestellt :

      1 Betriebsausweis (Leuna-Werke) auf den Namen
                        Engelhardt, Frank
     1 Motorradzulassung für VH 71 - 53
     1 stark eingefettete Lederjacke
     1 Hülle eines Flüssigkeitskompasses
     Gummilösung und Isolierband

Um 01.20 Uhr wurde neben der HO-Vst.-Müritz-Ost das
Krad VH 71-53 gefunden und durch die " K " sichergestellt, es wurde festgestellt, daß die Vorbereitung
des Grenzverletzers unmittelbar nach der Anreise erfolgte.
Durch die Auswertezentrale des GB - 3 wurden ab 21.30 Uhr
alle Ziele der 7. und 8. TBK Wog 1 - DDR-Küste unter
Kontrolle gehalten.
Besonderheiten (z.B. in den Bewegungselementen) traten
nicht auf.

3. Begünstigende Umstände

- Wetter um 20.53 Uhr Wind S-SE 3, See-2, Sicht 5-11 sm
                       bewölkt, Dunkelheit

4. Schlußfolgerungen und Vorschläge

- Angriffe in der Nachsaison erfolgen in der Mehrzahl
  mittels KFZ-Anreise, ohne Aufklärung (bereits in
  der Saison erfolgt), bei anhaltenden Wetterlagen
  mit südlichen Winden, bei unsichtigem Wetter und
  Dunkelheit mit Kleinstschwimmitteln und besonders
  in letzter Zeit verstärkt mit Naßanzügen und ABC-
  Gerät.

Es wird vorgeschlagen :

1. Die Erziehung des Personalbestandes der Einheiten
   zu entschlußfreudigem Handeln im praktischen Grenzdienst muß verstärkt in der Ausbildung berücksichtigt
   werden.

2. Durchführung von Lehrvorführungen in allen Einheiten
   mit Inhalt :
        - Grenzverletzer mit und ohne Schwimmittel bei
          plötzlichen Handlungen zu stellen und festzu-
          nehmen. (Tag und Nacht)

66

3. Durchführung von Schulungen der Diensthabenden
der Führungspunkte der Einheiten durch die Kompaniechefs anhand vorher ausgearbeiteter Muster-
entschlüsse für den täglichen Grenzdienst und zu
besonderen Lagen.

4. Auswertung des Grenzdurchbruchs mit den Kommandeuren
aller Einheiten.

5. Auswertung der inaktiven unentschlossenen Handlungs-
weise des Ob.-Matr. ▓▓▓▓▓▓ vor dem milit. Kollek-
tiv und in den Zügen der 5. Grenzkompanie.

Kapitänleutnant

Zeit: 23. September 1974
Ort: Graal-Müritz
Vorgang: Um 20.53 Uhr beobachteten Grenz-
                posten, daß eine Person im Naßanzug
                eilig den Strand überquerte, ins Wasser
                ging und danach außer Sicht geriet.
                Am 1. Oktober 1974 übergab ein Leut-
                nant der dänischen Polizei die
                Dokumente der gefundenen Leiche.

67

Namen der Opfer: Herr Sender und seine beiden Töchter
Zeit: 9. März 1977
Ort: Raum Kühlungsborn
Vorgang: Familie Sender (fünf Personen) versuchte, mit zwei Faltbooten zu flüchten. Der Vater mit den beiden Töchtern kenterte, und alle drei ertranken. Frau Sender und der Sohn konnten gerettet werden.

Vertrauliche Verschlußsache!   144
VVS-Nr.: D 282 042 1.Ausf., Bl. 8

2. Am 09.03.1977 versuchten 5 Personen (Familie Sender aus Schwerin) den Grenzabschnitt des GB-3 (Raum Kühlungsborn) zu durchbrechen. 2 Personen gelang der Durchbruch, 3 Personen ertranken.

Namen der Opfer: Lutz Balzer, geboren am 6. 1. 1955
Renate Balzer, geboren am 26. 2. 1949
Ines Balzer, geboren am 3. 5. 1977
Zeit: 10. September 1979
Ort: Nonnewitz bei Kap Arkona auf Rügen
Vorgang: Familie Balzer (fünf Personen) versuchte, mit einem selbstgebauten Faltboot-Katamaran die Ostsee in Richtung Dänemark zu überqueren. Der Katamaran ist vermutlich gekentert. Am 19. September wurde etwa zehn Seemeilen nordwestlich von Kap Arkona auf dem Stralsunder Fischkutter STR 173 beim Hieven des Grundschleppnetzes die Leiche von Lutz Balzer entdeckt. Am 24. September wurde 17 Seemeilen nördlich von Mövenort

GRENZTRUPPEN
DER DEUTSCHEN DEMOKRATISCHEN REPUBLIK

Dienststelle: 6.Grenzbrigade - Küste

Abteilung: Operative Arbeit

Sachgebiet: Information

Aktenzeichen: 04 10 12   VVS/GVS-Nr.

Nur für den Dienstgebrauch —— Blatt

Inhaltsangabe: Operative Tagesmeldungen
Nr. 182/79 bis 273/79

2.

durch den Hosentaschen Fischkutter 173 wurde beim Höverfang drund
Schleppnetzes am 19.09.79 19.00 Uhr auf der Pos. 54° 48'N 13° 12'E
(1o sm NW-lich Arkona) eine männliche Leiche geborgen.
Die in einer der Hosentaschen gefundene Geldbörse enthält einen Lohn-
streifen auf den Namen

a l z e r, Lutz,
S-Bahn-Fahrkarten von Dresden und einen Euroscheck auf den Namen
Michaela May.
Vermutlich handelt es sich dabei um den Balzer, Lutz, der zusammen mit
weiteren Personen am 10.09.79 vom Zeltplatz Nonnewitz abgelandet ist.
Die Übergabe der Leiche erfolgte in Saßnitz an das VPKA Rügen.

1.4.1.

Am 24.09.79 gegen 11.30 Uhr wurde durch den DDR-Logger ROS - 104 auf der
Position 54°57'N 13°10'E (17sm nördlich Mövenort) nach dem Einholen des
Fanggeschirrs eine weibliche Leiche festgestellt. Nach Aussage des Arztes
beträgt die Liegezeit der Leiche im Wasser ca. 14 Tage. Entsprechend vor-
liegender Personenbeschreibung des Bürgers Junold, Herbert könnte es sich
um seine Tochter Renate Balzer geb. Junold handeln,die zusammen mit 4
weiteren Personen am 10.09.79 vom Zeltplatz Nonnewitz abgelandet waren.
Die Übergabe der Leiche erfolgte in Saßnitz an das VPKA Bergen.

1.4. Handlungen und Informationen durch Kräfte des ZW

1.

Am 27.09.79 gegen 13.00 Uhr wurde auf der Position 54°55,5'N 13°37'E
(16sm = 29,6km nordöstlich Arkona) durch den Fischkutter SAS 296 beim
Einbringen des Fanggeschirrs eine (Mensch) im Netz fest-
gestellt. Die Leiche wurde gegen 18.00 Uhr im Hafen Saßnitz durch das
VPKA Bergen übernommen. (Zusammenhang mit der Ablandung
Nonnewitz 10.09.79).
Weitere Bearbeitung durch VPKA Bergen.
Fernschreiben bis Chef Hauptstab abgesetzt.

vom DDR-Logger ROS 104 die Leiche
von Renate Balzer geborgen. Den Leich-
nam der zweijährigen Ines Balzer fand
man am 27. September etwa 16 Seemeilen nordöstlich von Kap Arkona im
Fanggeschirr des Fischkutters SAS 296.
Der Verbleib von Ulf Balzer (Bruder von
Lutz Balzer) und Ehefrau Manuela ist
ungeklärt.

Name des Opfers: Unbekannte männliche Person
Zeit: Vermutlich Oktober 1983
Vorgang: Bei Meeschendorf an der Südküste
                       Fehmarns wurde Anfang November 1983
                       eine in Taucherkleidung gehüllte
                       männliche Leiche entdeckt. Die bei der
                       Leiche gefundenen Papiere weisen auf
                       eine Herkunft aus der DDR hin. Der
                       Unbekannte ist vermutlich beim Flucht-
                       versuch ertrunken.

Name des Opfers: Unbekannte männliche Person
Zeit: 1985
Vorgang: Der Fischkutter NEUKUHREN barg in der
                       Lübecker Bucht eine männliche Leiche.
                       Nach Auskunft der Wasserschutzpolizei
                       Travemünde handelt es sich um einen
                       ehemaligen DDR-Bürger, der bei dem
                       Versuch, über die Ostsee zu flüchten,
                       ertrunken ist.

Name des Opfers: Unbekannte männliche Person
Zeit: Ende Mai 1988
Vorgang: Aus der Lübecker Bucht wurde die Leiche
                       eines 25 bis 36 Jahre alten Mannes
                       geborgen, der mit großer Sicherheit aus
                       der DDR stammt und bei dem Versuch,
                       über die Ostsee zu flüchten, ertrunken ist.

70

Name des Opfers:	Jörg Martelok, geboren am 22.10.1969
Zeit:	8. bis vermutlich 10. Mai 1989
Ort:	Strand vor Boltenhagen, Wismarbucht
Vorgang:	Jörg Martelok ertrank bei dem Versuch, durch die Lübecker Bucht schwimmend in die Bundesrepublik zu flüchten. Er ist vermutlich das letzte Opfer der nassen Grenze. Am 22. Mai 1989 um 23.30 Uhr wurde seine Leiche in Klütz, Ortsteil Steinbeck, Kreis Grevesmühlen, von den DDR-Grenztruppen aufgefunden.

5

„Wir sind doch keine blutgierigen Monster!"

Interview mit Konteradmiral a. D. Herbert Städtke

Von 1967 bis 1978 war Herbert Städtke stellvertretender Chef und bis zum Fall der Mauer Kommandeur der Grenzbrigade Küste der DDR. Im Sommer 1991 gab der pensionierte Militär erstmals detaillierte Auskünfte über die Bewachung der ostdeutschen Seegrenze.

Frage: „Segelboote, Surfer, Ruder- und Paddelboote beleben heute das Bild der Ostseeküste der ehemaligen DDR, ganz im Gegensatz zu früheren Zeiten. Was empfinden Sie bei diesem Anblick?"

Städtke: „Für mich ist dieses Bild deutlicher Ausdruck völlig neuer Bedingungen, und die neuen Möglichkeiten der Wassersportler sind gewaltig. Ich sehe jetzt eine Reihe von Gedanken realisiert, die schon vor der Wende zur Diskussion standen. Überlegungen der Praktiker gingen dahin, bestimmte Gebiete für Wassersportler zu öffnen. Im Gespräch waren Usedom, der Abschnitt östlich von Rügen, vor Sellin und Babe. Aber die zentrale Entscheidung lautete: ‚Das System der Grenzsicherung an der Ostseeküste wird nicht verändert.' Meiner Meinung nach resultierte diese Entscheidung aus einem überzogenen Sicherheitsbedürfnis, das in bestimmten Fragen nicht mit dem der Praktiker übereinstimmte. Mehr Freizügigkeit im Wassersport hätte dieses Grenzsicherungssystem nicht beeinträchtigt. Ich glaube, daß es möglich gewesen wäre, unter Beachtung bestimmter Sicherheitsanforderungen schon damals Erleichterungen zuzulassen. Nie zugestimmt hätte ich der Öffnung für Wassersportler im Raum Wismar. Hier hätte ich meiner Aufgabe, die auch in der Verhinderung illegaler Grenzübertritte bestand, nicht mehr gerecht werden können. Aber in den anderen Bereichen hätten wir uns schon viel eher öffnen können."

Frage: „Wie wirkte sich der Befehl zum Bau der Mauer am 13. August 1961 auf die Grenzsicherung an der Küste aus?"

Städtke: „Damals geschah nichts weiter, als daß wir landseitig in Bereitschaft saßen und seeseitig Vorposten bezogen wurde, das heißt, die Schiffe waren in See. Es mußte ja damit gerechnet werden, daß es zu einer bewaffneten Auseinandersetzung kam. Zu dieser Zeit gab es einige wenige Stahlgittertürme aus dem Krieg, die aber keine lückenlose Beobachtung ermöglichten. Erst in der zweiten Hälfte der siebziger Jahre, als in Berlin und an der Westgrenze bereits alle Anlagen existierten, wurde hier mit der Errichtung der Grenzsicherungsanlagen begonnen. Wenn an der Grünen Grenze oder an der Berliner Mauer neue Anlagen installiert wurden, fragte man uns, ob wir an Beobachtungstürmen interessiert wären. Und natürlich waren wir daran interessiert. Mit dem Aufstellen dieses Beobachtungssystems waren wir in der Lage, die uns in den Gefechtsdokumenten gestellten Aufgaben zu erfüllen: Minenbeobachtung für den Fall einer bewaffneten Auseinandersetzung durchzuführen, die Einhaltung der Grenzordnung zu kontrollieren sowie illegalen Grenzübertritt zu verhindern."

Frage: „Welche Gebiete waren Schwerpunkte für Fluchtversuche?"

Städtke: „Am häufigsten erfolgten Fluchtversuche vom Raum Wismar aus in Richtung Lübeck-Travemünde oder vom Darß und dem nördlichen Teil der Insel Rügen quer über die See nach Dänemark."

Frage: „Welche Rolle spielten die freiwilligen Grenzhelfer?"

Städtke: „Insgesamt standen genauso viele Helfer wie operative Kräfte zur Verfügung. Angeworben wurden die Helfer durch Verantwortliche im Territorium wie den Bürgermeister, ABV oder die

Partei gemeinsam mit dem Kompaniechef. Die Freiwilligen informierten nicht nur über Verdächtiges im eigenen Wohnort, sondern hielten sich auch gezielt in anderen Orten auf. Einen Schwerpunkt bildeten die Zeltplätze. Hier sorgten die Helfer für Ordnung. Und natürlich bestand eine ihrer Aufgaben darin, Fluchtvorbereitungen vorzeitig aufzudecken. Das geschah im Interesse der Menschen, die oft aus dem Süden kamen, um schlecht vorbereitet und ausgerüstet das kleine Stückchen Ostsee, das sie womöglich auf einer Autokarte gesehen hatten, zu überqueren. Oft waren diese Leute mit den Gefahren der Ostsee überhaupt nicht vertraut. Viele glaubten, mit einfachen Schwimmhilfen ohne Probleme in den Westen zu gelangen. Der Einsatz der Helfer wurde mit der Kompanie abgestimmt, so daß eine doppelte Observierung bestimmter Gebiete vermieden wurde. Die Leute arbeiteten ehrenamtlich. Auf Ihre Frage möchte ich betonen, daß es kein ‚Kopfgeld‘ gab."

Frage: „Welche Rolle spielte die Stasi bei der Grenzaufklärung?"

Städtke: „Hinsichtlich der Organisation unseres Dienstes spielte sie überhaupt keine Rolle. Anders war es mit der VP. Mit ihnen wurde der Dienst abgestimmt. Befand sich ein ABV am Ort, schickten wir natürlich keine Grenzaufklärer dorthin. Wie die Stasi arbeitete, das wußten wir nicht. Auf der Grundlage des Befehls des Ministers für Nationale Verteidigung, der letzte wurde 1986 erlassen, erfolgte das Zusammenwirken zwischen Grenztruppen, Volkspolizei und der Staatssicherheit. Entsprechend des Befehls war ich beauftragt, zweimal im Jahr ein Zusammenwirken durchzuführen. Dazu wurden der Chef der BDVP Rostock, der Chef der Bezirksverwaltung des MfS Rostock, der Chef vom Zoll und der Sicherheitsmann der Bezirksparteileitung sowie die Militärabwehr im Außendienstbereich, also Volksmarine, eingeladen. In diesen Zusammenkünften wurden Ereignisse wie Anzahl der Grenzdurchbrüche und deren Ursachen analysiert. Hier machte das MfS auf Schwerpunkte aufmerksam, aber die kannten wir ohnehin. Hier an der See gab es eine Besonderheit, die ich betonen möchte, ohne zu sagen, daß ich besser oder schlechter oder anders war als andere Kommandeure der Grenztruppen. Die erste Rolle im Bezirk spielte das Kommando der Volksmarine, die Teilstreitkraft. Und in der Teilstreitkraft gab es die Grenze. Ich war zwar der Spezialist für die Grenze, aber ich war nie so eingebunden wie die Leute an der Westgrenze oder im Raum Berlin. Der Grund lag darin, daß diese Kommandeure Mitglied der Bezirksleitung der Partei waren. Ich habe aber nicht einen Tag zur Bezirksleitung der Partei gehört, und daher konnte ich auch nie an den regelmäßig stattfindenden Sicherheitsberatungen teilnehmen."

Frage: „Minen und Selbstschußanlagen machten den Fluchtversuch an der westlichen Landgrenze zu einem lebensgefährlichen Unternehmen. Wie beurteilen Sie heute die Gefährlichkeit der ehemaligen Seegrenze für Flüchtende?"

Städtke: „Das Problem für die Flüchtenden war, unerkannt aufs Meer zu kommen. Hatten sie das geschafft, so waren sie in dunkler Nacht und vielleicht bei diesigem Wetter trotz der Beobachtungstürme und Scheinwerfer nicht mehr auszumachen. Die Wahrscheinlichkeit, einen gut vorbereiteten Grenzverletzer zu stellen, war äußerst gering. Die meisten wurden bereits im Vorfeld durch die Angehörigen der Volkspolizei gefaßt. Verdächtige Personen wurden aus dem Zug rausgeholt, wenn sie keine konkrete Adresse nennen konnten oder wenn an ihrem Gepäck die Absicht zu erkennen war. Bei manchem guckte vielleicht noch das Paddel aus dem Rucksack, oder sie glaubten, in aller Ruhe das Boot am Strand aufbauen zu können. Womöglich kamen sie noch mit einer Autokarte und meinten, das kleine Stückchen Ostsee sei kein Hindernis. Wer nicht gut vorbereitet war, hatte auch keine Chance. Wer aber die Gegebenheiten an der See und am Strand studiert hatte, mit einem Naßanzug ausgerüstet und gut eingefettet war, konnte im Schutz der Dunkelheit die offene See erreichen und war für uns nicht mehr auszumachen. Die freiwilligen Helfer, die Polizei und der Einsatz von Scheinwerfern reichten aber aus, um eine Erfolgsquote von 80 Prozent zu erreichen."

Frage: „War man der Meinung, daß das Meer als natürliche und unberechenbare Grenze Flüchtlinge zurückschrecken läßt?"

Städtke: „Analysiert man die Bewegung der Grenzverletzer, stellt man fest, daß sie an der Küste überhaupt keine Rolle spielten. Durchschnittlich verübten 108 Zivilisten pro Jahr Anschläge auf die Grenze. Die Erfolgsquote lag bei etwa 20 Prozent. Etwa 20 Flüchtlinge erreichten im Jahr ihr Ziel. Die Zahlen schwankten natürlich. Aus diesem Grunde wurden wir hinsichtlich der Ausrüstung mit technischen Mitteln sehr stiefmütterlich behandelt.“

Frage: „Die Zahl der ‚Angriffe auf die Grenze‘ umfaßt offenbar gescheiterte und erfolgreiche. Wie erhielten Sie Kenntnis von den erfolgreichen?“

Städtke: „Nur aus den Meldungen der westlichen Presse. Nun, in der Regel lief das folgendermaßen ab: Es gab einen Anruf aus Berlin. Kam dann die Frage, ob ich die Veröffentlichung in der ‚BILD-Zeitung‘ oder in der ‚Welt‘ oder in welcher Zeitung auch immer schon kenne, wußte ich, daß wieder ein Grenzdurchbruch erfolgt war. Dann fragte ich nur: wann, wo, wie viele? Aus den Angaben haben wir versucht, den Tathergang abzuleiten. Meist hat das auch geklappt. Dann fand man noch zurückgebliebene Utensilien.“

Frage: „Nun gibt es aber auch Personen, die Sie nicht gefaßt haben und die im Westen nicht angekommen sind. Können Sie etwas über deren Anzahl sagen?“

Städtke: „Genaue Angaben kann ich nicht machen, nur aus der Erinnerung heraus. Das waren aber nicht viele. Keine fünf im Jahr. Aber wie gesagt, festlegen kann ich mich da nicht.“

Frage: „Wie viele Flüchtende sind durch Schußwaffengebrauch der Grenzbrigade Küste ums Leben gekommen?“

Städtke: „Nicht einer! Es gab weder einen Verletzten noch Toten durch das Handeln der Grenzer. Es gab keinen Schußwaffengebrauch gegen Zivilisten. Es gab Warnschüsse. Wenn jemand entdeckt worden war, haben die Posten gerufen und Warnschüsse in die Luft abgegeben. Es gab kein gezieltes Feuer! Wir haben manchmal die Meldung bekommen, daß im Scheinwerferlicht ein schwimmender Gegenstand oder zwei Köpfe gesichtet worden sind. Niemand konnte sagen, wer oder was das ist. Die Anordnung über den Gebrauch der Schußwaffe verlangte ja, daß nicht auf Frauen, Kinder oder Jugendliche zu schießen ist. Aus dem Grunde gab es kein gezieltes Feuer."

Frage: „Es gibt aber Hinweise, nach denen Flüchtige in ihren Booten von Grenzschiffen regelrecht überfahren worden sind. Haben Sie Kenntnis von derartigen Vorfällen?"

Städtke: „So etwas ist niemals vorgekommen! Daß wissentlich Flüchtende auf diese Weise an ihrer Tat gehindert worden sind, ist völlig ausgeschlossen. Davon hätte ich auf jeden Fall Kenntnis erhalten. Das war nicht geheim zu halten, selbst wenn sich die Besatzung eines Bootes einig gewesen wäre. Dazu war dieses Informationssystem, was einige hier aufgebaut hatten, viel zu ausgeklügelt. Ich schließe nicht aus, daß bei unsichtigem Wetter mal ein Grenzverletzer hätte überlaufen werden können. Aber wer sagt, daß Flüchtende gejagt wurden mit dem Ziel, sie ,unterzupflügen', kennt die Bedingungen nicht. Es gab eine Weisung, die im Zusammenhang stand mit Nichteinsatz von Schußwaffen, die besagte, daß mit seemännischen Mitteln der Durchbruch der Grenze über See zu verhindern ist. Stellen Sie sich doch nur mal das Verhältnis vor: ein Grenzboot gegenüber einem Schlauchboot! Das hatten wir überhaupt nicht nötig! Wir haben die Leute natürlich aus dem Wasser geholt. Es war ja ein Leichtes, sie mit seemännischen Mitteln zur Aufgabe ihres nach damaligem Recht strafbaren Unternehmens zu zwingen. Wenn sie dann an Bord waren, und sie waren durchnäßt und ausgekühlt, dann wurden sie mit trockenen Sachen versorgt und bekamen heißen Tee. Daß sie dann in einer Kammer waren, die durch einen Posten bewacht wurde, ist ja vollkommen klar."

Frage: „Wie viele Fahnenflüchtige hat es aus Ihren eigenen Reihen gegeben?"

Städtke: „Da kann ich mich an zwei erinnern. Einmal der Fall Strehlow, der während des Grenzdienstes im Raum vor Wismar ein Grenzboot entführen wollte. Zum anderen ein Mann der Kompanie, der von Barendorf aus geschwommen ist. Der hat es, glaube ich, sogar geschafft. Sonst erinnere ich mich an keinen. Wenn sich die Schiffe auf Vorposten befanden und dicht an den Schiffen des Bundesgrenzschutzes vorbeiliefen, gab es schon Bemerkungen wie: ‚Wenn wir jetzt ins Wasser springen, sind wir drüben.‘ Ist eine solche Äußerung bekannt geworden, wurde dieser Grenzer besonders beobachtet. Wenn man merkte, er beschäftigt sich damit, na, dann wurde er nicht mehr auf dem Vorposten eingesetzt."

Frage: „Sind aus Ihrer Truppe oder von der Marine Fälle bekannt geworden, daß Leute ins Wasser sprangen?"

Städtke: „Nein, solche Fälle sind mir nicht bekannt. Auch nicht von der Marine."

Frage: „Wenn jemand von einem Volksmarineboot desertierte, wurde doch sicher auch mit Schußwaffen versucht, die Tat zu verhindern?"

Städtke: „Das weiß ich nicht. Ja, die Desertation hatte doch Konsequenzen. Wenn wir hier den Fall Strehlow nehmen, wird das deutlich. Er wollte doch sogar schwere Technik mitsamt der Besatzung entführen. Das ist schon Desertation in schwerem Fall. Der mußte doch damit rechnen, daß man diese Flucht mit aller Konsequenz verhindern wird. Aber eine Weisung, einen Fahnenflüchtigen, der über Bord springt, zu erschießen, gab es nicht."

Frage: „Von Angehörigen der Seestreitkräfte wurde schon zu DDR-Zeiten gern erzählt, daß man über Bord gesprungene Fahnenflüchtige tötete, indem man mit dem Heck an sie heranfuhr. Sie wurden dann von der Schraube erfaßt..."

Städtke: „Ach, ach, so was hat es nie gegeben. Ihr müßt euch das mal vorstellen! Selbst wenn ein Fahnenflüchtiger über Bord gesprungen wäre und da ein BGS-Boot in der Nähe lag, hätten wir nicht einmal geschossen. Die Besatzung ist doch lange zusammen gefahren, und dann wird auf diese Weise einfach einer gekillt! Das war doch nicht machbar! Daß man sich von dem distanziert und böse über ihn gesprochen hätte, das ist klar. Aber wir sind doch keine blutgierigen Monster, die da über die Meere gefahren sind. Nein, so was ist völlig ausgeschlossen. Ich betone, ich fühle mich als Offizier, und ich habe gedient als Offizier und Soldat. Aber ich habe mich nie gefühlt als ein Waffenträger, der dazu berechtigt ist, Verbrecher zu sein. Der Kreis um mich herum und ich selbst, wir bewegten uns auf der Grundlage der Gesetze. Wir waren bemüht, unsere Menschen zur Humanität und Menschenwürde zu erziehen. Daß wir die Ansicht vertraten, daß der Sozialismus das Richtige ist und daß wir ihn verteidigten, ist doch eine ganz andere Frage. Aber daraus haben wir doch nicht abgeleitet, daß wir zu jedem Verbrechen bereit sind. Wie will man uns denn hier hinstellen! Wenn wirklich vorgekommen ist, was Sie sagen, dann bin ich dafür, daß der Kommandant des Schiffes voll zur Verantwortung gezogen wird. Ist es nicht geschehen, so soll man denjenigen zur Verantwortung ziehen, der solche Gerüchte in die Welt setzt, aus welchen Gründen auch immer."

Frage: „Gab es innerhalb der Grenzbrigade Küste oder der Volksmarine Fälle, in denen Fahnenflüchtige ihr Leben verloren?"

Städtke: „Nein, nein, bei uns gab es das nicht. Für die Marine kann ich nicht sprechen, das weiß ich nicht. Sehen Sie, da gab es den Fall Gaeth, des Segelmachers. Der ist bei Darßer Ort ausgeschert. Na, und wir hatten natürlich das Recht der Nacheile. Und in dem Moment, wo einer illegal die Territorialgewässer verläßt, nutzten wir dieses Recht. Der Fall nun war äußerst spektakulär, um so mehr, weil es wenige Tage vor Helsinki war. Hier haben unsere Boote abgedreht. Und es gab andere Fälle, nicht so spektakulär, bei denen wir ähnlich gehandelt haben."

wurde aufgaben und   00

- in 8 Fällen Anzeichen festgestellt wurden, die auf Vorbereitung von Grenzverletzungen schließen ließen, bisher
jedoch nicht aufgeklärt werden konnten.

In 5 Fällen mußte zur Durchsetzung der Grenzordnung und der
Weisungen der Grenzposten, die Schußwaffe angewandt werden.

Schwerpunktabschnitte der festgestellten, versuchten und
vollzogenen Grenzdurchbrüche bildeten sich in folgenden
Räumen heraus:
- Darßer Ort, Stoltera, Gedser Rev,
- Boltenhagen, Barendorf, Ansteuerung Travemünde,
- Ansteuerungen zu den Seehäfen.

71 % aller versuchten und vollzogenen Grenzdurchbrüche, konzentrieren sich auf diese Räume.
Als Schwerpunkt bei den Grenzdurchbrüchen mußten im Monat Juli
der Grenzdurchbruch mit der Segeljacht "Klaus Störtebecker"
mit 4 Personen und im Monat August der Grenzdurchbruch mit der
Segeljacht "Sirius" mit 7 Personen, eingeschätzt werden.
In ausländischen und westdeutschen Häfen verließen 27 DDR-
Bürger Schiffe der DSR oder der Fischkombinate und kehrten
nicht an Bord zurück.

Die Verstöße gegen die Grenzordnung stiegen in der Berichts-
periode an, 69 Personen wurden wegen Verstoß gegen die Grenzordnung festgenommen. Schwerpunkt bildeten dabei die Verstöße
gegen den § 42 der Grenzordnung vom 19. März 1964.

In Auswertung der Entwicklung der Grenzverletzerbewegung,
wurden in Übereinstimmung mit den Organen des Zusammenwirkens
entsprechende Vorschläge zur Abänderung der Anordnung über die
Ordnung in den Grenzgebieten und Territorialgewässern der DDR
vom 19. 3. 1964 und der Anordnung über den Verkehr mit Sport-
booten vom 30. 6. 1967 an die Abteilung Sicherheit beim ZK
der SED und die Bezirksleitung Rostock der SED, eingereicht.
Methoden und Verfahren der Grenzverletzer
Die Untersuchung, der von den Grenzverletzern in der Berichts-
periode angewandten Methoden und Verfahren ließen erkennen,

*Aus der geheimen Chronik der Grenzbrigade Küste geht hervor, daß allein im
Jahr 1968 in fünf Fluchtfällen die Schußwaffe angewandt wurde.*

Vertrauliche Verschlußsache
VVS-Nr. D 29266 .?.Ausf. Bl.3.

008

daß die Grenzverletzer sorgfältiger als im Vorjahr das
System der Grenzsicherung und geographisch günstige Gelände-
abschnitte aufklärten und ausnutzten. In den meisten Fällen
waren sie ihrem Vorhaben entsprechend ausgerüstet und paßten
sich den in den Sommermonaten vorherrschenden Bedingungen
an der Küste der DDR an. Gegenüber dem Vorjahr ist eine Zunahme
der Gruppenbildung bis zu 7 Personen (Sirius) bei der Durchführung von Grenzdurchbrüchen zu verzeichnen.
Von den Grenzverletzern wurden hauptsächlich folgende
Methoden angewandt:

- Ausnutzung der Genehmigung zum Befahren der Territorialgewässer der DDR,
- die gegenseitige Sicherung und Unterstützung bei der Vorbereitung und während des Grenzdurchbruches,
- Diebstahl von Sport-, Ruder- und Rettungsbooten von den
  Bootsliegeplätzen,
- die Benutzung industriell und selbst angefertigter Schwimm-
  mittel, wie Schwimmanzügen, Falt-, Schlauch- und Badebooten,
- Versuch der Bestechung von geeigneten Personen aus dem
  Küstenbereich, besonders Fischer, mit größeren Summen,
- Ausnutzung der arbeitsfreien Wochenenden zur Aufklärung des
  Systems der Grenzsicherung und der geographisch-meteorolo-
  gischen Bedingungen,
- Mitführen von Orientierungsmitteln, vorbereiteten Karten
  mit Weg- und Zeitberechnungen und Anreisen mit Leih- bzw.
  entwendeten Kraftfahrzeugen,
- Ausnutzung der Tätigkeit als Saisonpersonal (Kellner und
  Rettungsschwimmer),
- Verbindungsaufnahme zu Seeleuten kapitalistischer Schiffe
  in den Hafenstädten und Aufklärung des Systems der Sicherung
  der in den Seehäfen der DDR liegenden kapitalistischen
  Schiffe,
- Ausnutzung des Transitverkehrs über die Fährhäfen Saßnitz
  und Warnemünde,
- Aufklärung der Taktik des Einsatzes der Kräfte und Mittel
  zur Grenzsicherung, wie Scheinwerfer, Beobachtungsposten
  und Grenzboote.

2. Ergebnisse der Grenzsicherung

2.1 Festnahmen wegen versuchtem Grenzdurchbruch

Monat August	=	30 Personen
Monat September	=	18 Personen

Angriffsrichtungen

Abschnitt Insel Usedom – VRP	=	2 Personen
Abschnitt Arkona – Bug	=	5 Personen
Abschnitt Nienhagen-K'born	=	2 Personen
Abschnitt Boltenhagen-Priwall	=	3 Personen
Hafen Saßnitz	=	3 Personen
Rostock	=	1 Person
Wismar	=	2 Personen

Die angewendeten Mittel waren:

Handelsschiffe	=	3 Personen
Fähren	=	3 Personen
Ruderboote	=	2 Personen
Faltboote	=	7 Personen
Schwimmittel	=	3 Personen

In der altersmäßigen Zusammenfassung:

bis 14	Jahre	=	1 Person
14 – 16	Jahre	=	3 Personen
16 – 18	Jahre	=	3 Personen
18 – 25	Jahre	=	7 Personen
25 – 40	Jahre	=	4 Personen

Folgende Motive für ihre Handlungen wurden ermittelt:

negative Einstellung	=	12 Personen
Strafentzug	=	1 Person
Differenzen in der Familie/Beruf	=	4 Personen
Fahnenflucht	=	1 Person

1 Person wurde durch Kräfte der 6. GBK festgenommen.

2.2 Grenzdurchbrüche

Monat August	=	2 Personen
Monat September	=	5 Personen

Durchbruchsrichtung:

Prerow – dänische Küste	=	2 Personen
Boltenhagen – Travemünde	=	3 Personen

Durchbruchsmittel:

Schlauchboot	=	2 Personen
Faltboot (Motor)	=	3 Personen

Auszug aus der geheimen „Beurteilung der Lage an der Seegrenze" im Ausbildungsjahr 1978/79

82

TEIL ZWEI

DIE SCHICKSALE

6
Schwimmer unter Schnellfeuer

Im Morgengrauen des 19. Juli 1962 peitschen Geschoßgarben aus Schnellfeuergewehren über den Dassower See östlich von Lübeck. Auf der schon zur Bundesrepublik gehörenden Insel Buchhorst hat sich ein DDR-Flüchtling im Unterholz verkrochen. Bei jeder Regung wird das kleine Eiland vom nur 100 Meter entfernten DDR-Wachturm in Teschow unter Feuer genommen.

Der Dassower See liegt an der Mündung der Untertrave und ist seit Jahrhunderten ein traditionelles Revier der Lübecker Küstenfischer. Der See einschließlich der Insel und die vorgelagerte Pötenitzer Wiek gehören nach altem Recht zur Hansestadt Lübeck. Doch die Ufer beider Gewässer gehören zum größten Teil zu Mecklenburg und damit zur DDR. Nach dem Mauerbau wurden die Küsten mit Sperranlagen umzäunt. Die Lübecker Fischer haben nur über die untere Trave Zugang zu ihrem angestammten Revier.

Unbemerkt hat der aus Sachsen stammende, 21 Jahre alte Rainer Schulz die Sperranlagen bei Teschow in der Nacht zum 19. Juli überwunden. Nur in Badehose und mit Ausweispapieren und Zeugnissen in einer kleinen Tasche ist er ungesehen über den Dassower See bis zur Insel Buchhorst geschwommen. In der richtigen Annahme, daß die Insel zur Bundesrepublik gehört, verbringt er die Nacht vor Kälte zitternd dort im niedrigen Gestrüpp.

Am nächsten Morgen wird der Grenzdurchbruch am westlichen Ufer des Dassower Sees von einer DDR-Streife bemerkt. Vom Wachturm Teschow aus, der einen ausgezeichneten Überblick über die vorgelagerte westdeutsche Insel gewährt, wird der im Gestrüpp liegende Flüchtling entdeckt und mit Schnellfeuer wie ein wildes Tier gejagt.

Rainer Schulz springt in seiner Verzweiflung am Nordufer ins

Wasser, taucht weite Strecken und versucht so, den Schützen zu entkommen. Es gelingt ihm für kurze Zeit, im Dunst des Morgens zu verschwinden. Er will zur Halbinsel Priwall schwimmen, die im Norden liegt und ebenfalls zur Bundesrepublik gehört.

Doch Schulz besitzt weder Karte noch Kompaß. Er weiß nicht genau, wo der Priwall liegt, und schwimmt irrtümlich nach Nord-osten. Am jenseitigen Ufer sieht er dichtes Gestrüpp ohne Grenz-zaun und Wachtürme. In der Annahme, diese Küste gehöre zur Bundesrepublik, hält er darauf zu. Ohne es zu ahnen, schwimmt er damit in Richtung des DDR-Ufers.

Dort sind zwischen Volkstorf und Benkendorf inzwischen die Grenzstreifen verstärkt worden. Im dichten Unterholz am Ufer gehen Scharfschützen mit Maschinenpistolen in Stellung. Sie haben den einsamen Mann im Wasser entdeckt, der direkt auf sie zuhält.

Nachdem Rainer Schulz etwa anderthalb Kilometer geschwommen ist, sieht er vor sich einen großen Stein im Wasser, etwa 30 Meter vom Ufer entfernt. Er schwimmt auf ihn zu, will sich dort ausruhen. Wenige Meter davor peitschen Geschosse über das Wasser. Der Flüchtling taucht ab, erreicht den Stein und hält sich im Wasser liegend daran fest. Er ist völlig orientierungslos und weiß nicht, aus welcher Richtung plötzlich auf ihn gefeuert wird. Im hellen Tageslicht sieht er knapp zwei Kilometer hinter sich die Insel Buchhorst, wo er die Nacht verbrachte, und den Wachturm von Teschow. Er vermutet, daß die Schüsse von dort gekommen sind. Nach wie vor glaubt er, das unmittelbar vor ihm liegende Ufer gehöre zur Bundesrepublik. Doch er wagt es nicht, bei Helligkeit weiterzuschwimmen.

Am selben Tag gegen acht Uhr nehmen die Lübecker Fisch-kutter ELSBETH und COLUMBUS mit je zwei Netzkähnen im Schlepp Kurs auf den Dassower See. Die Fischmeister Johann Karl Will-water und Hans Arps haben einschlägige Erfahrungen mit den DDR-Grenzhütern. Seit Jahren gibt es Streit und gelegentlich auch Warnschüsse, wenn sie mit ihren Kähnen zu dicht an das DDR-Ufer heranfahren. Hin und wieder haben sie aber auch mit den Posten am Ufer ein paar Worte wechseln können.

86

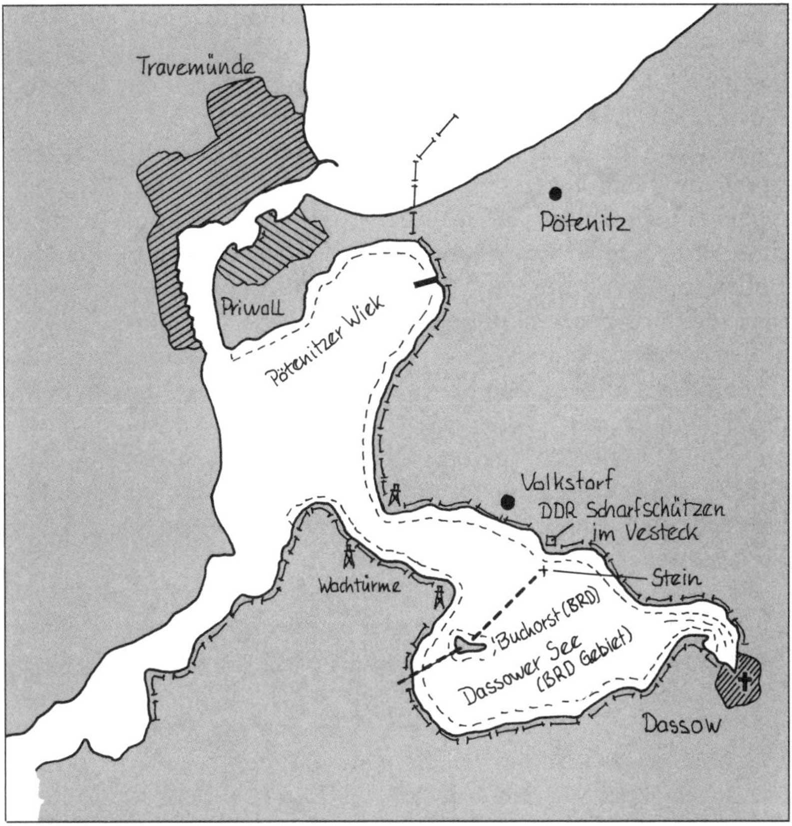

Travemünde

Pötenitz

Priwall

Pötenitzer Wiek

Volkstorf
DDR Scharfschützen
im Versteck

Stein

Wachtürme

Buchorst (BRD)
Dassower See
(BRD Gebiet)

Dassow

SOWJETZONALER
WACHTURM

DASSOWER SEE

TRAVE

Vom westdeutschen Ufer der Trave aus gesehen:
die schmale Einfahrt in den Dassower See bei Volkstorf.

Als die Fischer die nur 500 Meter breite Einfahrt in den Das-sower See passieren, ist an den beiden DDR-Ufern vieles anders als gewohnt. An der Küste fahren Armee-Fahrzeuge hin und her, Soldaten und Offiziere suchen aufgeregt das Ufer ab. Auf den Wachtürmen sind die Posten auf vier Mann verstärkt worden. Sie tragen Stahlhelme und haben ihre Waffen in Anschlag gebracht.

Die beiden Kutter laufen unbehelligt durch die Enge zu ihren Fangplätzen im Dassower See. Die Fischer Willwater und Arps stellen ihre Netze immer in Nähe des großen Steins vor Benckendorf auf. Aus einer Entfernung von etwa 100 Metern sieht Karl Willwater ein fremdes Objekt vor dem Stein im Wasser. Zunächst denkt er an einen großen Seevogel, aber beim Blick durchs Fernglas erkennt er einen Kopf: den des Flüchtlings. Willwater ruft das zu seinem Kollegen Arps hinüber, der parallel zu ihm auf der COLUMBUS fährt. Sie kennen nun den Grund für das hohe Militäraufgebot am DDR-Ufer. Und sie wissen, daß sie sich jetzt möglicherweise selbst in Gefahr begeben.

Mit langsamer Fahrt nähern sie sich dem Mann am Stein. Doch wenige Meter davor peitschen wieder Schüsse über das Wasser. Am nur wenige Meter entfernten DDR-Ufer ist niemand zu sehen. Die Fischer stoppen ihre Kutter.

Hans Arps ruft seinem Kollegen Willwater zu: „Hol den BGS – so schnell du kannst! Ich versuche, dem Mann zu helfen!"

Fischer Willwater dreht um und fährt mit Vollgas in Richtung Travemünde. Hans Arps läßt den Anker fallen und steigt mit seinem Gesellen in je einen der beiden motorisierten Netzkähne. Demonstrativ klaren sie in gewohnter Weise ihr Zugnetz auf, behalten dabei aber den in etwa 30 Meter Entfernung am Stein hängenden Mann im Auge.

Zu der Zeit löst sich Rainer Schulz vom Stein und schwimmt auf das nahe DDR-Ufer zu, wo sich die Grenzsoldaten noch immer versteckt halten. Die Fischer merken erst jetzt, daß der Flüchtling völlig orientierungslos ist und seinen Häschern direkt in die Falle geht. Sie geben mit ihren Netzkähnen Gas, schneiden dem Schwimmer kurz vor dem DDR-Ufer den Weg ab und nehmen ihn schützend zwischen sich. Der Flüchtling hängt sich mit je einer

Hand an die Bordwände der eng beieinander liegenden Boote.

In dem Augenblick springen ein Offizier und drei Soldaten aus den Büschen. Die Soldaten tragen Maschinenpistolen, der Offizier eine Pistole. Der Offizier ruft im Befehlston: „Bringen Sie sofort den Mann ans Ufer!" Die vier Grenzposten legen ihre Waffen auf die Fischer an.

Fischer Arps ruft zurück: „Ihr Verbrecher! Schießt auf einen nackten Mann! Hier ist Westgebiet! Der BGS ist schon unterwegs."

In langsamer Fahrt wenden sie mit dem zwischen ihren Kähnen hängenden Flüchtling und kehren zum Kutter zurück. Auf der dem Ufer abgewandten Bordseite ziehen sie Rainer Schulz aus dem Wasser und geben ihm dabei mit ihren Körpern Deckung. Der erschöpfte Schwimmer muß sich flach auf den Boden des Kutters legen.

Mit dem Flüchtling an Bord wollen die Fischer es nicht riskieren, den Dassower See durch die Enge bei Teschow zu verlassen. Von den hohen Wachtürmen auf beiden Seiten des Ufers wäre gezieltes Feuer nur zu leicht möglich. So bleibt die Elsbeth in der Seemitte und wartet ab.

BGS-Grenzjäger kommen mit dem Boot KRANICH der Travemünder
Wasserschutzpolizei den Lübecker Fischern zu Hilfe.

Die Erlösung kommt kurz vor elf Uhr. Aus Richtung Travemünde braust das Boot KRANICH der Wasserschutzpolizei Travemünde durch die gefürchtete Enge in den Dassower See. An Bord sind elf bewaffnete Grenzjäger des BGS. Sie gehen am Kutter längsseits, übernehmen den Flüchtling und bringen ihn aus der Gefahrenzone. In Travemünde betritt der junge Mann zum zweiten Mal bundesdeutschen Boden, diesmal jedoch ist er in Sicherheit.

Während der Flüchtling mit einem Boot aus dem Dassower See geholt wird, gehen am Westufer der Trave die Grenzjäger des BGS in Stellung.

7

Familienflucht im Paddelboot

Nach dem Studium der Nachrichtentechnik schaffte es Dieter Rother im Sommer 1953, sich in Berlin Arbeit und eine Zuzugserlaubnis zu besorgen. Im Werk für Fernmeldewesen in Berlin-Schöneweide begann er eine Tätigkeit als Entwicklungsingenieur.

Berlin war für Dieter Rother und seine Frau Jutta die einzige Stadt im SED-Staat, in der sie meinten, leben zu können. Wenn die Verhältnisse sie zu sehr frustrierten, konnten sie sich in West-Berlin abreagieren. Denn Jutta Rother war dort beschäftigt – eine sogenannte Grenzgängerin.

Am 13. August 1961 arbeitete sie den ganzen Tag, ohne Nachrichten zu hören. Deshalb wußte sie nicht, daß der Bau der Mauer begonnen hatte. Abends erlebte sie die Hölle am einzigen noch geöffneten Grenzübergang am Brandenburger Tor. Mit knapper Not schaffte sie es, wieder in den Ostteil Berlins zu kommen. Getrennt von ihrer Tochter und ihrem Mann wollte sie nicht leben.

Nach dem Bau der Mauer waren die Rothers völlig deprimiert. Dieter fühlte sich an die schlimme Zeit nach dem Krieg erinnert. Nachdem er damals mit seiner Familie aus Ostpreußen nach Kopenhagen geflüchtet war, hatte er zwei Jahre in einem Internierungslager hinter Stacheldraht verbringen müssen. Und jetzt sah er sich wieder von Zaun und Stacheldraht umgeben.

Dieter Rothers Schwester Helga studierte in Ost-Berlin. Die von ihr verlangte politische Arbeit war ihr unerträglich. Oft besprachen die Geschwister ihre Situation und waren sich einig, daß sie etwas unternehmen mußten. Den einzigen Ausweg sahen sie in der Flucht, die aber immer gefährlicher wurde, wie sie aus den Nachrichten wußten. An der Mauer wurde geschossen, dort konnte ihr Fluchtweg nicht sein.

Im Sommer 1962 verbringt das Ehepaar Rother mit Tochter Verena einen Urlaub auf dem Fischland an der Ostsee. Gezielt beobachtet Dieter Rother die Bewachung der Küste. Als sie wieder zu Hause sind, gehen die Gespräche zu dritt über Fluchtmöglichkeiten weiter. Nun wissen sie: Ihr Weg soll über die unsichtbare Grenze der Ostsee führen. Im Herbst 1962 entscheiden sie sich für eine Flucht im Faltboot nach Dänemark.

Von Paddelbootfahrten auf dem Müggelsee meinen die Rothers, die Schwierigkeiten einer solchen Reise einschätzen zu können. Dieter Rother rechnet auf der Karte die Entfernung von Prerow nach Gedser aus. Die rund 35 Kilometer sind seiner Meinung nach bei guten Bedingungen und im Schutz der Nacht in fünf Stunden zu schaffen.

In Rothers Betrieb existiert eine umfangreiche Fachbibliothek. Er informiert sich über Radartechnik und findet heraus, daß ein Paddelboot nur äußerst schwer zu orten ist. Er kauft ein Nachtglas und einen Fliegerkompaß und besorgt sich Karten von der Ostsee, vom Fischland und vom Darß.

Auf dem Fischland und dem Darß gibt es ein bewaldetes Naturschutzgebiet, in das sich wegen des zum Teil morastigen Untergrundes kaum Spaziergänger wagen. Das dichte Unterholz würde beim Aufbau der Boote guten Sichtschutz bieten. Der Herbst 1962 vergeht mit Vorbereitungen, die Temperaturen sinken schon unter den Gefrierpunkt. Bei diesem Wetter wäre das Risiko der Unterkühlung bei einer Flucht zu groß. So beschließen die Rothers, bis zum Frühjahr zu warten. Im Winter 1962/63 friert die Ostsee zu − ist das eine Chance? Die Rothers erwägen, über das Eis zu laufen, doch wegen der hohen Risiken lassen sie davon ab. Im März 1963 kauft Dieter Rother zwei Faltboote, die es nahezu in jedem Wassersportgeschäft gibt. Für sich, seine Frau und die kleine Verena kauft er einen Zweisitzer, für seine Schwester einen Einsitzer. Die Boote haben ein zerlegbares Spantengerippe aus Sperrholz, das in die Außenhaut geschoben wird. Diese besteht im Unterwasserbereich aus grauem Kunststoff und über Wasser aus Textilfaser. Die dunkelblaue Farbe ist als Tarnung genau richtig. Einen Spritzschutz gibt es serienmäßig dazu. Verpackt ist ein Boot in jeweils zwei Säcke, die in einen größeren Pkw passen.

Damit die siebenjährige Tochter Verena von den Vorbereitungen nichts erfährt, geht Frau Rother mit ihr an einem schönen Wintertag Anfang März 1963 lange spazieren. Inzwischen baut Dieter Rother in der Wohnung die Boote probehalber zusammen. Er muß exakt arbeiten, anders paßt die Außenhaut nicht über das Spantengerüst. Sonst ist der Aufbau unproblematisch, Numerierungen an den Spantenden erleichtern die Zuordnung der vielen Teile.

Familie Rother ersehnt ungeduldig die Schneeschmelze, aber erst Anfang April kommt langsam der Frühling. Den Geburtstag von Dieters Mutter nutzen sie, um sie noch einmal zu sehen. Der Abschied von ihr fällt inniger aus als gewöhnlich.

Mitte April nimmt Familie Rother 14 Tage Urlaub, angeblich für eine Reise. Ungestört treffen sie die letzten Vorbereitungen. Sie kaufen Proviant, schweißen wichtige Papiere in Folie ein und verpacken das Notwendigste.

Mit einem Wartburg will Dieter Rother Gepäck, Boote und die vier Personen zum Fischland fahren. Doch er besitzt kein Fahrzeug. Deshalb bestellt er beim VEB Personenkraftverkehr Berlin, wo man Autos mieten kann, für Dienstag, den 16. April 1963, einen Wartburg. Als er ihn am Morgen abholen will, erlebt er jedoch eine böse Überraschung. Das bestellte Auto war während des Osterwochenendes in einen Unfall verwickelt und wird erst in zwei Wochen repariert sein. Andere Autos sind nicht zu haben.

„Versuchen Sie es doch in Potsdam", meint der freundliche Angestellte, als er merkt, daß das Auto für seinen Kunden sehr wichtig ist.

Also nimmt Dieter Rother den nächsten Zug in die Havelstadt. Dort kann ihm der VEB Personenkraftverkehr Potsdam-Babelsberg ein Auto vermieten, aber nur für zwei Tage. Das reicht Dieter. Froh fährt er mit dem Wartburg zurück nach Berlin.

Am nächsten Morgen rollen Dieter Rother, seine Frau und Schwester im Mietwagen nach Ahrenshoop auf dem Fischland, um in Wassernähe ein Versteck zum Aufbau der Boote zu finden. Gegen 17.00 Uhr parken sie auf einem schmalen Weg im Darßer Wald. Auf der Suche nach einem geeigneten Bauplatz geraten sie in morastiges Gelände, in dem es bald überhaupt keinen Weg mehr gibt. Bei zunehmender Dunkelheit irren sie durch den Wald und stehen schließlich doch am Strand. Aber weit und breit gibt's kein geeignetes Versteck. Völlig erschöpft und verdreckt finden sie erst gegen Mitternacht das Auto wieder, in dem sie die Nacht verbringen.

Beim ersten Tageslicht fahren sie nach Ahrenshoop zurück, um von dort aus ihre Suche fortzusetzen. Kurz vor Ahrenshoop entdecken sie einen kleinen Weg, der Richtung Strand an einem Wald mit dichtem Unterholz entlangführt. Der Wartburg hält wenige Minuten später fast am Wasser. Das ideale Versteck ist gefunden. Zufrieden kehren sie nach Berlin zurück.

Dort beginnen sie sofort, das vorbereitete Gepäck im Auto zu verstauen. Zwei Bootstaschen und die kleinen Gepäckstücke passen in den Kofferraum. Doch wohin mit den 1,70 Meter langen Stabtaschen? Dieter Rother schiebt den Beifahrersitz ganz nach vorn und drückt die Rückenlehne herunter. Schräg gelegt, passen die beiden Stabtaschen dann doch ins Auto. Aber mit solch einer Ladung kann man natürlich nicht an die Ostsee fahren, deshalb werden die verräterischen Bootstaschen mit bunten Decken umwickelt. Neugierige sollen einen Teppich darunter vermuten.

Am Morgen des 19. April 1963, es ist ein Freitag, zieht Dieter Rother seinen besten Anzug an. Die beiden Frauen tragen ebenfalls ihre beste bequeme Kleidung. Die warmen Anoraks werden verstaut. Kurz bevor Dieter Rother die Wohnung verläßt, schaut sich noch einmal um. Sein Blick fällt auf das Kalenderblatt des Tages. Er reißt es ab und liest:

Wir wollen sein ein einig Volk von Brüdern,
in keiner Not uns trennen und Gefahr,
wir wollen frei sein wie die Väter waren.
Eher den Tod, als in der Knechtschaft leben!

Er nimmt diesen Spruch von Schiller als gutes Omen mit und verwahrt das Blatt, ehe er die Tür hinter sich abschließt. Die beiden Frauen quetschen sich mit dem siebenjährigen Kind auf die Rückbank des Wagens. Ohne Pause fährt die Familie zum Versteck bei Ahrenshoop, wo sie gegen 19.00 Uhr ankommt.

Dieter Rother will erst sehen, ob die Luft rein ist. Die vier Flüchtlinge spazieren zum Strand. Kaum sind sie über die Düne
gegangen, laufen sie zwei Posten direkt in die Arme. Dieter grüßt
freundlich und beginnt ein Gespräch. Die Grenzer werden zwar
mißtrauisch, setzen jedoch ihren Weg fort. Während die verfrühten
„Urlauber" so tun, als ob sie Muscheln suchten, beobachten sie die
Posten. Und diese observieren mit dem Fernglas das Auto.

Nun bekommen die Flüchtlinge Angst. Sollten die Posten den
Wageninhalt kontrollieren, gibt es keine Ausrede mehr. Doch
schließlich stufen die Grenzschützer die elegant gekleideten Personen am Strand wohl als Ausflügler ein und verzichten auf eine
Kontrolle.

„Wir müssen weiter", lockt Dieter Rother seine kleine Tochter
zum Auto zurück. Den Frauen flüstert er zu, daß sie später wiederkommen oder eine andere Stelle suchen müssen. Als er den Wagen
wenden will, gerät er aus Nervosität und Hektik auf schlammigen
Boden und bleibt stecken.

Seine Schwester raunt: „Dort kommen zwei Männer mit
Gewehren!"

Der Wartburg mahlt sich frei, und Rother will schon mit Vollgas
fliehen, da entpuppen sich die beiden „Bewaffneten" als Angler.
Erschöpft fahren die Rothers Richtung Prerow, wenden nach einer
halben Stunde und steuern zurück nach Ahrenshoop. Am Südende
des Darßer Waldes finden sie einen schmalen Weg, der an einer
Gruppe von Windflüchtern entlang bis dicht an den Strand führt.
Die Kiefern mit ihrem dichten Unterholz bieten ein gutes Versteck.

Dieter Rother sieht am Strand die Posten in weiter Ferne aus
seinem Blickfeld verschwinden. Jetzt oder nie, sagt er sich. Schnell
ist er zurück, lädt das Gepäck aus und versteckt es im Gebüsch.
Danach will er das Auto loswerden und bringt es ins nahe Dorf. Die
Frauen bleiben mit dem Kind im Versteck, zitternd vor Angst und
Aufregung.

Inzwischen ist es Nacht geworden, denn die Begegnung mit den
Posten hat viel Zeit gekostet. Im Dunkeln kann Dieter nur mit
Mühe die passenden Spantenteile finden, die Zahlen darauf sind
kaum zu erkennen. Aber die Taschenlampe benutzt er nur, wenn
er das Spantengerüst in die Bootshaut schiebt.

Langsam steigt Nebel auf. Es wird so feucht, daß Nässe von den Bäumen tropft. Vom Meer her weht ein leichter Wind. Deutlich ist das Anrollen der Dünung zu hören, die Folge eines Sturms in den letzten Tagen. Plötzlich riecht Dieter Zigarettenrauch und hält inne. Alle vier erstarren. In nächster Nähe gehen zwei Posten rauchend und plaudernd am Versteck vorbei.

Kurz vor Mitternacht liegen die beiden Boote startbereit im Gebüsch. Dem Familienoberhaupt ist die Zeit bis zur Morgendämmerung zu kurz. Er will die Boote tiefer im Wald verstecken und erst am nächsten Abend starten. Aber die Frauen protestieren. Die nervliche Anspannung war zu groß, sie können diesen Zustand nicht noch länger ertragen. Da gibt Dieter Rother nach.

Der Nebel ist noch dichter geworden, man kann kaum drei Meter weit sehen. Die Flüchtlinge bringen die Boote zu Wasser und hinterlassen dabei tiefe Spuren im Sand, die den Posten bald das nächtliche Geschehen verraten werden. Eile ist also geboten. Helga Rother steigt in den Einsitzer und paddelt aus der Brandung heraus. Plötzlich sitzt sie fest, glaubt sich auf einer Sandbank. Doch sie hat schon auf diesem kurzen Stück die Richtung verloren und ist wieder am Strand gelandet. Ihr Bruder hilft ihr beim erneuten Start, und mit kräftigen Schlägen paddelt sie durch die Brandung davon.

Jutta Rother sitzt vorn im Zweier. Vor ihr, halb in der Bugspitze versteckt, liegt ihre Tochter. Verena hat die Schuhe ausgezogen, bevor sie ins Boot stieg. Nun bleiben diese Kinderschuhe vergessen am Strand zurück. Zuletzt steigt der Vater in das schaukelnde Boot. Eine große Welle kommt ein und durchnäßt einen Teil der Ausrüstung. Im Boot schwappt Wasser, aber niemand hat Zeit, darüber nachzudenken. Sie stoßen vom Strand ab. Dieter Rother übernimmt eine Leine vom Einsitzer seiner Schwester, um sie auf See nicht zu verlieren. Er will sie sich gerade um den Bauch binden, da ertönt ein Lärm, der allen das Herz stocken läßt. Es klingt, als ob zwei Topfdeckel aneinander schlügen: Der Einsitzer ist gegen die eisernen Buhnen gekracht. Mit der Schleppleine zieht Dieter das Boot seiner Schwester von der gefährlichen Stelle weg. Da ertönen auch schon die Rufe der Posten. Der Strahl einer Stablampe versucht, den Nebel zu durchdringen.

Nun paddeln die Flüchtlinge um ihr Leben.

Im Schutz des Nebels versucht der Vater, sich mittels Kompaß zu orientieren. Er hat die Karte im Kopf und geht auf Kurs Nordwest. Die hohe Dünung läßt die Boote heftig schaukeln, die Paddler haben Mühe, sie quer zur Wellenrichtung zu halten. Dabei den Kompaß einstellen und warten, bis die Nadel einigermaßen still steht, erweist sich als völlig unmöglich.

Dieter Rother stellt fest, daß der Wind genau aus Norden kommt. Da ändert er seinen Plan, auf dem kürzesten Weg Gedser anzulaufen, und hält jetzt genau nach Norden. Solange der Wind direkt von vorn kommt, stimmt die Richtung. Streift der Wind mehr das eine oder andere Ohr, gerät er vom Kurs ab. So kann er sich orientieren.

Das gemeinsame Paddeln spielt sich ein. Auf den Wellenbergen machen sie zwei kräftige Schläge, durchfahren das Wellental und paddeln dann wieder auf den Kamm hinauf. Mit dieser Technik kommen sie gut voran. Doch Jutta Rother kann bald nicht mehr. Sie ist seekrank. Ihr geht es so schlecht, daß ihr alles gleichgültig wird. Nur wieder festen Boden unter den Füßen spüren, mehr will sie nicht.

Plötzlich hören die Flüchtlinge an Backbord achteraus Motorengeräusch, das schnell lauter wird. Angst peinigt sie, doch sie paddeln unbeirrt weiter auf ihrem Nordkurs. Nun wissen sie, daß Alarm geschlagen wurde und die Verfolger ihnen auf den Fersen sind. Das Motorengeräusch bleibt allerdings an Backbord. Es wird mal lauter und dann wieder leiser, verstummt kurze Zeit und ist gleich darauf wieder zu hören. Die Grenzboote suchen vermutlich den kürzesten Weg nach Gedser ab. Wäre Dieter bei seinem ursprünglichen Plan geblieben...

Die Paddler kommen langsamer voran als gedacht. Die schwere Zuladung, der Seegang und der Nordwind bremsen ihre Fahrt. So sind sie schnell erschöpft, zwingen sich aber zum Weiterpaddeln. Die ständige Angst, entdeckt zu werden, zerrt an den Nerven.

Langsam wird es Tag, aber der Nebel löst sich noch nicht auf. Da verstummt endlich das Motorengeräusch. Erleichtert paddeln die Flüchtlinge weiter; nun sind sie schon fast sechs Stunden auf dem Wasser.

Plötzlich taucht aus dem dichten Nebel ein weißes Schiff auf. Mit dem Fernglas versucht Dieter Rother, seine Herkunft festzustellen. Als er endlich erkennt, daß das Schiff in Hamburg beheimatet ist, fährt es auch schon vorbei. Wenige Augenblicke später kommt aus der Nebelwand ein etwas kleineres Fahrzeug, gefolgt von einem dritten. Aufgeregt beobachten die Flüchtlinge die Schiffe und versuchen, ihre Heimathäfen herauszufinden.

„Travemünde" lesen sie am Heck des zweiten Schiffes, doch da scheint auch dieses schon vorüber zu sein. Ihre Hoffnung auf Rettung sinkt. Aber nein — der Frachter dreht! Es ist die STÖR, die jetzt in einem großen Bogen auf sie zukommt.

Die Familie Rother wird gerettet.

Die Flüchtlinge mit ihren
Paddelbooten an Bord des
MS STÖR (oben)

Die siebenjährige Verena in
den viel zu großen Schuhen
der Kapitänsfrau (links)

8

Die Erfindung des Aqua-Scooters

Bernd Böttger, Jahrgang 1940, geriet nach dem Bau der Mauer sehr schnell mit dem SED-Regime in Konflikt. Sein Freiheitsdrang und sein individueller Lebensstil paßten nicht zum vorgefertigten Menschenbild der Ideologen. Weil er mit seiner Meinung nicht hinterm Berg hielt, exmatrikulierte man ihn 1961 kurzerhand im fünften Semester von der Ingenieurschule Magdeburg. Danach nahm er verschiedene Jobs an, doch nirgends hielt es ihn lange.

Seit 1966 arbeitete der Individualist nur noch in seiner Kellerwerkstatt in Sebnitz bei Dresden und reparierte alte Autos, stellte Versuche mit Fiberglas an und baute einen motorgetriebenen Rodelschlitten. All seine Überlegungen und sein ganzes Tun zielten bereits darauf ab, dem Käfig DDR zu entkommen.

1965 begann Bernd Böttger eine Taucherausbildung und machte ein Jahr später die Prüfung als Rettungsschwimmer. Er trainierte eisern und wurde ein exzellenter Taucher und Schwimmer. Denn er hatte sich zur Flucht über die Ostsee entschlossen. Nur die Frage, wie er den langen Wasserweg überwinden sollte, war noch offen. Daß er diese Strecke ohne Hilfsmittel schwimmend nicht bewältigen konnte, war ihm klar.

Nun reift in seiner Kellerwerkstatt langsam ein Plan: Er braucht ein Gerät, das klein und unauffällig zu transportieren ist, ihm aber zuverlässig als Schwimmhilfe dient. Da kommt dem Tüftler die Idee, sich von einem Motor in der Schwerelosigkeit des Wassers ziehen zu lassen.

Er besorgt sich einen MAW-Motor. Diese kleinen Zweitakter aus den fünfziger Jahren treiben normalerweise direkt das Hinterrad eines Fahrrads an. Auf die Kurbelwelle dieses Seitenanbau-

100

motors setzt er ohne jedes Getriebe eine selbstgebaute Schiffs-schraube. Mit Glasfasermatte und Polyesterharz dichtet er den Motor ab. Als Tank baut er einen 40 Zentimeter langen, torpe-doähnlichen Fiberglasbehälter und verbindet ihn mit dem Motor. Die Luftzufuhr für den Vergaser sichert er über einen Schnorchel, den er durch den Tank führt. Am Gehäuse des Motors montiert er einen Griff, an dem er sich festhalten kann. Zu diesem Bügel führt er den Bowdenzug, der es ihm ermöglicht, den Motor auch unter Wasser zu bedienen.

Anfang Sommer 1966 probiert er seinen Aqua-Scooter an der Ostseeküste vor Mukran auf Rügen zum ersten Mal aus. In aller Öffentlichkeit schwimmt er damit durch die See, läßt auch allerlei

Bernd Böttger mit seiner kompletten Ausrüstung

Leute mit dem Gerät üben. Das ist ein Spaß für die Strandbesucher, niemand schöpft Verdacht. In Boltenhagen verbringt Bernd Böttger den restlichen Sommer als Rettungsschwimmer. Ende des Jahres bekommt er einen Kälteschutzanzug von einer Verwandten aus dem Westen. Mit diesem kostbaren Besitz ist seine Ausrüstung komplett.

1967 schockiert Bernd Böttger Freunde und Verwandte: Der einst Abtrünnige wird Mitglied der FDJ-Kreisleitung. Im Blauhemd geht er mit den Genossen zu Versammlungen und Demonstrationen. Seine Freunde verstehen ihn nicht mehr, manche wenden sich von ihm ab. Ist er wirklich ein Bekehrter?

Am 28. Juni 1967 packt Bernd Böttger Tauchausrüstung, Aqua-Scooter und Zeltausrüstung in seinen alten Opel und fährt zum Zeltplatz an der Wohlenberger Wiek bei Wismar. Hier testet er erneut den Scooter und beobachtet die Bewacher der unsichtbaren Mauer. Nach dem Motto: „Für Gedanken kann mich keiner einsperren", befragt er Grenzer über die vorhandenen Sicherungsanlagen. Mit verschiedenen Leuten aus den umliegenden Grenzdörfern diskutiert er Fluchtmöglichkeiten. Dabei äußert er die Vermutung, daß man beim Tauchen nicht vom Radar der Grenzsicherungsanlagen geortet werden kann und daß ein Durchschwimmen der Lübecker Bucht bis hin zur nahen holsteinischen Küste möglich sein müßte.

Am Abend des 7. Juli 1967 fährt Bernd Böttger mit dem Bus an die Steilküste bei Boltenhagen. 23.00 Uhr ist es, als er an den Strand gehen will, um das Grenzkontrollsystem zu studieren. Die Bewegungen der Wachboote, der Rhythmus, in dem die Scheinwerfer Strand und Meer in helles Licht tauchen, sowie die Runden der Wachtposten interessieren ihn am meisten. Offenbar hat aber auch die andere Seite den jungen Mann beobachtet, der am hellichten Tag in aller Öffentlichkeit derart sonderbare Gedanken äußert. Bevor er den Strand erreicht, springen zwei Posten aus dem Gebüsch. Das Kommando: „Halt! Stehenbleiben! Sie sind festgenommen!" und die auf ihn gerichteten Maschinenpistolen lassen keinen Widerstand zu. Die Verwirklichung seines Traums von der Freiheit ist für Bernd Böttger plötzlich in weite Ferne gerückt.

Nach fast dreimonatiger Untersuchungshaft im Stasi-Gefängnis

in Dresden wird das Urteil über Bernd Böttger gefällt: „Der Angeklagte wird wegen Vorbereitung zum illegalen Verlassen der DDR
gem. § 8, Absatz 1 und 3 des Paßgesetzes in Anwendung des § 1 des
StGB zu acht Monaten Gefängnis bedingt unter Festsetzung einer
Bewährungszeit von zwei Jahren verurteilt."

Das ist ein verhältnismäßig geringes Strafmaß, denn in der
Urteilsbegründung heißt es: „Ein versuchter Grenzdurchbruch
konnte dem Angeklagten nicht bewiesen werden. (...) Die bisher
vollzogene Untersuchungshaft hat einen gewissen Erziehungser-
folg bereits erreicht."

Böttgers Scooter, samt der Tauchausrüstung in seinem Zelt entdeckt, wird „zugunsten des Staates" eingezogen, „weil dieser
Gegenstand zum Zwecke der Durchführung einer Straftat gebaut
wurde und nicht für die Tätigkeit als Bademeister oder Rettungsschwimmer von Bedeutung ist". Bei der restlichen Tauchausrüstung ist dies jedoch der Fall, so daß ihm die weiteren be-
schlagnahmten Gegenstände zurückgegeben werden.

Während des Strafvollzugs hat Bernd Böttger nur den einen
Gedanken: Jetzt erst recht! Als er im März 1968 entlassen wird,
beginnt er sofort mit dem Neubau von Aqua-Scooter II in seiner
Sebnitzer Kellerwerkstatt. Doch jetzt hat er aus der Vergangenheit
gelernt. Niemand erfährt auch nur andeutungsweise von seinen
neuerlichen Fluchtabsichten.

Die Wiederbeschaffung der Bauteile, vor allem die eines neuen
MAW-Motors, ist äußerst schwierig und zeitaufwendig. Bernd
Böttger, der keinerlei Verdacht erregen darf, baut den neuen
Scooter in verbesserter Ausführung. Seine größte Angst war
damals, daß ihn das laute Motorengeräusch verraten könnte. Deshalb verstärkt er jetzt die Schalldämmung des Motors, und
außerdem verändert er den Auspuff. Damit ihn die durchs Wasser
aufsteigenden Luftblasen nicht verraten, führt er den Auspuff über
den Schnorchel zurück an die Luft.

Am 8. September 1968 verstaut Bernd Böttger wieder seine
Tauchausrüstung und seinen Scooter im Auto und fährt an die See
nach Graal-Müritz. Sein Weg in die Freiheit soll über das 24 Seemeilen entfernte Gedser führen. Sollte er das auf halbem Weg liegende Feuerschiff GEDSER REV finden, will er dort aufsteigen. Am

späten Nachmittag erreicht er den Zeltplatz, meldet sich ordnungs-
gemäß beim Platzwart an und baut sein Zelt auf. Seine verdächtige
Ausrüstung läßt er im Auto.

Gegen 22.00 Uhr zieht Bernd Böttger seinen Neoprenanzug an.
Ein zusätzlicher Pullover darunter soll ihn vor der Kälte schützen.
Er nimmt den etwa zehn Kilogramm schweren Scooter unter den
Arm und schleicht sich zum Strand. Der Himmel ist sternenklar,
Musik aus den Kofferradios der Camper dringt zu ihm. Der hohe
Seegang allerdings ist beunruhigend. Doch es gibt kein Zurück
mehr für ihn, fünf Jahre lang hat er auf diese Nacht hingearbeitet.

Um 22.30 Uhr legt Bernd Böttger die Flossen an, setzt Schnorchel und Brille auf. Langsam watet er in die kalte See. Er steht
schon bis zu den Hüften im Wasser, als er Stimmen hört. Ein Mann
ruft: „Do gucke ma', da jeht bei dor Gälte noch enor schwimm'.“

Unbeirrt wirft Bernd Böttger durch Drehen des Propellers den
Motor an, streckt die Arme aus und läßt sich ins Wasser gleiten.
Knapp einen halben Meter unter der Oberfläche zieht ihn sein
Aqua-Scooter hinaus aufs Meer.

*Knapp einen halben Meter unter der Wasseroberfläche zieht das Mini-U-Boot
Bernd Böttger hinaus aufs Meer.*

Wie die alten Seefahrer orientiert er sich nach dem Stand der Sterne. Zu Hause hat er ausgerechnet, daß er auf das Sternbild des Großen Wagens zusteuern muß. Der genial konstruierte Scooter läuft zuverlässig und so exakt, wie er ihn gebaut hat. Mit durchschnittlich fünf Kilometern in der Stunde nähert sich Böttger seinem Ziel Gedser. Manchmal taucht er auf und schaut sich nach Verfolgern um. Doch noch ist er allein in dieser weiten Wasserwüste.

Dann, gegen Mitternacht, hört der einsame Taucher Motorengeräusche, die schnell lauter werden. Unbändige Angst, doch noch erwischt zu werden, überfällt ihn. Die Panik verursacht bei ihm heftige Magen- und Darmkoliken. Er fühlt seine Kräfte nachlassen und muß auftauchen. Entsetzt sieht er die schwarzen Umrisse eines Küstenwachboots auf sich zukommen. Mit äußerster Selbstbeherrschung zwingt er sich dazu, mehrmals langsam und tief durchzuatmen.

Das Patrouillenboot kommt näher. Böttger taucht wieder ab, schaltet seinen Motor aus und schwimmt unter Wasser langsam weiter. Das Wachboot fährt so dicht an ihm vorbei, daß er lange nicht aufzutauchen wagt. Endlich wird das Motorengeräusch leiser und verliert sich schließlich ganz. So langsam, wie Böttgers Angst schwindet, so langsam kehren seine Kräfte zurück. Erst als er überzeugt ist, wieder allein zu sein, startet er den Motor.

Plötzlich springt ein schwarzer Schatten vor ihm aus dem Wasser! Bernd Böttger zuckt erschrocken zusammen. Aber es ist nur ein großer Dorsch, der auf den nächsten Seemeilen sein Wegbegleiter wird.

Weiter brummt der Scooter durch die See. Als Bernd Böttger zur Orientierung auftaucht, sieht er am Horizont Lichter. Sein Ziel ist nahe. Um 04.00 Uhr erreicht er das Feuerschiff GEDSER REV und schreit laut sein „Hallo" in den frühen Morgen. Sofort schrillt an Bord die Alarmglocke, Scheinwerfer leuchten auf und blenden den Schwimmer. Wenig später klettert Bernd Böttger an Bord.

Zwei Tage später bewundern die ersten bundesdeutschen Beamten Böttgers geniales Fluchtgerät. „Eine Erfindung – so umwälzend wie das Moped oder der Taucheranzug, besser noch: wie beides zusammen", urteilt Professor F. Müller von der Tech-

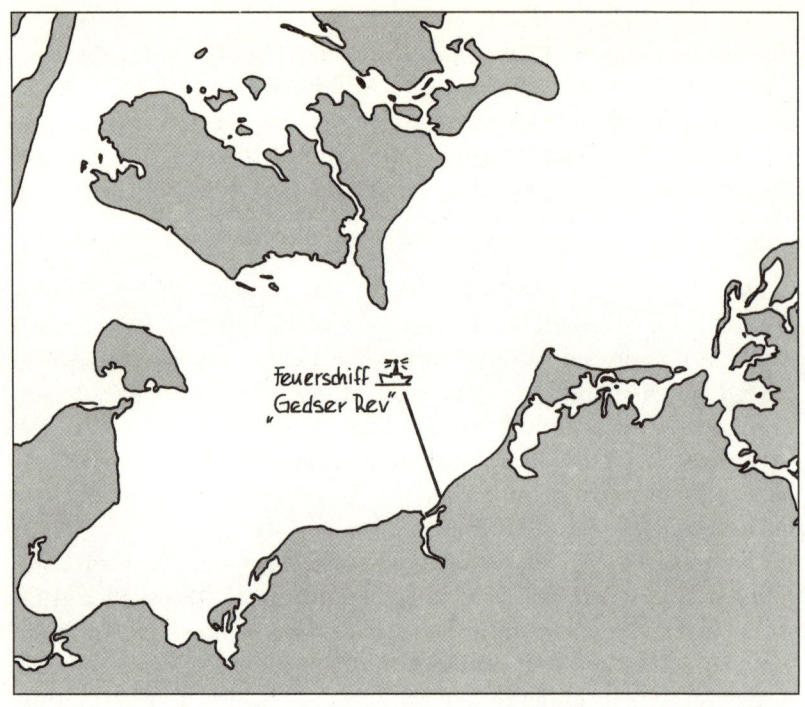

Feuerschiff
„Gedser Rev"

nischen Universität Berlin. In- und ausländische Firmen interessieren sich für den Aqua-Scooter. Bernd Böttger entscheidet sich für eine norddeutsche Firma und entwickelt mit ihr sein Modell bis zur Serienreife.

Doch Böttgers Entkommen scheint noch nicht gesichert zu sein. Stasi-Offiziere bedrängen seine in Sebnitz lebende Mutter und wollen wissen, wo der Sohn im Westen lebt. Die Mutter teilt es ihm in Briefen mit, sie hat Angst um ihren Sohn. Aber er sieht keine Gefahr und beruhigt sie.

Um Modelle seines Tauchapparats zu testen, reist Bernd Böttger im August 1972 in den kleinen spanischen Ort Cala Joncols in der Nähe von Rosas. Jeden Morgen geht er allein zum Strand, um seine Geräte auszuprobieren. Er fühlt sich wohl und ist glücklich. Freunde aus Deutschland, die er erst im Westen kennenlernte, besuchen ihn.

Am Sonntag, dem 27. August, verabreden sie sich zum gemeinsamen Tauchen. Bernd Böttger ist schon mit einem Kajak auf dem Wasser, als seine neuen Freunde zum Strand kommen. Fröhlich fahren sie mit mehreren Booten zu einer nahe gelegenen Klippe. Bernd Böttger taucht zuerst, gefolgt von einem Freund. Eine halbe Stunde später taucht der Freund auf und schreit entsetzt um Hilfe. Bernd Böttgers Körper treibt leblos im Wasser. Obwohl sein plötzlicher Tod allen rätselhaft ist, findet die örtliche Polizei keine Anzeichen von Gewalteinwirkung. „Bernd Böttger ist vermutlich beim Ausprobieren von Tauchapparaten ertrunken", heißt es im offiziellen Untersuchungsbericht der spanischen Behörden.

Auch nach dem Fall der Mauer gelingt es der Familie nicht, Bernd Böttgers mysteriösen Tod aufzuklären. Aber Weiterentwicklungen seines genialen Fluchtgeräts sieht man inzwischen nicht nur in James-Bond-Filmen, sie gehören heute auch zur Ausstattung von Sport- und Kampfschwimmern in aller Welt.

9

24 Stunden im Wasser

Die erste bittere Erfahrung mit dem SED-Staat machte der Rostocker Peter Döbler im Jahr 1959: Er durfte nicht Medizin studieren, weil sein Vater selbständiger Steuerberater und damit ein Rudiment der kapitalistischen Gesellschaft war. Erst als der Vater gestorben und die Mutter zur Werktätigen geworden war, galt Peter Döbler als sogenanntes Arbeiterkind und wurde immatrikuliert.

Während der Facharztausbildung im Rostocker Südstadt-Krankenhaus spürte der angehende Chirurg, daß er wegen seiner kritischen Haltung zur DDR permanent gegängelt wurde und schlechtere berufliche Entwicklungsmöglichkeiten hatte. Im Jahr 1969 entschloß er sich zur Flucht in den Westen.

Peter Döbler war seit seiner Kindheit ein begeisterter Wassersportler, vor allem aber ein leidenschaftlicher Schwimmer und Angler. Das half ihm bei der Fluchtvorbereitung. Im Sommer 1969 traf man ihn nachts mit einer umfangreichen Angelausrüstung an den verschiedensten Stellen der DDR-Ostseeküste. Viele Grenzposten kannten ihn von ihren Kontrollen bald persönlich. Seine Papiere waren stets in Ordnung.

Doch der einsame Angler war in diesen Nächten nicht in erster Linie auf Fische aus, sondern beobachtete die Postenstellungen, den Rhythmus der Strandstreifen und die Positionen der Grenzboote. Nach einem Sommer wußte er: Der verlockend nahe Fluchtweg über die Lübecker Bucht war wegen der scharfen Grenzbewachung zu gefährlich. Weil er das Risiko so weit wie möglich reduzieren wollte, schied für ihn dieser Weg aus.

Erst weiter im Osten, an der Steilküste zwischen Kühlungsborn und Warnemünde, standen die Posten am Strand nicht mehr so dicht. Denn hier war es schwieriger, ein Boot zu Wasser zu bringen. Und kein Schwimmer hätte von hier aus die Flucht riskiert, weil für ihn die jenseitige Küste so gut wie unerreichbar war. 48 Kilometer offene See liegen zwischen Kühlungsborn und der Insel Fehmarn. Deshalb rechneten die Grenzschützer an dieser Stelle gar nicht mit einem Schwimmer.

So störte sich auch niemand daran, daß Peter Döbler zweimal in der Woche in Kühlungsborn vor den Augen von Urlaubern und Grenzhütern mit Flossen ins Wasser ging. Ohne Pause schwamm er jeweils zehn Stunden an der Küste entlang bis zum 25 Kilometer entfernten Warnemünde.

Von Westverwandten ließ er sich einen Neopren-Naßanzug sowie Handflossen mitbringen. Doch mit dieser Ausrüstung sowie mit Taucherbrille und Schnorchel durfte ihn niemand an der See sehen. Er ging damit einmal in der Woche nachts im Rostocker Stadtbad ins Wasser oder schwamm im Schutz der Dunkelheit die Warnow stromaufwärts. Bei diesem Training schaffte er es bis zur 20 Kilometer entfernten Kleinstadt Pölchow.

Selbst in den Wintermonaten setzte der Mediziner sein Schwimmtraining fort und schöpfte dabei die Zeitspanne, in der sein Organismus im eiskalten Wasser funktionierte, bis zur Leistungsgrenze aus. Im Seebad Warnemünde wurde er als „Seerobbe" bei Schnee und Eis respektvoll bestaunt. Zu Hause ergänzte er sein Fitneßprogramm durch Krafttraining mit Hanteln und Expander. Mehrmals in der Woche übte er in der Schwimmhalle Streckentauchen.

Peter Döbler fühlte sich in immer besserer körperlicher Verfassung. Sein Gesundheitszustand, den er selbst genau überwachte, blieb dabei ausgezeichnet. Erkältungskrankheiten kannte er nicht mehr. Nach zwei Jahren war er soweit, daß sein Körper zehn Stunden Schwimmen in der Ostsee überhaupt nicht mehr als außergewöhnliche Belastung registrierte. Inzwischen hatte er auch gelernt, wie er einen plötzlichen Wadenkrampf beim Schwimmen bekämpfen mußte: Während er sich mit den Armen über Wasser hielt, stellte er die Fußsohle des betreffenden Beins auf das Knie das anderen und drückte es mit aller Kraft dagegen.

Gegen eventuelle Erschöpfung wappnete er sich mit Obesintabletten, verschreibungspflichtigen Appetitzüglern, die als spürbare Nebenwirkung einen Dopingeffekt hatten. Er testete an sich selbst, in welchen Abständen er eine Tablette einnehmen mußte, um über einen Zeitraum von mindestens 24 Stunden ununterbrochen Höchstleistungen zu erbringen. Im Sommer 1971 fühlte er sich stark genug, das Meer an einer breiten Stelle zu durchschwimmen.

Im Juli 1971 wartete er jeden Tag auf das richtige Wetter. Er brauchte mindestens 18 Grad Wassertemperatur, um nicht zu stark auszukühlen. Außerdem wartete er auf leichten Wind aus Südost.

Am Freitag, dem 24. Juli, stimmt alles. Um einer Unterkühlung vorzubeugen und ein vorzeitiges Auslaugen der Haut zu verhindern, fettet er seinen ganzen Körper dick mit Vaseline ein. In seinen Seesack packt er tief unten die Taucherausrüstung, die in Folie eingeschweißten Ausweise und Zeugnisse sowie einen am Arm zu tragenden Kompaß. Den hat er sich auf illegalen Wegen von den DDR-Kampfschwimmern beschafft. Oben drauf packt er alle Anglerutensilien, die er besitzt. Abends fährt er mit dem Zug von Rostock nach Kühlungsborn und plant, noch in derselben Nacht zu starten.

Gegen 22.30 Uhr steht er an der Steilküste. Plötzlich leuchten Taschenlampen auf. Vor ihm springen zwei Männer aus den Büschen.

„Halt, stehenbleiben, Deutsche Volkspolizei! Wo wollen Sie hin?"

„Ich will hier nachtangeln."

„Das kann jeder sagen! Zeigen Sie Ihren Ausweis und den Inhalt des Seesacks!"

Peter Döbler packt langsam aus: die Wurmbüchse, die zerlegten Angeln, den Anglerhocker. Dabei reißt er im Seesack unbemerkt die Hülle mit den eingeschweißten Dokumenten auf und entnimmt den Ausweis.

Während die Genossen der VP seine Identität genau prüfen, erklärt Peter Döbler, daß er hier jede Woche nachts angelt. Die Genossen von der Grenzbrigade Küste kennen ihn schon, nur von der VP wurde er noch nicht kontrolliert.

Die beiden Polizisten sehen ihren Verdacht nicht bestätigt und lassen von einer weiteren Kontrolle des Seesacks ab. Peter Döbler darf angeln gehen. Er ist klatschnaß geschwitzt, vor Schreck wird ihm übel. Ein genauerer Blick in den Seesack – und er wäre für Jahre ins Gefängnis gewandert. In dieser seelischen Verfassung fühlt er sich außerstande zu schwimmen und fährt mit einem Taxi wieder nach Hause.

Er nimmt eine Schlaftablette und erwacht erst am Samstagmittag. Das Wetter ist noch immer ideal für die Flucht. Wieder fettet er seinen Körper ein und fährt am Nachmittag erneut nach Kühlungsborn. Diesmal ist er schon um 16.30 Uhr an einem einsamen FKK-Strand, etwa einen Kilometer westlich des Ortes.

Warum soll er nicht einfach am hellen Tag ins Wasser gehen, wie er es auch beim Training gemacht hat? Niemand hat damals Verdacht geschöpft. Während die Familien mit Kindern allmählich ihre Badesachen zusammenpacken, steckt Peter Döbler die neu eingeschweißten Papiere in die Badehose und schwimmt damit zu einer vorgelagerten Sandbank. Mit einem Bleigürtel beschwert er die Dokumente unter Wasser und schwimmt zurück. Wenn er nachher mit dem auffälligen Neoprenanzug ins Wasser geht, darf man im Ernstfall keine Zeugnisse bei ihm finden.

Gegen 17.30 Uhr wird es allmählich kühl. Viele Badegäste trotten zu den FDGB-Ferienheimen in Kühlungsborn. Um 18.00 Uhr werden dort die Gewerkschaftsurlauber abgefüttert. Wenn Döbler jetzt ins Wasser geht, wird niemand beobachten, ob er auch zurückkommt. Und die Grenzstreifen beginnen erst nach 18.00 Uhr.

Er zieht seine Tauchersachen an, steckt fünf Tafeln Schokolade ein und geht ruhig ins Wasser. Als er an der Sandbank ist, sieht er sich um. Nirgendwo eine Reaktion. Er taucht ab, nimmt seine Papiere auf und schwimmt mit kräftigen Armschlägen zügig davon. Solange die Küste noch nahe ist, taucht er die meiste Zeit und kommt nur kurz zum Atmen hoch.

Nach einer Viertelstunde ist er außer Schußweite. Jetzt bleibt er an der Wasseroberfläche. Wie eine Maschine krault er in einem kraftsparenden, gleichmäßigen Rhythmus ununterbrochen nach Norden.

In Gedanken sieht er alle Einzelheiten der Seekarte vor sich, die er sich heimlich beschafft und auswendig gelernt hat. Um 21.30 Uhr, nach genau vier Stunden, ändert er seinen Kurs auf Nordwest.

Peter Döbler schwamm 24 Stunden ohne Pause.

Weil das Schwimmen nach Kompaß schwierig ist, sucht er sich einen Stern, den er im Auge behält. Wie geplant schluckt er nach jeweils vier Stunden eine Dopingtablette. Allmählich wird es stockdunkel auf dem Meer. Bei einem letzten Blick auf die DDR-Küste sieht er die Suchscheinwerfer. Alles scheint dort normal zu sein.

Gegen Mitternacht hört er unter Wasser Motorengeräusche. Nach seiner Erfahrung müssen die Schiffe relativ nahe sein. Doch aus seiner niedrigen Augenhöhe kann er keines erkennen. Ununterbrochen schwimmt er die ganze Nacht hindurch.

Am Sonntagmorgen sichtet Peter Döbler eine Fahrwassertonne des internationalen Schiffahrtsweges. Er fühlt sich gut bei Kräften und hat es nicht nötig, sich an diesem Seezeichen auszuruhen. Gegen 05.00 Uhr begegnet ihm in etwa einem Kilometer Entfernung eine aus Travemünde kommende Fähre. Weil man ihn von dort aus ohnehin nicht sehen wird, versucht er gar nicht erst, auf sich aufmerksam zu machen.

Die Morgensonne ist angenehm. Peter Döbler legt sich auf den Rücken, genießt die Wärme und ißt Schokolade. Dann krault er

112

kräftesparend abwechselnd in Brust- und Rückenlage weiter in Richtung Nordwest. Die DDR-Küste ist für immer hinter ihm verschwunden. Der Flüchtling schwimmt jetzt weit draußen im offenen Meer.

Gegen 14.00 Uhr erkennt er vor sich einen dunklen Punkt, der sich vom Horizont abhebt. Etwa um 14.30 Uhr weiß er ziemlich sicher, daß es nur der Leuchtturm von Staberhuk auf der Insel Fehmarn sein kann. Er schwimmt jetzt ununterbrochen seit 21 Stunden.

Im Lauf des Nachmittags bewölkt es sich zunehmend. Ein schwaches Gewitter zieht über den einsamen Schwimmer hinweg, und dabei dreht der Wind für ihn ungünstig auf Nord. Peter Döbler untertaucht die Wellen, die jetzt gegen ihn laufen, und kommt weiter gut voran. Doch allmählich wird ihm kalt. Weil er die Gefahren der Unterkühlung genau kennt, wechselt er jetzt öfter die Schwimmlage, um den Körper möglichst gleichmäßig zu durchbluten.

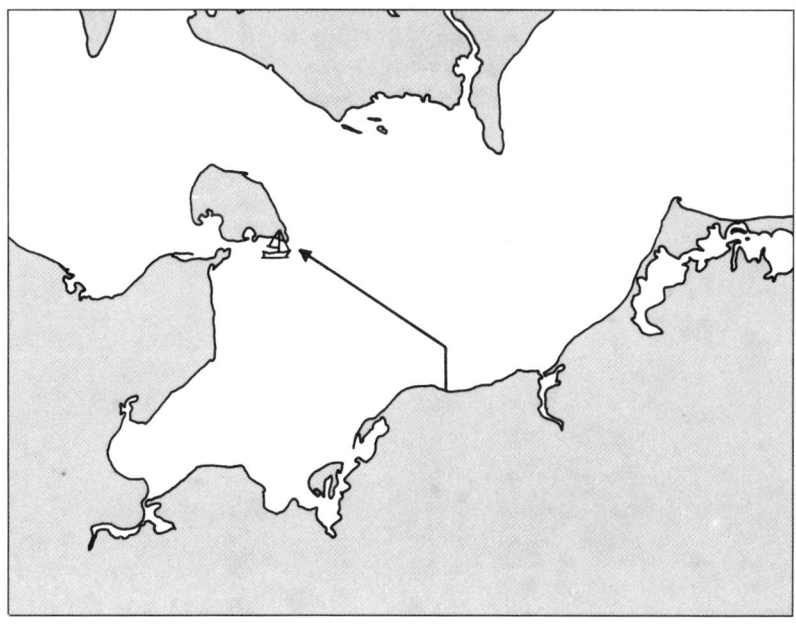

Gegen 16.30 Uhr sieht er den Strand von Fehmarn schon sehr deutlich und kann Einzelheiten an Land unterscheiden. Er schätzt, daß er noch ein bis zwei Stunden schwimmen muß.

Da sichtet er eine aus Richtung Fehmarnsund kommende Segelyacht vom Typ Finnclipper, die auf Kurs Nordost geht und genau seinen Kurs kreuzen wird. Peter Döbler ruft und winkt. Der etwa 40jährige Skipper nimmt die Fahrt aus dem Schiff und bringt es in Höhe des Schwimmers zum Stehen.

Peter Döbler sagt, daß er aus Rostock kommt und über die Ostsee geschwommen ist, 48 Kilometer in 24 Stunden. Aber der Skipper hält das für den Scherz eines westdeutschen Hobbytauchers. Da streift der Flüchtling eine Handflosse ab und zeigt seine Waschfrauenhaut. Seine Finger sind kreidebleich und bestehen offenbar nur noch aus Knochen mit Hautfetzen darum.

Die Badeleiter der Yacht kommt der Mediziner noch mit eigener Kraft hoch. Aber an Bord quält ihn plötzlich furchtbarer Durst. Das Ehepaar steckt ihn in warme Kleider, verabreicht ihm heiße Getränke und eine warme Mahlzeit.

In Burgtiefe bringen sie den Flüchtling, voll eingekleidet und mit einem großzügigen Taschengeld versehen, zur Polizeistation. Der freundliche Beamte will Döbler zur Beobachtung ins nächste Krankenhaus fahren, doch der lehnt dankend ab.

„Ich hatte noch Energie für vier bis fünf Stunden", erklärt der Mann, der von allen Flüchtlingen die weiteste Strecke über die Ostsee geschwommen ist.

10

Zollboot ZB 302 setzt sich ab

Jörg Wieck, Jahrgang 1936, arbeitete seit 1958 beim Zollamt Stralsund. 1962 bekam das Amt ein neues Zollboot, und Jörg Wieck wollte nun lieber Dienst auf See tun. Er machte sein Patent als Maschinist und fuhr fortan in den Küstengewässern zwischen der polnischen Grenze und dem Darß.

Ohne SED-Mitgliedschaft war man schon in frühen DDR-Zeiten für den Zolldienst nicht tragbar. Also trat auch Jörg Wieck in die Partei ein. Aber der junge Zöllner hatte einen Fehler: Er sagte, was er dachte. Die Politschulungen waren ihm ein Greuel. Er durchschaute die Lügen der SED-Führung, sah die Probleme im Land und konnte den Mund nicht halten. „Ihr habt doch nur die Parteizeitung vor der Nase und seht nicht, was wirklich geschieht", äußerte er während einer Politschulung. Das reichte, um ihn für ein Jahr „zur Bewährung" an Land zu versetzen.

Ab 1970 durfte er wieder auf dem Zollboot fahren, doch Jörg Wieck konnte seinen Dienst nicht mehr in Ruhe versehen. Häufig luden ihn Dienststellenleiter, Parteisekretär und ein Verbindungsoffizier der Bezirksverwaltung Zoll, offensichtlich ein Mitarbeiter des MfS, zu Aussprachen vor. Das Problem waren die Westverwandten des Zöllners. Zwar hatte Jörg Wieck schon lange die Forderung unterschrieben, zu ihnen keinen Kontakt zu pflegen, und sich auch streng daran gehalten. Doch jetzt verlangte die Partei von ihm, daß er seine Angehörigen in Stralsund ebenfalls dazu brachte, ihre Verbindungen zum Westen abzubrechen. Dieses Ansinnen lehnte er ab.

„Dann müssen Sie den Kontakt zu Ihren in der DDR lebenden Verwandten abbrechen", lautete die Forderung von Partei, Zoll und MfS.

Für den jungen Zöllner hätte dies geheißen, daß er Mutter, Großvater und Bruder nicht mehr kennen durfte.

„Sie können von mir verlangen, was Sie wollen, aber nicht das. Dann entlassen Sie mich lieber aus dem Dienst", antwortete er.

Doch er wurde nachdenklich, als man ihm drohte: „Wir sorgen dafür, daß Sie nie wieder auf einen grünen Zweig kommen." Im Kollegenkreis hatte Jörg Wieck genug abschreckende Beispiele vor Augen. Er fürchtete die Folgen, wenn er bei seiner Weigerung blieb. Und er hatte für eine Familie zu sorgen.

In seiner Not unterwarf sich Jörg Wieck dem Postulat und unterschrieb. Doch er hielt sich nicht daran, denn er wollte sich von seinen Nächsten nicht trennen.

Das blieb den Genossen nicht verborgen. Abermals wurde er vor das schon bekannte Gremium geladen und erfuhr, daß er in wenigen Wochen nach Bad Schandau versetzt würde. Bad Schandau liegt im Süden Sachsens an der Grenze zur CSFR. Weigerte er sich, bedeutete das den Rausschmiß und das Ende aller beruflichen Chancen. Stimmte er zu, verlor er Frau und Sohn, denn die wollten in Stralsund bleiben.

Es ist September 1971. Mit seinem Freund Klaus Hagedorn, Baustellenleiter auf der Stralsunder Volkswerft und in Konflikt mit dem Regime wegen fehlender SED-Mitgliedschaft, kann Jörg Wieck offen über alles reden. Als er ihm von seinem Gewissenskonflikt erzählt, hört er zum ersten Mal von den Fluchtgedanken des Freundes.

„Du hast doch die beste Gelegenheit", gibt Hagedorn zu bedenken. „Kannst mit dem Boot abhauen und uns mitnehmen!"

Daran hat Jörg Wieck noch nie gedacht. Der Gedanke fasziniert ihn.

Das Zollboot ZB 302, auf dem Jörg Wieck fährt, muß Ende September 1971 in die Werft nach Barth zur Überholung. Die Probefahrt am 18. Oktober geht ohne Zwischenfälle ab. Jetzt muß das Schiff Standprobe laufen. Dabei arbeitet die Maschine mehrere Tage lang ununterbrochen im Leerlauf, auch am Wochenende. Um Werftkosten zu sparen, betreuen es die Bordmaschinisten bei der Standprobe selbst. Am Morgen des 22. Oktober 1971, einem Freitag, erklärt sich Jörg Wieck bereit, die Standprobe am Wochenende zu überwachen.

116

Das ist die Chance zur Flucht! Am Abend spricht er mit seiner Familie und der seines Freundes Klaus Hagedorn. Sie sind sich einig: An diesem Wochenende setzen sie alles auf eine Karte.

Damit ihm niemand vorwerfen kann, daß er Freunde mitnehme, aber seine Verwandten im Stich lasse, bietet Jörg Wieck auch seinem Bruder und dessen Frau an, die einzigartige Fluchtmöglichkeit wahrzunehmen. Spontan sagen sie zu. Doch Stunden später widerrufen sie ihre Entscheidung.

Am Samstag, dem 23.Oktober, fährt Jörg Wieck früh morgens in die Werft nach Barth. Während dessen packt seine Frau zu Hause wichtige Papiere und Kleidung ein. Der elfjährige Sohn weiß nur, daß er sich auf eine Ausflugsfahrt vorbereiten soll, und steckt sein Lieblingsspielzeug in den Rucksack. In der befreundeten Familie Hagedorn herrscht ähnliche Geschäftigkeit.

Jörg Wieck meldet sich beim Wachhabenden der Werft zum Dienst. Man kennt sich und hält ein kleines Schwätzchen. Der Zöllner sagt dem Wachposten, daß er das ganze Wochenende in der Werft verbringen würde, und gibt sich gelassen. Doch als er zum Zollboot geht, kriecht Angst in ihm hoch. Trotzdem gibt es für ihn kein Zurück mehr. Alle Einzelheiten sind besprochen, jetzt darf nichts schiefgehen.

Jörg Wieck hat bedacht, daß der Zutritt zum Werftgelände für Unbefugte verboten ist. Es ist rings von einem Stacheldrahtzaun umgeben. Doch neben der Werft liegt der Fischereihafen, zwar umzäunt, aber unbewacht. Dorthin will er das Zollboot bei seiner Flucht manövrieren und seine Familie sowie die des Freundes an Bord nehmen.

Am Samstagabend, es ist schon dunkel, drängen sich zwei Frauen, zwei Kinder von neun und elf Jahren sowie Klaus Hagedorn in einen Wartburg. Die wenigen Gepäckstücke finden Platz im Kofferraum. Die Kinder freuen sich auf eine Bootsfahrt, aber die Erwachsenen haben mit ihrer Angst zu kämpfen. Das Auto fährt Richtung Barth und hält dort eine halbe Stunde später auf dem Parkplatz. Die Insassen sollen hier warten, bis sie abgeholt werden.

Um 23.00 Uhr macht Jörg Wieck die Leinen des Zollboots los,

dessen Motor noch immer im Leerlauf brummt. Langsam und leise kommt es von der Pier frei und erreicht in wenigen Minuten ungehindert den hundert Meter entfernten Fischereihafen der FPG Barth. Anlegen und Festmachen klappen ohne Probleme. Danach rennt Jörg über das Hafengelände, das von einer hohen Bretterwand umgeben ist. Das Tor darin ist verschlossen, aber der Zöllner hat vorgesorgt. Mit einem Dietrich öffnet er es leise und hastet zum Parkplatz, wo ihn die Wartenden erleichtert empfangen.

Binnen weniger Minuten erreichen die sechs Flüchtenden das Zollboot. Kinder und Frauen verkriechen sich unter Deck, Klaus Hagedorn bleibt bei Jörg im Ruderstand. Er zieht sich eine alte Arbeitsuniform an, und schon legt ZB 302 ab.

Jörg Wieck kennt nicht nur die Maschine, er kennt auch das tückische Fahrwasser und weiß, daß er genau navigieren muß. Der Barther und der Grabower Bodden sind stark versandet. In der extrem schmalen Fahrrinne, die durch die Boddenkette in Richtung Strelasund führt, hat schon mancher Kapitän sein Schiff auf Grund gesetzt. Der Maschinist und der Baustellenleiter auf der Kommandobrücke wissen, daß ein Festkommen für sie und ihre Familien tragische Folgen hätte.

Nach einer halben Stunde Fahrt erreichen die Flüchtenden bei völliger Dunkelheit die komplizierte Ansteuerung der Mündung in den Strelasund. Plötzlich gibt es einen Ruck, und das Zollboot steht. Sie sind auf eine Sandbank gebrummt. Der Zöllner gibt volle Kraft zurück, das Schiff erzittert, doch es rührt sich nicht von der Stelle. Jörg legt Ruder und versucht in die Richtung zu fahren, aus der er gekommen ist. Vor Angst schlägt ihm das Herz im Hals, Schweißperlen treten ihm auf die Stirn. „Nur die Nerven behalten", sagt er sich laut und gibt wieder Vollgas zurück. Die Maschine heult auf, am Heck kocht das Wasser. Dann ein Ruck: ZB 302 ist frei!

Plötzlich nähert sich den Flüchtenden von achteraus ein Schiff aus dem Barther Bodden. Seine Positionslichter kommen schnell näher. Könnte das die Wasserschutzpolizei sein? Ängstlich behalten sie den offensichtlich stärkeren Verfolger im Auge. Doch auf einmal erlöschen dessen Positionslampen, und nur ein weißes Licht zeigt an, daß das Schiff vor Anker gegangen ist. Jörg Wieck schaltet das Radar ein und identifiziert den Ankerlieger erleichtert als einen Getreidefrachter, den er schon oft kontrolliert hat.

Ohne weitere Zwischenfälle setzt das Zollboot seine Fahrt fort und erreicht kurz vor 08.00 Uhr Barhöft. Jetzt dreht es ab in Richtung Nordwest und passiert den schmalen Gellenstrom. An der Ausfahrt zur offenen See liegt ein Kutter der Grenzbrigade Küste am Dalben. Jedes ein- oder auslaufende Boot muß dort zur Kontrolle halten. Doch ZB 302 ist selbst ein Kontrollboot und darf langsam passieren. Jörg Wieck kennt die Leute auf dem Kutter und grüßt sie freundlich. So kann er unbehindert weiterfahren und damit rechnen, daß sein Boot auf der Werft erst am Montag vermißt wird.

Doch jetzt sehen die Flüchtlinge, was draußen auf der Ostsee los ist. Tagelang wehte ein Sturm mit Spitzenböen bis 11 Beaufort, und die See ist entsprechend aufgewühlt. ZB 302 muß genau gegen den Wind an, der immerhin noch vier Stärken erreicht. Die Crew geht auf Kurs Nordwest. Das Boot rollt beängstigend im hohen Seegang, weiße Gischt fliegt übers Deck. Kinder und Frauen werden schwer seekrank.

Das Zollboot „ZB 302" wurde nach Dänemark entführt.

Um 10.30 Uhr haben die Flüchtenden das internationale Fahrwasser erreicht, doch die Angst vor möglichen Verfolgern will nicht weichen. Gegen 13.00 Uhr kommt Land in Sicht, denn inzwischen sind sie in dänischen Hoheitsgewässern. Eine Stunde später fährt ZB 302 dicht an eine unbekannte Steilküste heran. Der Wind hat abgeflaut, die Männer bringen den Heckanker aus und lassen das Boot im Flachwasser aufsetzen. Sechs Menschen fallen einander überglücklich in die Arme.

Nach der Fahrt sieht es unter Deck furchtbar aus, die Frauen müssen gründlich rein Schiff machen. Außerdem ist ein Kind aus der Koje gefallen und hat sich am Kopf verletzt. Die Mutter versorgt seine Wunde. Die letzten 38 Stunden mit ihrer nervlichen Anspannung und ihrem Schlafmangel haben die Flüchtlinge erschöpft. Deshalb beschließen sie, erst einmal bis zum nächsten Morgen zu schlafen. Aus Angst vor Verfolgern halten die Erwachsenen jedoch abwechselnd Wache.

Schon bereiten sie sich am Montag früh auf die Weiterfahrt vor, da kommt, scheinbar aus den Felsen heraus, unerwartet ein Fischkutter von Norden her näher. Die Flüchtlinge rufen und winken, der Kutter hält auf sie zu. Erst von diesen Fischern erfahren die Ausreißer, daß sie an der dänischen Insel Mön gelandet sind.

Die Dänen schenken den Ostdeutschen frischen Fisch, aber bei niemandem will rechter Appetit aufkommen. Weil sie keine Seekarten haben, lassen sie sich den Weg nach Travemünde erklären. Der Anker wird aufgeholt, und sie halten auf den Leuchtturm Gedser zu. Hinter Gedser gehen sie auf Kurs Westsüdwest und wollen nach Überquerung des Fehmarnbelts an der westdeutschen Küste entlang Travemünde ansteuern.

Etwa nach einem Drittel der Strecke zwischen Gedser und Staberhuk auf Fehmarn entdeckt Jörg Wieck ein Kriegsschiff, das ihm sehr bekannt vorkommt. Und tatsächlich: Ein HMSR der DDR-Volksmarine liegt mitten im Fehmarnbelt auf Vorposten! Er weiß, spätestens jetzt muß bei der Volksmarine Gefechtsalarm ausgelöst worden sein. Erschreckt fahren die Flüchtlinge mit Vollgas wieder zurück zur dänischen Küste.

Als sie mittags in Rödby Havn einlaufen, liegt dort die Fähre DEUTSCHLAND. Jörg Wieck kommt eine Idee: Könnten sie nicht das

Zollboot an Bord der Fähre nach Travemünde bringen? Gleich nach dem Festmachen von ZB 302 begibt er sich mit seinem Freund auf den Weg zum Kapitän. Doch als sie am Fährkai ankommen, legt die DEUTSCHLAND gerade ab.

Als die beiden zurückkehren, sind schon dänische Polizisten an Bord. Jörg Wieck bittet sie um Geleitschutz für die Fahrt nach Travemünde. Das Ersuchen wird nach Kopenhagen gemeldet. Nach zwei Stunden teilt der Polizeipräsident von Rödby den Flüchtlingen mit, daß die bundesdeutsche Regierung das DDR-Zollboot nicht auf ihrem Territorium wünsche. Der Polizeipräsident lädt die Geflüchteten als Gäste der dänischen Regierung in ein Hotel in Rödby ein.

Am Dienstag, dem 26. Oktober 1971, gehen die sechs ehemaligen DDR-Bürger in Begleitung eines dänischen Polizeibeamten an Bord der Fähre. Eine Stunde später betreten sie in Puttgarden erstmais westdeutschen Boden. Das Zollboot wird an die DDR

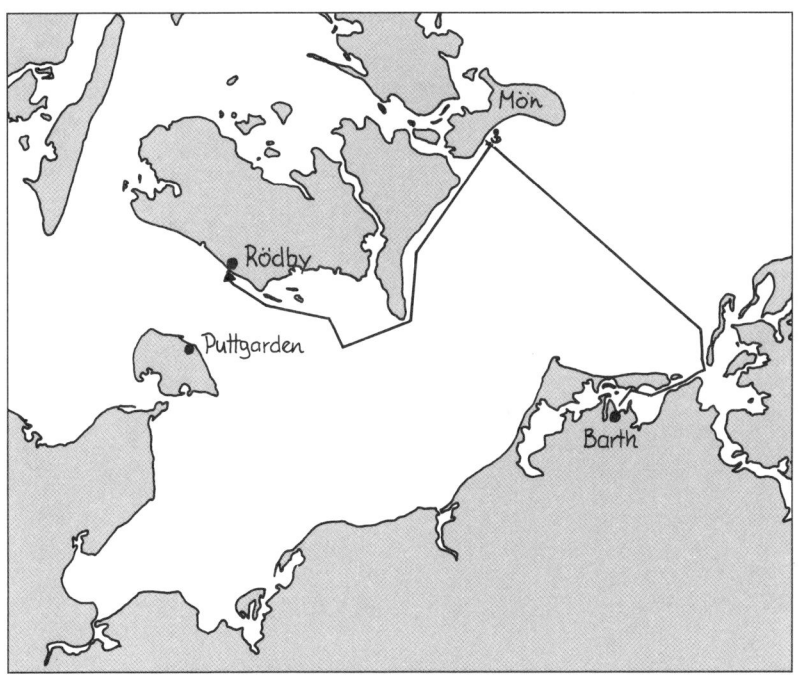

zurückgegeben. Jörg Wieck findet wenige Wochen später eine Anstellung beim Zollamt Puttgarden.

Von dem tragischen Nachspiel seiner Flucht erfährt der Zöllner erst Jahre später.

Das Verschwinden des Zollboots fiel bereits am Sonntag um 09.00 Uhr auf. Sofort wurden die Kampfhubschrauber der Volksmarine in Stralsund in Gefechtsalarm versetzt. Doch der Kommandeur weilte zu dieser Stunde bei Erich Honecker, deshalb konnte erst kurz nach 11.00 Uhr der Befehl zur Verfolgung von ZB 302 über die DDR-Seegrenze hinaus erteilt werden. Als die Hubschrauber starteten, war Jörg Wiecks Vorsprung bereits zu groß, als daß sie ihn wieder einfangen konnten.

Daraufhin nahm sich die Stasi alle Verwandten und Bekannten der geflüchteten Familien vor. Jörg Wiecks Bruder und seine Frau wurden bei den Verhören weich. Sie gestanden, von der Flucht gewußt zu haben. Wegen „Beihilfe zur Republikflucht" wurde der Bruder zu drei, seine Frau zu anderthalb Jahren Gefängnis verurteilt.

Die DDR-Zollboote aber durften nie mehr auf der freien Ostsee fahren. Fortan mußten sie innerhalb der Territorialgewässer bleiben.

11
Flucht nach Osten

Der 38jährige Geophysiker Georg Malz aus Greifswald führte in seinem Betrieb, dem VEB Geophysik Leipzig mit Sitz in Greifswald, ein unauffälliges Dasein als Wissenschaftler und Praktiker. Weil er nicht in die SED eintreten wollte, weil er obendrein eine in Westdeutschland lebende Mutter hatte und sich von ihr nicht lossagen wollte, blieb ihm ein Aufstieg auf der sozialistischen Karriereleiter verwehrt.

Doch von einer Karriere im SED-Staat versprach sich der Geophysiker ohnehin nichts. Die ideologische „Rotlichtbestrahlung" in seinem Betrieb war ihm zuwider. Wo es ging, drückte er sich vor der „politischen Arbeit". Die Parteigenossen mied er, so gut er konnte. Schon längst hatte er das verlogene SED-Regime durchschaut und hielt nur noch still. In Wirklichkeit wollte er weg.

Aber die direkte Flucht über Mauer und Stacheldraht schied für ihn aus. Sie war in seinen Augen Selbstmord. Und er hing am Leben, wollte noch etwas sehen von der Welt, wollte reisen, segeln, endlich ein freier Mensch sein. Die einzige reelle Chance, in den Westen zu kommen, sah er in einem Grenzdurchbruch auf See.

Georg Malz hat in Greifswald-Wieck ein kleines Segelboot liegen, einen alten hölzernen Küstenkreuzer. Das Boot ist zwar nur sieben Meter lang und etwas über zwei Meter breit, doch es hat sich bei schwerem Wetter auf dem rauhen Bodden immer als seefest erwiesen. Der Greifswalder Bodden und die Gewässer um Rügen sind die Heimatreviere von Skipper Malz, in dieser Region kennt er sich aus. Und weil er schon seit Jahren heimlich alle Informationen über die Bewachung der Seegrenze sammelt, kennt er inzwischen auch die Positionen der Wachschiffe der 6. Grenzbrigade Küste und deren Beobachtungstürme an Land.

Aus eigener Erfahrung, aus den Stammtisch-Erzählungen anderer Seesegler und aus Gesprächen mit ehemaligen Grenzsoldaten weiß er, daß die westliche Ostseeküste der DDR sehr streng bewacht wird. Das betrifft besonders das Seegebiet von Kap Arkona bis hin zur Lübecker Bucht. Dort sind schon mehrere flüchtende Segler von der 6. Grenzbrigade Küste aufgebracht worden. Auch die Fluchtversuche von Nichtseglern – vor allem mit Paddelbooten und Schwimmhilfen – sind hier am häufigsten. Ein Grenzdurchbruch in diesem streng observierten Abschnitt scheidet für Malz darum von vornherein aus.

Anders sieht es östlich von Kap Arkona bis zur polnischen Grenze aus. Hier liegt nicht einer der gefürchteten Minensucher, mit denen im westlichen Teil der DDR die offene See bewacht wird. Lediglich in Saßnitz, bei Thiessow und auf der Insel Ruden sind kleinere Grenzboote stationiert. Allein von den Beobachtungstürmen an Land, so schätzt Georg Malz, wird man die östliche Ostsee nicht unter Kontrolle halten können. Sie ist vergleichsweise schwach bewacht, weil die Flüchtlinge zwischen der Ostküste Rügens und der dänischen Insel Bornholm eine weite, offene Seestrecke mit einer Distanz von rund einhundert Kilometern überqueren müßten. Diese Entfernung ist für Paddelboote zu weit und für Schwimmer völlig indiskutabel. Aber mit einem kleinen Küstenkreuzer unter Segeln sollte sie kein Problem sein.

Georg Malz plant, von Saßnitz aus in Richtung Südosten zu segeln, als wolle er zurück in den Greifswalder Bodden und zu seinem Heimathafen Greifswald-Wieck. Dabei darf er sich bis zu drei Seemeilen nach Osten von der Rügenschen Küste entfernen. Wenn er in Richtung Südosten segelt, wird niemand auf den Gedanken kommen, daß er in den Westen abhauen will.

Wenn er weit genug von der Rügenschen Küste entfernt ist, will er bis ins Fahrwasser zur ersten polnischen Hafenstadt Swinoujscie (Swinemünde) abfallen. So weit draußen auf See, daß er garantiert nicht mehr von den DDR-Grenzschützern gesehen werden kann, wird er außerdem die DDR-Flagge am Heck seines Bootes durch die bundesdeutsche ersetzen. Die verräterische DDR-Segelnummer „GO 219", die er vorschriftsgemäß im Großsegel führen muß, will er dadurch verschwinden lassen, daß er einfach ein neues, makellos weißes Segel setzt. In der Swinemünder Ansteuerung, kurz vor den polnischen Hoheitsgewässern, wird er schließlich den Kurs auf Nordost ändern und Bornholm ansteuern.

Äußerlich beginnt die Segelsaison 1973 für Georg Malz wie jede andere. In Greifswald-Wieck überholt er seine SADINE und rüstet sie seemäßig aus. Seinen Sportfreunden erzählt er, daß er Urlaub in den Rügenschen Gewässern machen will. Weil er sich in seinem Betrieb und auch sonst ganz unauffällig verhält, bekommt er zu Saisonbeginn die begehrte PM 18, womit er innerhalb der Drei-Meilen-Zone der DDR segeln darf.

Seine Lebensgefährtin Regina Plate sowie deren Kinder Michael (elf Jahre) und Sabine (drei) erhalten ebenfalls eine PM 18 und dürfen mitsegeln. Regina Plate weiß als einzige von den Fluchtgedanken ihres Lebensgefährten.

Auch sie hat das Leben in der sozialistischen Mangelwirtschaft satt. Sie will ihren Kindern eine bessere Zukunft sichern, vor allem frei von ideologischer Bevormundung in Kindergarten und Schule. Die Gelegenheit, mit dem Segelboot in den Westen zu fliehen, sieht sie als einmalige Chance für Michael, Sabine und sich selbst.

Gemeinsam rüsten Georg Malz und Regina Plate das kleine Segelboot für den ungewöhnlichen Törn aus. Sie bringen die Seekarten von den Rügenschen Bodden an Bord, das Seehandbuch für die mittlere Ostsee und das Leuchtfeuerverzeichnis. Zusätzlich ist diesmal nur der Übersegler Nr. 15 im Kartenschapp, der das Seegebiet östlich von Rügen bis nach Bornholm zeigt. Wer diese Karte besitzt, macht sich noch nicht verdächtig, denn viele Küstensegler haben sie als Übersichtsplan an Bord. Weitere Seekarten bestellt Malz nicht, weil er befürchtet, dadurch auf sich aufmerksam zu machen.

Seekarten darf man in der DDR nämlich nicht — wie sonst überall in der zivilisierten Welt — einfach im Laden kaufen. Nur ein eingeschränkter Kreis, zu dem auch die Seesegler der Betriebssportgemeinschaften zählen, darf sie bei einer zentralen Stelle in Rostock bestellen. Georg Malz vermutet, daß man dort die private Bestellung eines Sportbootkapitäns genau unter die Lupe nehmen würde.

Die Flüchtlinge in spe stauen für den angeblichen Urlaubstörn ihre beste Kleidung auf der SADINE. Auch das ist nicht verdächtig. Unersetzliche persönliche Dinge wie Zeugnisse verstecken sie heimlich im Vorschiff. Die Kinder dürfen ihre liebsten Spielsachen einpacken und freuen sich auf den Segelurlaub.

Im August startet die Familie zu einem ausgiebigen Törn auf dem Greifswalder Bodden. Die Erwachsenen probieren das Boot aus und beobachten scharf das Verhalten der Grenzbrigade Küste. Dazu unternehmen sie Landausflüge auf dem östlichen Teil der Insel Rügen und studieren mit dem Fernglas genau die See. Wie erwartet ist das Gebiet östlich von Rügen sehr schwach bewacht.

Ende August verlassen sie den Greifswalder Bodden in Richtung Osten und klarieren am Kontrollboot vor dem Thiessower Haken im Südosten Rügens offiziell zu einem Ausflug nach Saßnitz aus. An einem Tag segeln sie bis dort hin, klarieren im streng bewachten Fährhafen ein und machen in einem Seitenbecken, wo die Fischerboote einlaufen, fest.

Der Blick auf die Saßnitzer Hafenfestung, in der die Fährschiffe aus Schweden anlegen, frustriert nahezu jeden DDR-Bürger. Seit dem 13. August 1961 nämlich dürfen die Ostdeutschen nicht mehr mit der Fähre nach Schweden fahren. Die Befestigungen rings um das Hafengelände ähneln den Grenzsicherungsanlagen in Berlin. Dieser Anblick bestärkt die Crew der SADINE endgültig in ihren Fluchtgedanken.

Die Segler unternehmen einen letzten Landausflug und beobachten von den Kreidefelsen bei Saßnitz mit dem Fernglas noch einmal die östliche Ostsee. Das Meer liegt ihnen zu Füßen, kein einziges Kriegsschiff ist zu sehen. Hier wirkt alles viel friedlicher als an der westlichen DDR-Küste. Nur die Fährschiffe nach Trelleborg und hin und wieder ein Fischkutter durchpflügen die leere See. Warum hat noch niemand versucht, in Richtung Osten abzuhauen? fragt sich Georg Malz verwundert.

Am 30. August 1973 wirft die Crew der SADINE in Saßnitz die Leinen los und meldet sich am Kontrollpunkt ab. Ein Soldat, ein Offizier und ein Zöllner kommen an Bord und kontrollieren die Papiere. Die Mannschaftsliste trägt die vorgeschriebenen Dienstsiegel und Unterschriften. Die Eintragungen auf den PM 18 stimmen mit den Daten auf den Personalausweisen überein. Und die Ausweise gehören eindeutig den Personen an Bord.

Als der Zöllner einen Blick in die verschiedenen Ecken des Bootes wirft, faßt sich der Skipper heimlich an den Kopf. Wozu gibt es hier eine Zollkontrolle, wenn man sowieso nur von einem DDR-Hafen zum nächsten segeln darf, immer an der Küste entlang? Aber gewissenhaft läßt der Zöllner das eine oder andere Schapp öffnen und begutachtet den Inhalt. Nichts ist verdächtig. Als Reiseziel gibt der Skipper Greifswald-Wieck an: Der Urlaub sei leider zu Ende, man müsse wieder zur Arbeit. Die Grenzer sind zufrieden, wünschen eine angenehme Heimreise und lassen die SADINE um 08.59 Uhr lossegeln. Die Kinder winken den freundlichen Grenzsoldaten nach.

Nach dem Verlassen des Fährhafens Saßnitz geht das Boot auf Kurs Südost. Diesen Kurs müßte es einschlagen, um nach Hause in den Greifswalder Bodden zu gelangen. Den leichten Bogen nach Osten muß der Segelkreuzer beschreiben, um die Landspitze Südperd im Südosten von Rügen runden und danach in den Greifswalder Bodden einlaufen zu können.

Die See ist wenig bewegt. Es weht ein Nordwest von drei bis vier Beaufort. Günstiger könnte der Wind nicht einkommen. Georg Malz errechnet mit dem Relingslog eine Fahrt von etwa 2,5 Knoten. Es herrscht mittlere, leicht diesige Sicht. Auch das ist ideal. So sehen die Grenzschützer von Saßnitz aus, daß die SADINE auf Heimatkurs geht. Sie werden es aber nicht mehr erkennen können, wenn ihr Kurs später geändert wird.

Etwa zwei Stunden lang segelt der Kreuzer nach Südosten. An Steuerbord liegt jetzt die Prorer Wiek, eine große Bucht, die nach Westen weit in die Insel hinein reicht. Dadurch ist kaum noch Land zu sehen. Auf Höhe der Schmalen Heide ist Rügen zudem so flach, daß man es nur noch erahnen kann. Achteraus ist der Hafen von Saßnitz schon lange im Dunst verschwunden.

In wenigen Minuten sollte recht voraus die Landspitze bei Göhren zu sehen sein. Doch soweit will es SADINE-Skipper Malz nicht kommen lassen. Ihre augenblickliche Position mitten zwischen Prorer Wiek und Ostsee, wo man ringsum kein Land sieht und wohl auch von niemandem gesehen werden kann, bietet die beste Chance zum heimlichen Verschwinden.

Kurz nach 11.00 Uhr ändert Georg Malz also seinen Kurs und segelt nach Osten. Immer wieder späht er achteraus, aber es passiert nichts. Das Land ist schon lange verschwunden, auch von einem Kriegsschiff sieht er keine Spur. Die Rechnung scheint aufzugehen. Wer würde auch damit rechnen, daß jemand von Rügen aus nach Osten flüchtet?

Um 11.15 Uhr verläßt die SADINE bei Tonne 4 c die Territorialgewässer der DDR. Georg Malz und seine Lebensgefährtin sind in Hochstimmung. So leicht hätten sie sich ein illegales Übersegeln der DDR-Seegrenze nicht einmal erträumt. Die Kinder spüren zwar, daß diese Fahrt außergewöhnlich verläuft, werden aber sicherheitshalber noch nicht eingeweiht. Knapp drei Stunden später trifft die immer noch mit Ostkurs segelnde Yacht bei Tonne 4 a rechtwinklig auf den Zwangsweg nach Swinemünde.

Seit drei Stunden segeln sie als freie Menschen auf der offenen See – und kein DDR-Kriegsschiff hat sie verfolgt! Georg und Regina können es noch immer nicht fassen. Sie sind der DDR entflohen und werden am nächsten Morgen auf Bornholm festmachen.

Obwohl sie jetzt im Hauptfahrwasser nach Swinemünde sind, ist von der polnischen Küste noch nichts zu sehen. Da fährt der Skipper eine Halse und geht auf Kurs Nordost, in Richtung Bornholm. Das Boot segelt weiter mit Backstagsbrise und macht knapp drei Knoten Fahrt. Weit und breit scheint niemand von den Flüchtlingen auch nur Notiz zu nehmen.

Georg Malz wirft die DDR-Flagge über Bord und bindet die bundesdeutsche an den Flaggenstock. Er wechselt das verräterische Großsegel mit der DDR-Segelnummer gegen ein makellos weißes ohne Aufschrift aus. Die in der DDR vorgeschriebene Registriernummer für Segelboote am Bug der SADINE überpinselt er mit derselben weißen Farbe, mit der auch der Bootsrumpf gestrichen ist. Jetzt kann nichts mehr schiefgehen. Sie sind nun auch äußerlich erkennbar freie Menschen auf offener See.

Was Malz jedoch nicht ahnt: Um 11.15 Uhr, als er bei Tonne 4 c die Territorialgewässer der DDR verließ, wurde bei der 6. Grenzbrigade Küste Alarm ausgelöst. Die Funkmeßstation in Sellin auf Rügen hatte vom Grenzkontrollpunkt Saßnitz erfahren, daß die SADINE um 08.59 Uhr Saßnitz mit Ziel Greifswald verlassen hatte und auf Südostkurs gegangen war. Wenige Minuten später erschien der kleine Kreuzer auf dem Radarschirm der hoch auf einem Berg gelegenen Funkmeßstation. Wenn sich auf dem Radarschirm abzeichnete, daß ein Privatboot die DDR-Gewässer wie im vorliegenden Fall verließ, wurde Alarm gegeben.

Der Dienstvorschrift entsprechend, koppeln die Genossen nun schon seit Stunden unentwegt den Kurs des Segelbootes auf dem Planchett mit. Dazu wird eine Folie mit einem Koordinaten-Raster auf die Seekarte gelegt und darauf der vom Radarschirm abgelesene Kurs des Flüchtlings eingetragen. Mit diesem Verfahren kann man die Daten von Seezielen nach geheimen Planquadrat-Koordinaten über Funk an die Schiffe im Einsatz auf See durchgeben. Die nautischen Angaben über Positionen oder Kurse aus der Seekarte werden dabei nicht übermittelt. Durch diesen Trick werden die eigenen Einheiten, die mit dem gleichen Planchett arbeiten, sehr genau informiert. Völlig im unklaren bleibt jedoch der Gegner, der möglicherweise den Funkverkehr abhört und einem Flüchtling zu Hilfe kommen will. Weil er das Koordinatensystem des Planchetts und dessen Bezugspunkte nicht kennt, kann er mit den abgehörten Daten nur schwer etwas anfangen.

Den Genossen in der Funkmeßstation hoch über Sellin entgeht nicht, daß die SADINE gegen 14.00 Uhr die Ansteuerung von Swinemünde erreicht, dann plötzlich den Kurs ändert und nach Nordosten steuert. Und dort liegt Bornholm!

Jetzt ist ihnen alles klar. Solange das Boot nach Südosten segelte, hätte sich der Skipper noch mit irgendwelchen Ausreden retten können. Nun aber ist eindeutig der Beweis der versuchten Republikflucht gegeben.

Umgehend wird der Chef der 6. Grenzbrigade Küste in Rostock informiert. Die Flüchtlinge sind bereits in internationalen Gewässern, deshalb muß entsprechend umsichtig gehandelt werden. Um 16.10 Uhr ergeht von Rostock aus der Befehl des Chefs der 6. Grenzbrigade Küste an das bei der Insel Ruden liegende Grenzboot G 201, das abtrünnige Segelboot zu stoppen.

Wenige Minuten später verläßt G 201 den Kontrollpunkt „KP 22" (die Insel Ruden) und nimmt die Verfolgung auf. Dem Kommandanten wird über Funk ständig die aktuelle Position der SADINE durchgegeben. Nach einer Stunde Fahrt ist das Fluchtboot auch auf dem Radarschirm des Grenzboots zu sehen.

Um 17.45 Uhr erreicht G 201 die SADINE auf Position 54°24,1'N und 14°13,6'E. Doch der Segler führt eine westdeutsche Flagge, hat keine DDR-Segelnummer und auch keine DDR-Registriernummer am Bug. Der Kommandant des Grenzboots fährt auf Rufweite heran und fordert den Skipper auf, zu stoppen und die Personaldokumente der Crew vorzuzeigen.

Aber Georg Malz läßt sich nicht beeindrucken. Er sagt dem Grenzer in deutlicher Sprache, daß die DDR nicht das Recht hat, eine westdeutsche Segelyacht auf offener See zu kontrollieren.

Das Grenzboot bleibt der SADINE auf den Fersen. Sein Kommandant berät sich mit dem Chef der Grenzbrigade Küste in Rostock und erhält Befehl, das Segelboot mit seemännischen Mitteln zu stoppen. Wegen der an Bord gesichteten Kinder soll kein Gebrauch von der Schußwaffe gemacht werden. Dem Kommandanten des Grenzboots wird Verstärkung durch weitere Schiffe zugesichert.

Ab 18 Uhr versucht G 201, den Flüchtling zu stoppen. Das Grenzboot überholt den Segler und legt sich quer davor. Inzwischen haben Wind und Seegang zugenommen, die SADINE macht gut vier Knoten. Der Skipper geht aufs Ganze, ruft dem Grenzer zu, daß er ihn nicht behindern soll, und hält mit voller Fahrt auf G 201 zu. In letzter Sekunde schnellt das Grenzboot nach vorn und entgeht einer Kollision. Das Spiel wiederholt sich eine halbe Stunde lang. Dann begnügt sich der Kommandant damit, die SADINE zu begleiten und durch abenteuerliches Umkreisen an schneller Fahrt zu hindern. Der Grenzer weiß, daß die zugesicherte Hilfe bereits unterwegs ist. Das vor Darßer Ort operierende Minensuch- und Räumschiff G 21 der 6. Grenzbrigade Küste ist bereits seit 17.45 Uhr mit Höchstfahrt unterwegs zum Schauplatz, hat aber einen langen Anfahrtsweg und muß erst noch die Insel Rügen im Norden runden.

Zusätzlich läuft um 18.50 Uhr das Grenzboot G 23 aus Saßnitz aus und geht auf volle Fahrt. Die mehr als 22 Seemeilen bis zur

SADINE schafft es in weniger als einer halben Stunde. Ab 20.15 Uhr wird der Segler an jeder Seite von je einem Grenzboot flankiert. Er befindet sich zu dieser Zeit auf Position 54°34,2'N und 14°16,8'E.

Die 6. Grenzbrigade Küste hat das Kommando der Volksmarine um Unterstützung gebeten. Kurz nach 20.00 Uhr wird auf ihrem Minensucher 313 Gefechtsalarm ausgelöst, der nun als viertes Schiff zum Einsatzort befohlen wird. Gleichzeitig wird die Hubschrauberstaffel der Volksmarine in Stralsund in Alarmbereitschaft versetzt.

In der Zwischenzeit haben die Funkmeßstationen an Land ihre Daten ausgetauscht. Das geflüchtete Segelboot und die verfolgenden Kriegsschiffe werden jetzt nicht nur von Sellin aus auf dem Radar beobachtet und ihre Kurse auf Planchett mitgekoppelt. Vielmehr wird der Vorgang wie ein schwerer militärischer Zwischenfall zusätzlich von den Funkmeßstationen Stubbenkammer und Greifswalder Oie geführt.

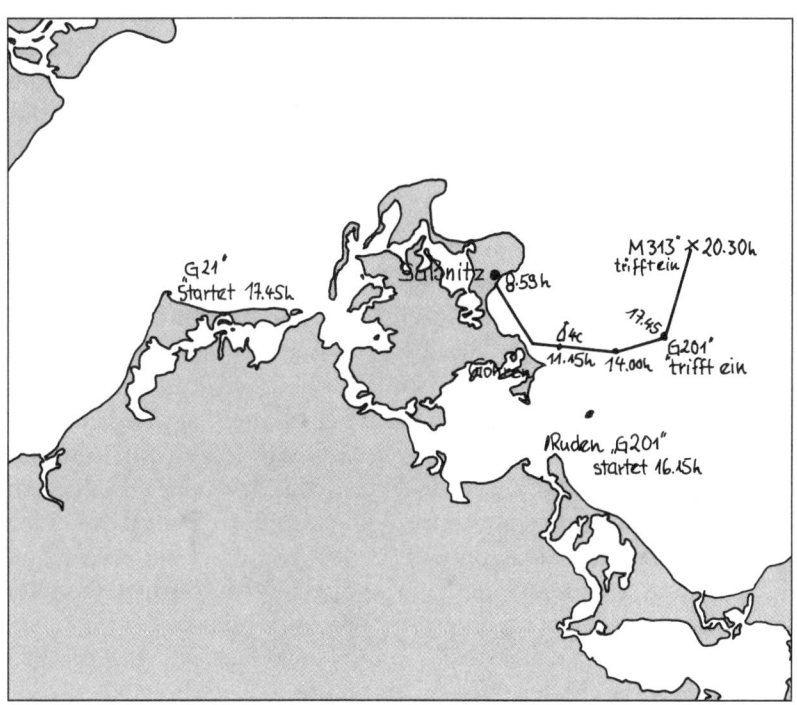

Um 20.30 Uhr ist der Minensucher 313 der Volksmarine am Einsatzort und legt sich quer vor die Sadine. Von den beiden Grenzbooten wird sie derart in die Zange genommen, daß sie nicht mehr ausweichen kann. Das ebenfalls anrückende Minensuch- und Räumschiff G 21 der 6. Grenzbrigade Küste ist bereits in Sichtweite.

Angesichts einer Übermacht von vier Kriegsschiffen streichen die Flüchtlinge die Segel. Der Ort ihrer Festnahme liegt rund 23 Seemeilen östlich von Saßnitz und damit in internationalen Gewässern.

Die Sadine wird von einem der beiden Grenzboote auf den Haken genommen und nach Rügen geschleppt. Georg Malz, Regina Plate und die beiden kleinen Kinder Michael und Sabine müssen an Bord des Minensuch- und Räumschiffs G 21 klettern. Während sie unter Deck eingeschlossen und von einem bewaffneten Matrosen bewacht werden, geht das Kriegsschiff auf Kurs Rostock. Zwischendurch kommt einmal der Kommandant vorbei und erkundigt sich nach dem Gesundheitszustand der vier Segler. Er läßt ihnen eine Kanne Tee servieren. Der Smut kommt wenige Minuten später noch einmal und reicht den beiden Kindern eine schnell gefertigte Süßspeise.

Kurz vor ein Uhr morgens läuft G 21 mit den vier Flüchtlingen an Bord im Marinehafen Hohe Düne bei Rostock ein. Um 01.15 Uhr werden Georg Malz, Regina Plate, der elfjährige Michael und die dreijährige Sabine an vier Offiziere der Rostocker Bezirksverwaltung für Staatssicherheit übergeben.

Georg Malz wird sofort in Handschellen gelegt und von seiner Familie getrennt. An der Pier des Militärhafens stehen zwei Spezialfahrzeuge der Staatssicherheit für den Gefangenentransport bereit. Schwer bewacht wie ein Verbrecher, wird der Geophysiker in das eine Fahrzeug und seine Lebensgefährtin mit den beiden Kindern in ein anderes gesteckt.

20 Minuten später treffen die vier Segler im Sicherheitstrakt des Rostocker Stasi-Gefängnisses in der August-Bebel-Straße ein. Dort wird die Crew der Sadine in der Nacht zum 31. August 1973 endgültig auseinandergerissen.

ruch-Nr. -Телегр.) (A)	Erhalten: (принята)		Datum/Uhrzeit	(Дата/Время)	GVS/VVS VS-Nr.: T/ 9011530 008*
	Quittung: (Расписка)		Unterschrift des Empfängers	(подпись)	Ausfertigung 1 Blatt Dringlichkeit (Сроч.)

Fernschreiben / Funkspruch
(Телеграмма)

Rufzeichen/Tarnname) (на/полыввной)	Spruch-Nr. (Нр-Телегр.)	Anzahl d. Gr./Wo (количество групп/слов)	Datum/Tag (Дата)	Aufgabezeit Stunden, Minuten (время подачи)	Leitweg: GVS/VVS COB. CEKP./CEKP. VS-Nr.:
	045	300	31.08./3	03.40	T/ 9011530 008*

vermerke:
(пека)

chkeit сти	Empfänger (кому)	Chef des Hauptstabes Chef der Volksmarine, CPDH KVM	Ausfertigung 1 Blatt + Mitteseblatt __ Blatt Gesamt __ Blatt ausgearb.
	Absender (откуда)	Chef der 6.Grenzbrigade Küste	geschrieben geschlüsselt gesendet/empfangen 04 05

Betreff: Aufbringen der Segeljacht GO ▮▮▮▮▮▮▮▮▮▮▮▮ " wegen versuchtem
Grenzdurchbruch am 30.08.73

Am 30.08.1973 um 08.59 Uhr wurde die Segeljacht "▮▮▮▮▮▮▮▮▮",Segelnummer
GO +▮▮▮ Registriernummer M -▮▮▮▮▮▮ mit PN 18 für die Fahrt von Saßnitz
nach Greifswald.- Niek mit 4 Personen (2 Erwachsene,2 Kinder) am KP Saßnitz
ausklariert.
Besatzung: 1.▮▮▮▮▮▮ geb.am 14.03.39 wohnhaft Greifswald,Erich Wulf Weg 8
FPA Nr. I/ 0619246, Beruf Diplomgeophysiker, VEB Geophysik Leipzig
organisiert FDGB,DSF,DTSB

2.▮▮▮▮▮ geb.▮▮▮▮▮geb.am 28.07.1942 wohnhaft in Greifswald Arndtstr. 7,Hausfrau,nicht organisiert,
laut eigenen Angaben seit 14 Tagen mit dem▮▮▮▮verheiratet

3.▮▮▮▮▮▮▮▮▮ geb.am 04.12.1962

4.▮▮▮▮▮▮▮▮ geb.am 31.07.1970

Gegen 11.15 Uhr verließ die Segeljacht bei Tonne 4 c die Territorialgewässer
und lief in Höhe des Zwangsweges bis Tonne Swinoujscie 4 a./
Bis zu diesem Zeitpunkt (14.oo Uhr) wurde die Segeljacht vom auslaufen an
funkmeßmäßig durch die TBK Sellin geführt und auf Planchett mitgekoppelt.
Ab Tonne Swinoujscie 4 a (14.oo Uhr) lief die Jacht mit Nordost - Kurs,
Geschwindigkeit 2,5 sm/h ab.
Um 16.1o Uhr erfolgte auf Entschluß des Chefs der 6.Grenzbrigade Küste der
Einsatz von G - 2o1 von KP 22 (Ruden) aus zum Stoppen.

10 000 Ag 117/1/76 — 690/1127

Noch in derselben Nacht werden die beiden Erwachsenen von
Stasi-Offizieren verhört, jeder für sich allein. Sie wissen nicht, was
inzwischen mit den Kindern geschieht. Am folgenden Morgen
werden auch die Familienangehörigen, Freunde, Nachbarn und
Arbeitskollegen vernommen, wobei aber keiner von ihnen erfährt,
was vorgefallen ist. Die Stasi befragt selbst die Segelfreunde aus
Greifswald-Wieck. Obwohl viele Segler ahnen, was geschehen sein
könnte, hört niemand Genaueres.

In einem Geheimprozeß werden Georg Malz und Regina Plate
wegen „Republikflucht in besonders schwerem Fall" zu mehrjäh-
rigen Gefängnisstrafen verurteilt. Die staatsbürgerlichen Rechte
werden ihnen aberkannt, und das Segelboot SADINE wird als
„Fluchthilfsmittel" zugunsten des Staates eingezogen.

Das Schicksal der beiden minderjährigen Kinder ist unbekannt.

12
Bundesgrenzschutz rettet Katzenkopf

Am 17. Juli 1975 steht ganz oben auf Seite zwei der Ostsee-Zeitung, dem Rostocker SED-Bezirksorgan, ein Beitrag, der sich von den langweiligen sozialistischen Erfolgsmeldungen abhebt: „Segeljacht der DDR gewaltsam entführt".
Wörtlich schreibt das Blatt:

„Am 15. Juli 1975 wurde von dem Boot BG-14 des Bundesgrenzschutzes der BRD in der Nähe der Küste der DDR unter Androhung von Waffengewalt eine Segeljacht der DDR entführt. Alle Aufforderungen und Warnungen der Grenzsicherungsorgane der DDR, wie sie den völkerrechtlichen Festlegungen und Gepflogenheiten entsprechen, wurden durch ein weiteres Boot und einen Hubschrauber des BRD-Bundesgrenzschutzes beantwortet.

Nur dem besonnenen und umsichtigen Verhalten der für die Sicherung der Seegrenze und den Schutz des Eigentums der DDR zuständigen Organe ist es zu verdanken, daß der von den Fahrzeugen des Bundesgrenzschutzes inszenierte Akt der gewaltsamen Entführung der Segeljacht der DDR zu keinen schweren Folgen führte..."

Die Zeitungsmeldung ist für DDR-Verhältnisse sensationell und löst unter ostdeutschen Seglern mehr Interesse aus, als den Genossen lieb ist. Ist es doch das erste Mal, daß die SED-Presse die Flucht einer Segelyacht in den Westen zumindest meldet. Die genauen Umstände bleiben unbekannt. Erfahrene Leser folgern daraus: Vor zwei Tagen müssen sich auf See so außergewöhnliche Dinge abgespielt haben, daß die DDR diesen Vorfall nicht verschweigen kann. Was wirklich geschehen ist, erfährt der DDR-Bürger nie.

Doch die Konsequenzen daraus folgen für die Segler schon wenige Tage später. In den Sektionsversammlungen der Betriebssportgemeinschaften werden alle Crews von seegehenden Yachten aufgefordert, ihre Segel mit Messer und Schere zu bearbeiten. Wer noch segeln möchte, hat unverzüglich alle „Katzenköpfe" aus dem Tuch zu trennen! Denn dieser Katzenkopf ist das Symbol des Rostocker Segelmachers Willi Gaeth, und fast jede Yacht an der DDR-Küste trägt Segel mit Katzenkopf. Alle vorsichtigen Anfragen über den Hintergrund der merkwürdigen Anordnung werden abgewürgt: Befehl von der Staatssicherheit – der Katzenkopf muß weg!

Für Segelmacher Willi Gaeth, von Freunden Katzenkopf-Willi genannt, beginnt die Segelsaison 1975 zunächst wie jede zuvor. Gemeinsam mit Frau Brigitte hat er die selbstgebaute Stahl-Segelyacht TORNADO (8,75 x 2,95 x 1,50 m) für die bevorstehende Regatta- und Fahrtensegelei an der DDR-Küste überholt. Seit der Zulassung im Jahr 1971 trägt die Yacht die Segelnummer GO 213. Eigentlich hätte diese Zahl spitzfindigen Genossen als böses Omen ins Auge stechen müssen. Denn im DDR-Strafgesetzbuch steht unter dem Paragraphen mit der Ziffer 213: „Republikflucht".

Doch Katzenkopf-Willi wollte und will nicht abhauen. Als Segelmacher ist er ein geachteter Mann. Und solange er das darf, was jeder Segler darf – ein wenig an der DDR-Küste entlang schippern –, ist er mit sich und der kleinen Welt zufrieden.

Die PM 18, die das Segeln im Küstenbereich erlaubt, hat er für sich und seine Familie in der Tasche. Die zusätzlich notwendige Nachtsegelgenehmigung erwartet er in den nächsten Tagen. Dieses Papier ist Voraussetzung für die Teilnahme an Regatten und die Bootsüberführung in die Rügenschen Bodden, weil die großen Entfernungen zwischen den Häfen nicht immer bei Tageslicht zu schaffen sind.

Am 30. Mai 1975 geht Willi ahnungslos in seine Segelsportgemeinschaft Fischkombinat Rostock. Dort erhält er vom Genossen Sektionsleiter Holger H. ein Stück Papier, das sein Leben total verändert: Es ist das Formular der Nachtsegelgenehmigung für seine Yacht TORNADO. Wieviel Arbeit sich die Genossen jedesmal mit dem

136

wichtigen Dokument machen, ersieht man an den Stempeln von insgesamt fünf Behörden: Bund Deutscher Segler der DDR/Kreisfachausschuß Rostock; Bund Deutscher Segler der DDR/Kommission Seesegeln; Deutscher Turn- und Sportbund der DDR; Bezirksbehörde der Volkspolizei Rostock; Nationale Volksarmee der DDR/Grenzbrigade Küste. Das amtliche Dokument ist ungültig, wenn nur eines der Dienstsiegel fehlt. Oder wenn eines der Crew-Mitglieder von der Mannschaftsliste gestrichen wird. Und auf eben dieser Liste ist jetzt die gesamte Familie Gaeth gestrichen, einschließlich des Schiffsführers und Bootseigners Willi. Mit anderen Worten: keine Teilnahme mehr an Seeregatten!

Mannschaftsliste — DM -Seesegeln

Yacht _Tornado_ — BSG _Tha ° Rostock_ — Grund der Fahrt _Stralsunder-Woche_

Segel Nr. _GO 212_ — Reg.Nr. _E / 1468_ — Klasse _102 F_

lfd.Nr.	Name	Vorname	Geb.-Dat.	Wohnungsanschrift	PA-Nr.	FM 18 Nr.
1	Gaeth	Willi	24.4.41	Rostock, Br.-Schröder-Str.49	I 0544116	1/31/328/74
2	Gaeth	Brigitte	14.7.39	" "	I 0515749	1/31/327/74
3	Gaeth	Peter	1.2.61	" "	I 0951880	1/31/104/75
4	Dr. Zahl	Joachim	13.9.43	Bentwisch F 105	I 0718221	1/31/341/74
5	Schreiber	K.-Heinz	23.12.39	Wmde Fr.-Reuter-Str.12	I 0850441	1/013/2314/73
6	Strohmeyer	Wolfgang	21.2.37	Rostock, Helsinkier-Str.43	I 0252244	1/131/238/73
7						
8				NATIONALE VOLKSARMEE		
9				Grenzbrigade Küste		
10				2 9. MAI 1975		

Für die aufgeführten Personen wird eine
a) Nachtsegelgenehmigung
von **3.6.** bis **9.6.75** (GT)
im Gebiet **Wmde - Rügen**
von _____ bis _____
b) Berechtigung zum Überschreiten der S...
von **3.6.** bis **9.6.75**
Gebiet **Zingst** beantragt

Bund Deutscher Segler der DDR
(GT) Kreisfachausschuß Rostock
(D.S.)
(D.S.)

Nachbeegegenehmigung erteilt
von **3.6.75** bis **9.6.75**
(D.S.)
Die Liste schließt mit der
lfd.Nr. _____ ab und wurde
am _____ in _____ ausgestellt
Lfd.Nr. _____ wurde gestrichen

Unterschrift

Willi Gaeth steckt das Papier wortlos ein. Weiß er doch, daß er gegen solche stets unbegründete Entscheidungen der Stasi und ihrer Helfershelfer schwer ankommt. Während des Heimwegs zur Wohnung sagt er zu seiner Frau: „Jetzt reicht's. Wir hauen ab."

Die beiden schulpflichtigen Jungen erfahren kein Wort. Innerhalb der Wohnung fällt keine Äußerung dazu. Nach außen hin arbeitet Familie Gaeth wie gewohnt weiter. Das Geld bleibt auf dem Konto. Westkontakte werden aus Sicherheitsgründen abgebrochen. Der Verdacht, den die Stasi möglicherweise hat, darf nicht genährt werden.

In aller Stille wird das Bordbesteck gegen das Familiensilber ausgetauscht. Reichlich Bettwäsche und Bekleidung werden gestaut, aber immer nur soviel, wie man für einen Familienurlaub an Bord gebrauchen könnte. Aus den Fotoalben werden die Bilder herausgenommen und mit neuen Alben an Bord gebracht. Bei einer Kontrolle könnte Brigitte Gaeth immer sagen, daß sie im Urlaub die vielen Fotos endlich in die Alben einkleben will.

Willi Gaeth geht zu Dieter H., dem Chef der Kommission Seesegeln des BDS, und setzt ihn unter Druck: „Wenn ich schon die Regatten nicht mehr mitsegeln darf, möchte ich als Segelmacher wenigstens zum offiziellen Fahrtenseglertreffen nach Greifswald reisen. Falls ihr mir das auch noch verwehrt, dann...“

Der Segelfunktionär beruhigt ihn und verspricht eine einmalige Genehmigung, damit er sein Boot entlang der Küste zu den Boddengewässern überführen kann. Familie Gaeth erhält die Papiere für den Segeltörn in Richtung Osten. Dazu dürfen sie einmal bis in die Nacht hinein segeln, weil der Törn bei Tageslicht nicht zu schaffen ist. Und weil es ostwärts geht, schöpft niemand Verdacht.

Willi Gaeth sieht seine Chance: Bei Tageslicht wird er ganz friedlich an der Küste entlang bis Darßer Ort segeln und dort ein Stück nördlich bis zum Rand der Drei-Meilen-Zone, weil ein militärisches Sperrgebiet umschifft werden muß. Und unmittelbar nördlich davon verläuft der Zwangsweg für die internationale Schiffahrt.

Genau dann muß es dunkel werden, denn von Land aus darf man Gaeths Absprung nicht erkennen. Aber auf See muß es noch hell genug sein, um ein westliches Schiff identifizieren zu können. Dieses soll dann die TORNADO − so Gaeths Plan − nach Dänemark schleppen.

Am Montag, dem 14. Juli, klariert Familie Gaeth um 14.30 Uhr am Kontrollpunkt Warnemünde aus. Der Wind ist schwach und umlaufend. Die TORNADO segelt langsam und erreicht erst um 21.40 Uhr Darßer Ort. Es wird bereits dunkel. Brigitte schickt die Kinder in die Koje. Als sie wieder im Cockpit sitzt, sagt der Skipper: „Wir schaffen es nicht. Wenn wir am Rand der Hoheitsgewässer sind, ist es schon Nacht. Dann können wir nicht erkennen, woher die Schiffe kommen."

Kurzentschlossen wenden sie und segeln zurück nach Warnemünde. Am Kontrollpunkt erklären sie, daß sie die Bordbücher vergessen haben. Am nächsten Morgen fährt Frau Gaeth mit den Kindern in die Wohnung, um die „vergessenen" Bordbücher zu holen. Selbst den Kindern leuchtet alles ein. Willi Gaeth verfolgt in der Kajüte jeden Wetterbericht und zirkelt auf der Karte. Es herrscht beständiger Westwind, Stärke 3 bis 4. Um genau bei Einbruch der Dunkelheit die Grenze der Hoheitsgewässer nördlich von Darßer Ort zu erreichen, muß er um 13.00 Uhr ablegen.

Brigitte Gaeth ist um 11.00 Uhr mit den Kindern zurück. Dem Ehepaar fällt es schwer, die innere Spannung zu verbergen. Schon um 11.15 Uhr klarieren sie aus und segeln in Richtung Osten. Es ist ein herrlich warmer und klarer Sommertag.

Die TORNADO läuft schneller als nötig und ist schon um 16.35 Uhr an der Tonne Darßer Ort. Dort liegt das DDR-Küstenwachschiff G 21 vom Typ Kondor. Willi Geath studiert es durchs Fernglas und entdeckt etwas Außergewöhnliches, das nach DDR-Dienstvorschrift verboten ist: G 21 liegt vor Anker, und die Bewacher schwimmen um ihr Schiff herum.

Willi Gaeth geht auf Kurs 20 Grad, um das Sperrgebiet vor dem Darß zu umschiffen. Knapp eine Stunde später hat er die Drei-Meilen-Grenze erreicht. Er blickt achteraus. In der einsetzenden Dämmerung kann man die DDR-Küste mit dem davor ankernden Wachschiff kaum noch erkennen. Die TORNADO segelt unter Vollzeug in Richtung Norden aus den Hoheitsgewässern hinaus.

Um 18.06 Uhr entdecken die Kinder in Nordost ein sich näherndes Fahrzeug. Willi sieht durchs Glas: ein Kriegsschiff! Es hält genau auf die Segelyacht zu und ist in wenigen Minuten heran. Erst jetzt sehen die Gaeths, daß es nur ein kleines Boot ist. Willi umklammert das Fernglas und traut seinen Augen nicht.

„Unmöglich! Was machen die denn hier?" fragt er immer wieder, aber dann schreit er es laut heraus: „Das ist der Bundesgrenzschutz!"

Die Kinder stellen Fragen. Doch Willi ist schon mit einer Leine auf dem Vorschiff und winkt nach Seefahrertradition mit dem Tampen. Wachboot BG 14 des Bundesgrenzschutzes kommt auf Rufweite heran. Der Kommandant fragt von der Brücke: „Was wollt ihr?"

„Bringt uns dorthin, wo ihr herkommt!" antwortet Willi.

Zwei Uniformierte werfen eine dicke Trosse rüber. Kurz vor 19.00 Uhr ist der Schleppzug klar. Das BGS-Boot geht auf volle Fahrt, Kurs West.

Wenige Minuten später herrscht Aufregung unter den BGS-Leuten. Das Boot verlangsamt die Fahrt, der Kommandant ruft achteraus zur Segelyacht: „Ganz schnell Frau und Kinder rüber!"

Inzwischen ist Seegang aufgekommen. Zwei Beamte holen die Schlepptrosse dicht. Brigitte und die beiden Söhne springen von TORNADOS Bug auf das BGS-Schiff.

„Sofort unter Deck!" befiehlt der Kommandant. Dabei sieht er immer wieder mit dem Glas in Richtung DDR. „Sie auch!" ruft er Willi zu. „Junger Mann, beeilen Sie sich. Gleich wird's ernst!"

Willi Gaeth dreht sich um. Mit einer riesigen Bugwelle kommt ein DDR-Kriegsschiff angebraust. Er springt auf das BGS-Boot. Zwei Bundesgrenzschützer in Uniform klettern auf die Segelyacht, reißen die DDR-Flagge herunter und setzen die bundesdeutsche.

BGS-Kommandant Oberstabsbootsmann Klaus Seekamp weist Frau und Kindern einen sicheren Platz unter Deck zu, unterhalb der Wasserlinie. Willi Gaeth bleibt geduckt auf der Kommandobrücke. Punkt 19.15 Uhr kommt das DDR-Kriegsschiff an Steuerbord heran und reduziert die Fahrt, bis es genauso schnell fährt wie das BGS-Boot mit der Segelyacht im Schlepp. Die Kommandobrücken liegen jetzt so dicht nebeneinander, daß die Kommandanten einander in die Augen sehen können. Doch keiner spricht ein Wort. Willi Gaeth erkennt aus seinem Versteck, daß es die Kondor G 21 ist, deren Crew noch vor drei Stunden bei Darßer Ort vorschriftswidrig badete. Er weiß, daß für diese Offiziere sehr viel davon abhängt, ob sie die Flüchtigen jetzt zu greifen bekommen oder nicht.

Nun beginnt ein abenteuerliches Spiel, bei dem sich zeigen soll, welcher Kommandant die besseren Nerven hat.

140

DDR-Küstenwachboot KONDOR *G 21*

Zunächst setzt die Kondor das Signal: „Stoppen Sie sofort Ihre Fahrt!" BGS-Kommandant Seekamp reagiert nicht darauf, sondern läßt den Schleppzug weiter mit Kurs 270 Grad nach Westen laufen.

Willi Gaeth bittet: „Bringen Sie uns nach Dänemark. Das ist näher."

Doch Oberstabsbootsmann Seekamp erklärt ihm, warum das nicht geht: „Wir sind keine Nato-Einheit, sondern der BGS. So einfach nach Dänemark dürfen wir nicht."

Inzwischen ist es 20.00 Uhr und die Sicht noch gut, nur der Wind hat auf 5 bis 6 Beaufort aufgefrischt. Von der DDR-Küste kommend, nähert sich ein grauer Punkt und wird immer größer: das zweite Kriegsschiff vom Typ Kondor, vermutlich aus Heiligendamm. Es fährt von der anderen Seite hautnah an das BGS-Boot heran und setzt ebenfalls das Stoppsignal.

Doch BGS-Kommandant Seekamp reagiert noch immer nicht. Auf beiden DDR-Schiffen werden jetzt die Persenninge von den Geschützen gezogen. Jedes Geschütz wird bemannt und gefechtsklar gemacht.

Der Rudergänger des BGS-Bootes schüttelt den Kopf. „Sind die denn wahnsinnig? Die legen ja scharfe Munition ein!"

Aus nächster Nähe ist jede Einzelheit zu sehen: Die DDR-Soldaten ziehen Kampfanzüge an. Maschinenpistolen werden verteilt. Während dessen entdeckt Kommandant Seekamp das dritte DDR-Kriegsschiff. Es kommt aus Höhe Kühlungsborn und ist schon voll gefechtsklar.

Die vom BGS geschleppte Segelyacht TORNADO wird von der DDR-Grenzbrigade Küste verfolgt.

Jetzt gibt auch Seekamp Gefechtsalarm. Auf den Brückennocken des BGS-Bootes werden Maschinengewehre aufgestellt und mit scharfer Munition geladen. Alle 18 Mann der Crew erhalten Handfeuerwaffen. Willi Gaeth duckt sich tiefer in sein Versteck.

Die dritte Kondor überholt, stoppt und legt sich quer vor den BGS-Schleppzug. Ein seitliches Ausweichen ist unmöglich. Die beiden anderen Kriegsschiffe flankieren das BGS-Boot so dicht, daß sich die Bordwände schon fast berühren.

Der Bug von BG 14 zeigt mitten auf die Breitseite der querliegenden Kondor. Seekamp befiehlt: „Volle Fahrt voraus!" Der Rudergänger kneift die Augen zusammen und legt beide Hebel auf die Back. Sekunden vor dem Zusammenprall weicht die Kondor aus, legt sich aber nach einer Drehung wieder vor das BGS-Boot.

Das Spiel wiederholt sich. Immer wieder, ohne Pause. Der Schleppverband, der sich in Höhe Gedser-Feuerschiff befindet, kommt kaum noch voran. Seekamp ändert den Kurs in Richtung internationales Fahrwasser, denn er sucht nun Schutz durch Öffentlichkeit. Ununterbrochen fahren die DDR-Schiffe ihre riskanten Manöver. Seekamp spricht jetzt mit der BGS-Leitstelle Bad Bramstedt auf öffentlichen Kanälen und fordert Hilfe an. Andere Schiffsbesatzungen sollen mithören. Doch kein Zeuge ist in der Nähe.

Um 20.30 Uhr kommt ein kleiner BGS-Hubschrauber mit zwei Mann Besatzung. Er postiert sich so tief über dem BGS-Boot, daß man von dessen Brücke nach den Landekufen greifen könnte. Der Lärm ist ohrenbetäubend.

Wieder kommen die beiden DDR-Kriegsschiffe seitlich heran, während das dritte vorauseilt, um sich querzulegen. Plötzlich strahlt gleißendes Licht auf: Der Hubschrauber hat den Landescheinwerfer eingeschaltet. Er steigt wenige Meter und legt sich dann auf die Seite, wodurch der Lichtkegel genau in die Brücke der an Backbord fahrenden Kondor trifft. Der Helikopter fliegt voll auf die Brücke des DDR-Schiffes zu, als wolle er dort landen. Die Ostdeutschen werden von außen so geblendet, daß sie mit den Unterarmen die Augen abdecken. Nun endlich dreht die Kondor um 90 Grad und fällt zurück. Die gleiche Szene wiederholt sich an Steuerbord.

Die drei Kondors lassen sich absacken und versuchen jetzt, die Schlepptrosse durch Überlaufen zu kappen. Der Wind hat auf Stärke 7 zugenommen, die Trosse ist darum lang belegt. Die erste Kondor setzt an, muß jedoch vorsichtig heranfahren, um die Leine genau zwischen BGS-Boot und Segelyacht zu erwischen. Inzwischen stehen sechs Uniformierte am Heck von BG 14. Die Kondor

kommt. Aus Leibeskräften ziehen die sechs das Segelschiff bis auf
wenige Meter heran. Sie halten die Leine kurz und federn sie per
Hand im Seegang ab.

Kurz nach 22.00 Uhr kommt das BGS-Schiff G 12 zu Hilfe und
hält sich dicht hinter der Segelyacht. Immer wenn eine Kondor
zum Kappen der Leine ansetzt, schiebt es sich genau dort dazwischen. Die Männer am Heck sind entlastet. Doch die Freude darüber währt nur kurz.

Es ist 22.10 Uhr in dieser sternenklaren Nacht, in der man weit
sehen kann. Auf dem Radarschirm von BG 14 tauchen zwei kleine
Punkte auf, die sich mit hoher Geschwindigkeit nähern. Bald sind
in Südost steile Bugwellen zu sehen: sowjetische Schnellboote vom
Typ Sershin unter DDR-Flagge.

Der Pulk ist zwischendurch um ein weiteres Schiff angewachsen:
Der Bundesgrenzschutz hat BG 17 geschickt, das jetzt gemeinsam
mit BG 12 den Schleppzug sichert. Nebenher fahren die drei Kondors. Die russischen Schnellboote verlangsamen die Fahrt und
umrunden die Schiffe wie Wölfe, die ihr Opfer erst einkreisen,
bevor sie zupacken.

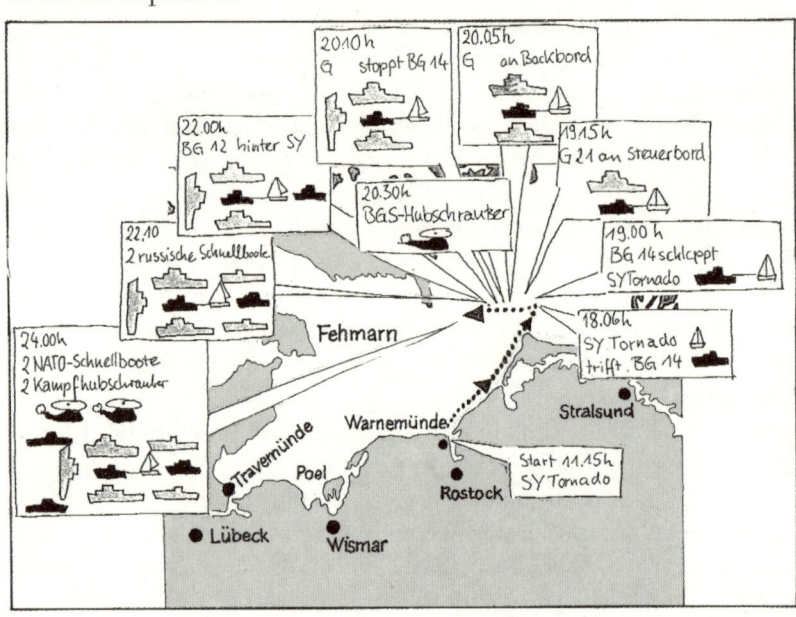

Zur selben Zeit meldet der Hubschrauberpilot, daß er zurück muß, weil ihm der Sprit ausgeht. BGS-Kommandant Seekamp sieht seine Lage immer ernster werden. Angesichts der bedrohlichen Situation erbittet er Hilfe durch die Bundesmarine. Um 23.00 Uhr wird Nato-Alarm ausgelöst.

Wenige Minuten später gehen von Olpenitz aus zwei Schnellboote der Bundesmarine in See. Über öffentliche Funkkanäle erhält Seekamp die Nachricht, daß auch zwei gefechtsklare Nato-Kampfhubschrauber zu Hilfe kommen.

Gegen Mitternacht sind aus Richtung Westen die weißen Fontänen der Schnellboote zu sehen. Auch die Besatzungen der Kampfhubschrauber melden, daß sie in wenigen Minuten am Einsatzort sind. Da drehen alle DDR-Schiffe schlagartig ab und verschwinden mit Höchstfahrt.

Punkt 06.00 Uhr erreicht der Schleppverband die Hafeneinfahrt von Neustadt. Willi Gaeth, der die ganze Nacht kein Auge zugemacht hat, klettert auf seine TORNADO hinüber. Er wirft den Wartburg-Motor an und löst die Schleppverbindung. Unter dem Beifall der am Ufer stehenden BGS-Offiziere bugsiert er sein Boot in den sicheren Hafen. Dann bricht er erschöpft zusammen.

Seit dem 19. November 1975 näht der Wahl-Neustädter Willi Gaeth wieder Katzenköpfe auf seine selbstgefertigten Segel.

Familie Gaeth nach erfolgreicher Flucht in Neustadt/Holstein

Handlungen des Gegners in der Nähe der Seegrenze der Deutschen Demokratischen Republik

Fast täglich handelten Einheiten beider Einsatzflottillen des Bundesgrenzschutzes - See zur Patrouille und zur Überwachung des Schiffsverkehrs im Bereich der Lübecker Bucht bis zur Insel Fehmarn. Dabei kamen die Fahrzeuge BG-11 bis BG-18 zum Einsatz.
Die Schwerpunktzeiten lagen entsprechend der Jahreszeit zwischen 08.00 und 20.00 Uhr.
Zugenommen haben die Handlungen des Bundesgrenzschutzes-See während der Nachtstunden.
In 15 Fällen erfolgten Aufklärungsvorstöße bis in Höhe Darßer Ort. Die größte Konzentration war in den Monaten Juli und August zu verzeichnen.
Den Höhepunkt bildete die Entführung der DDR-Segeljacht "TORNADO" unter Androhung von Waffengewalt durch BG-14, BG-12 und einen BGS-Hubschrauber vom Typ BELL-UH-1D im Seegebiet nördlich Zingst am 15.07.1975 in der Zeit von 17.57 bis 22.27 Uhr.
Am 07.08.1975 fand durch BG-14 ein weiterer Versuch statt, die DDR-Segeljacht "MUTAFO" im Seegebiet der Ansteuerung Rostock zu entführen.
Am 06.08.1975 wurde in Höhe Buk Spitze durch die Besatzung von BG-15 das achtere Geschütz auf das dort handelnde Grenzsicherungsfahrzeug gerichtet.
Boote der Wasserschutzpolizei und des Zollgrenzdienstes der Bundesrepublik handelten in unregelmäßigen Abständen zu Kontrollfahrten auf der Ansteuerung Travemünde. Dabei kam es durch das Polizeiboot "LÜBECK" am 15.06.1975 zu einer Verletzung der Territorialgewässer im Bereich des Fischereigebietes der Lübecker Bucht.

Geheime Verschlußsache!

GVS-Nr.: D 278 199   1.Ausf. Bl. 155

Am 30.06.1975 um 1o.oo Uhr	wurde G-43 auf Grenzvorposten-15 durch ein dänisches Flugzeug vom Typ "DRAKEN" in 3o m Höhe überflogen.
Um 12.25 Uhr und 12.59 Uhr	flogen zwei Flugzeuge unbekannter Nationalität vom Typ "PHANTOM" das Grenzsicherungsfahrzeug von achtern her im Tiefflug an und passierten unter 2oo m Seitenabstand.
Am 02.07.1975	wurde G-43 erneut auf die gleiche Weise durch eine Maschine vom Typ F-5 angeflogen.
Am 04.07.1975 um 16.1o Uhr	flogen zwei westdeutsche Flugzeuge vom Typ F-1o4-G auf Grenzvorposten-15 G-14 von achtern an und führten an Backbord- und Steuerbordseite einen Überflug unter 6o m Höhe durch.
Am 08.07.1975 um 09.17 Uhr	führte eine unbekannte Maschine vom Typ "PHANTOM" einen Überflug über G-14 von achtern her in einer Höhe unter 5o m durch.
Am 08.07.1975 um 12.15 Uhr	näherte sich der dänische U-Jäger vom Typ "DAPHNE" Nr. P-532 G-14 bis auf einen Abstand von etwa 6o m und umkreiste es einmal. Dabei wurde G-14 fotografiert.
Am 1o.07.1975 um 13.5o Uhr	wurde G-14 durch ein westdeutsches Flugzeug vom Typ "PHANTOM" in einer Höhe von 5o m überflogen.
Am 15.07.1975 in der Zeit von 17.57 bis 22.27 Uhr	wurde die DDR-Segeljacht "TORNADO" unter Androhung von Waffengewalt durch BG-14 gegenüber G-21 im Seegebiet nördlich Zingst entführt. Zur Unterstützung waren BG-12 und ein BGS-Hubschrauber vom Typ BELL-UH-1 D eingesetzt.

147

Am o4.o8.1975   wurde G-22 auf Grenzvorposten-15 durch
                 Flugzeuge der Bundesmarine vom Typ F-1o4-G
                 in 8o m Höhe angeflogen.

Am o6.o8.1975   richtete BG-12 auf der Position 54° 12'N
um 1o.o7 Uhr 11° 41'E das achtere Geschütz auf G-45.

Am o7.o8.1975   wurde die DDR Segeljacht GO 35o, auf der
                 Fahrt von Warnemünde nach Riga, in Höhe
                 der Reede Warnemünde außerhalb der Terri-
                 torialgewässer durch das Fahrzeug des
                 Bundesgrenzschutz-See, BG-14 "DUDERSTADT",
                 angelaufen und durch Handzeichen aufgefordert,
                 sich in Schlepp zu begeben.
                 Die Besatzung der Jacht reagierte nicht.

Am o8.o8.1975   kam es erneut durch Flugzeuge der Bundes-
                 marine vom Typ F-1o4-G zu Anflügen auf G-22
                 unter 1oo m Höhe.

In der Zeit vom
o8.o8. bis 15.o8.1975 wurde G-42 in 12 Fällen auf Grenz-
                 vorposten-15 von Jagdflugzeugen der Typen
                 F-1o4-G, "PHANTOM" und "DRAKEN" in geringer
                 Höhe an- bzw. überflogen.

Am 18.o8.1975   wurde G-15 auf Grenzvorposten-15 von einem
um 17.o1 Uhr   schwedischen Jagdbomber angeflogen.

Am 19.o8.1975   näherte sich der dänische U-Jäger P-532 der
um o9.o5 Uhr   G-16 auf Grenzvorposten-15 bis auf 6o m
                 Entfernung. Die Besatzung machte Fotoauf-
                 nahmen.

In der Zeit von
1o.39 bis 15.45 Uhr flogen 4 Flugzeuge (2 BRD-PHANTOM,
                 2 schwedische F-1oo-D) das Grenzsicherungs-
                 fahrzeug in geringer Höhe an.

Am 2o.o8.1975   wurde G-15 auf Grenzvorposten-15 in geringer
um 13.45 Uhr   Höhe durch einen schwedischen Jagdbomber
                 überflogen.

148

Ergebnisse der Grenzsicherung

Im Chronikzeitraum war die Entwicklung der Bewegung der
Grenzverletzer gekennzeichnet durch:

1. Grenzdurchbrüche

   5 Fälle mit 11 Personen

2. Illegale Grenzübertritte
   29 Fälle mit 39 Personen

3. Zuführungen wegen versuchten Grenzdurchbruch

   80 Fälle mit 109 Personen
   davon: 18 Personen durch Kräfte der 6. Grenz-
                 brigade Küste
                 91 Personen durch Kräfte des Zusammen-
                 wirkens.

4. Absteiger im kapitalistischen Ausland

   26 Fällen mit 27 Personen

5. Verstöße gegen die Grenzordnung

   durch Bürger: 91 Fälle mit 388 Personen
   durch Fischerei-
   und Sportfahrzeuge: 91 Fälle mit 97 Fahrzeugen

   In der Mehrheit verstießen Besatzungsmitglieder von
   DDR-Fischkuttern auf Grund ungültiger Borddokumente
   gegen den § 40 Absatz 1 der Grenzordnung sowie Boots-
   führer von DDR-Segeljachten wegen Durchfahren der
   Sperrgebiete und Segeln ohne Nachtsegelgenehmigung
   gegen den § 40 Abschnitt 4 der Grenzordnung.

Aus der Analyse der Angriffe auf die Seegrenze der
Deutschen Demokratischen Republik konnten folgende
Schlußfolgerungen gezogen werden:

149

GVS-Nr.: D 278 199 1.Ausf.Bl. /67-

1. Die Mehrzahl der Grenzverletzer reiste mit öffentlichen Verkehrsmitteln in die Grenzzone ein bzw. bis
   in die Nähe derselben;

2. die Mehrzahl der Grenzverletzer versuchte an den
   Schwerpunkttagen Freitag bis Montag, die Seegrenze
   der Deutschen Demokratischen Republik zu durchbrechen;

3. fast die Hälfte der Grenzverletzer versuchte im
   Abschnitt des Grenzbataillon - 4, die Seegrenze zu
   durchbrechen, die Versuche aus den Seehäfen heraus
   haben bedeutend zugenommen;

4. die versuchten Grenzdurchbrüche in Gruppen bis zu
   vier Personen nahmen gegenüber dem vorherigen Chronikzeitraum nicht weiter zu;

5. der überwiegende Teil der Grenzverletzer hatte die
   Absicht, mit Hilfe von Handelsschiffen und Fähren
   aus den Seehäfen heraus die Seegrenze zu durchbrechen.
   Auch im Bereich des Grenzbataillon - 4 nahmen die Ver-
   suche zu, zu Fuß über Klütz-Boltenhagen entlang des
   Strandes in die BRD zu gelangen.

Durch die bessere Zusammenarbeit mit den Kommandeuren
der Organe des Zusammenwirkens einerseits und der
verbesserten Koordinierung aller Handlungen auf der
Diensthabendenlinie andererseits konnte der überwiegende Teil der Grenzverletzer bereits in der Tiefe
der Grenzzone bei Aufklärungs- bzw. Vorbereitungshandlungen gestellt und festgenommen werden.

Auf Grund einer besseren Lagebeurteilung und eines
zweckmäßigeren Einsatzes der Kräfte und Mittel konnten
die Grenzdurchbrüche gegenüber dem Chronikzeitraum vom
ol.12.1973 bis zum 3o.11.1974 um 5o % reduziert werden.

150

13
Kriegsschiff auf Westkurs

Die ersten Auseinandersetzungen mit dem DDR-Regime erlebte der Abiturient Bodo Strehlow, als die Genossen seine Absicht durchkreuzten, in Moskau Atomphysik zu studieren. Der Grund: Er hatte Verwandtschaft im Westen. Daraufhin entschloß sich Bodo Strehlow, an einer DDR-Universität Physik und Kybernetik zu studieren. Um die Zulassung zu erhalten, mußte er sich zu einem längeren Militärdienst als üblich bereit erklären. Im November 1975 wurde er zur Volksmarine einberufen und verpflichtete sich zu vier Jahren Dienst.

Nach dem Besuch der Flottenschule wurde er als E-Maat auf dem Minensuch- und Räumschiff G 424 GRAAL-MÜRITZ eingesetzt. Um sich das Militärleben zu erleichtern, leitete Bodo Strehlow als Gitarrist eine Singegruppe. Die Genossen waren begeistert und warben den jungen FDJler für ihre Partei an. Doch insgeheim dachte Bodo Strehlow darüber nach, wie er dem Regime den Rücken kehren konnte.

Auf einem Wachschiff dieses Typs war Bodo Strehlow als E-Maat eingesetzt (das Foto zeigt das Schwesterschiff G 446).

1977 erlebte der Bordelektriker Strehlow eine brutale Jagd auf Flüchtlinge mit. Um künftig zu vermeiden, daß sich sein Schiff an derartigen Verfolgungsjagden beteiligte, präparierte er die Maschine so, daß er sie mit einem Handgriff lahmlegen konnte. Erst nach längerer Reparatur würde sie wieder betriebsbereit sein.

Als der Leiter der Politabteilung nach der Parteisekretärsschulung in Warnemünde 1979 befahl, die Werke Stalins wieder zu lesen, da angeblich dessen Rehabilitierung in der Sowjetunion bevorstand, protestierte Bodo Strehlow heftig und drohte mit dem Austritt aus der Partei. Daraufhin leitete der Schulungsfunktionär gegen ihn ein Parteiausschlußverfahren ein und veranlaßte den Entzug seiner bereits erteilten Studienzulassung. Bodo Strehlows Fluchtgedanken wurden immer intensiver.

Am Nachmittag des 4. August 1979 muß der E-Obermaat erneut die Jagd auf Flüchtlinge in einem Motorboot miterleben. Er kann es nicht ertragen, daß diese Leute auch durch seine Schuld ins Gefängnis kommen sollen. Gerade will er die Maschine außer Kraft setzen, als G 424 abdreht, weil es den Flüchtlingen nicht in flaches Wasser folgen kann.

Am Abend hört Bodo Strehlow, daß die Flüchtlinge von einem anderen Wachboot eingefangen wurden. Für den Obermaat ist damit das Maß des Erträglichen voll: In der nächsten Nacht will er fliehen.

Sein Schiff liegt in der Nacht zum 5. August 1979 nördlich der Halbinsel Wustrow vor Anker. Der Himmel ist sternenklar, das Feuer des Leuchtturms Dahmeshöved an der holsteinischen Küste ist gut zu sehen.

Bodo Strehlow hat zusammen mit sechs Genossen ab Mitternacht Wache. Er steht im zentralen Fahrstand und beobachtet alles aufmerksam. Unbemerkt stellt er Schiffsposition und Entfernung zur holsteinischen Küste fest. Etwa acht Seemeilen trennen ihn von den bundesdeutschen Territorialgewässern.

Sein Plan: mit Vollgas auf bundesdeutsches Gebiet steuern, an ein BGS-Boot heranfahren und übersteigen, vielleicht auch ins Wasser springen, je nach Situation.

Auf dem Radarschirm bemerkt Bodo Strehlow ein Schiff in unmittelbarer Nähe und identifiziert es als BGS-Boot. Das ist seine

Chance! Um 02.40 Uhr stiehlt er sich unter Deck, bricht den Waffenspind auf und holt sich eine Kalaschnikow heraus. Damit schleicht er zu den Mannschaftskabinen und schließt die schlafende Crew ein.

Wieder auf dem Fahrstand, zwingt Bodo Strehlow mit vorgehaltener Waffe die völlig überraschte Wachmannschaft, sich unter Deck zu begeben, und sperrt sie ebenfalls ein. Allein auf dem Fahrstand, startet er die Motoren und gibt Gas. Bei maximaler Fahrtstufe zehn rast das Schiff mit über 20 Knoten und Kurs 270° Richtung Dahmeshöved.

Über Bordfunk hört Bodo Strehlow plötzlich den Befehl seines Kommandanten, der durch den Motorenlärm geweckt wurde: „Stoppen Sie sofort!"

Entschlossen verweigert er den Befehl. Mit voller Kraft voraus steuert er auf die bundesdeutschen Hoheitsgewässer zu.

35 Minuten lang rast Strehlow mit dem gekidnappten Kriegsschiff gen Westen. Unmittelbar vor sich sieht er schon die Lichter der westdeutschen Küste. Nach seiner Berechnung müßte er bereits in bundesdeutschen Hoheitsgewässern sein.

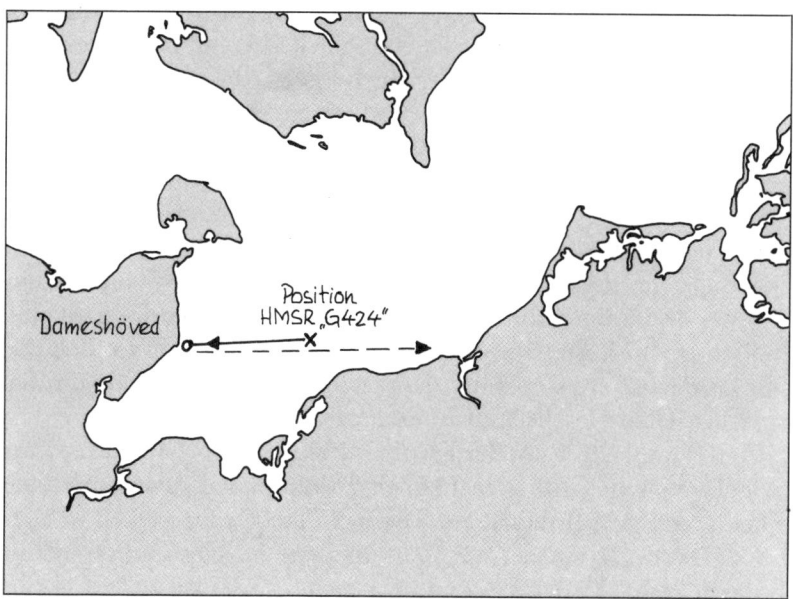

Plötzlich kracht es an Deck, und das Schiff erzittert unter einer Detonation. Mit einer Handgranate hat der Kommandant ein Luk aufgesprengt. Offiziere und Soldaten stürzen an Deck und feuern in den Fahrstand. Strehlow schießt zurück, zielt aber bewußt daneben. Da explodiert zwei Meter neben dem Flüchtling eine weitere Handgranate. Die Splitter verletzen Bodo Strehlow schwer, blutüberströmt bricht er zusammen.

„Laßt den man liegen. Der liegt da gut. Der wird sowieso nicht mehr", hört er noch den Kommandanten sagen.

Bodo Strehlows Flucht ist gescheitert.

Die erste ärztliche Versorgung erfährt der Schwerverletzte nach drei qualvollen Stunden im Lazarett des Marinestützpunkts Warnemünde. In seinem ganzen Körper stecken Splitter. Strehlow ist fast taub und hat das linke Augenlicht verloren. Trotzdem beginnen bereits im Lazarett die Verhöre durch die Staatssicherheit. Vor jeder Vernehmung erhält er eine Spritze.

Auch seine in Magdeburg lebenden Eltern, Freunde und Verwandte werden stundenlangen Verhören ausgesetzt. Selbst seine Verwandten in der Bundesrepublik beschattet die Stasi. Doch trotz aller Verhöre und Hausdurchsuchungen kann man Bodo Strehlow nicht jene große Verschwörung nachweisen, die er angeblich mit dem Bundesnachrichtendienst und einem im Westen lebenden Verwandten geplant haben soll. Der Gefangene kann nur den Fluchtversuch gestehen.

Am 21. April 1980 wird Bodo Strehlow in einem Geheimprozeß durch das Militärobergericht Neubrandenburg wegen „Terror und Spionage im besonders schweren Fall, mehrfach versuchten Mordes und Fahnenflucht im schweren Fall zu lebenslanger Freiheitsstrafe" verurteilt. In der Urteilsbegründung heißt es, daß die Schwere der Tat es gebiete, den „Straftäter für dauernd von der sozialistischen Gesellschaft zu entfernen".

Der Pumpengast an Bord von G 424, Andreas M., wußte von Strehlows lange gehegtem Plan und wollte anfangs sogar an der Flucht teilnehmen. Doch am Tag des Fluchtversuchs ließ er sich mit den anderen einsperren. „Unterlassene Anzeige und versuchte Fahnenflucht" bringen ihn nun für sechs Jahre ins Gefängnis.

NATIONALE VOLKSARMEE
6.GRENZBRIGADE KÜSTE
Stellv.des Chefs und
Stabschef

O.U., den 07.08.1979

Geheime Verschlußsache
Geheime Verschlußsache!

Az.: 04 01 03

GVS-Nr.: D 179 161
2. Ausfertigung = //Blatt

Bestätigt:

Chef der 6. Grenzbrigade Küste
am: /0.08 1979

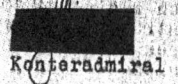

Konteradmiral

Abschlußbericht

über eine versuchte Schiffsentführung
G-424 auf See durch Obermaat STREHLOW
am 05.08.1979

Mit der Untersuchung des besonderen Vorkommnisses wurde
durch den Chef der 6. GBK,

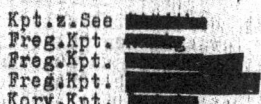

Kpt.z.See
Freg.Kpt.
Freg.Kpt.
Freg.Kpt.
Korv.Kpt.

beauftragt.

I. Kurzer Sachverhalt:

Am 05.08.1979 gegen 03.00 Uhr versuchte Obermaat Strehlow,
während des Grenzdiensteinsatzes auf der Ankerposition
54°10,5' Breite und 11°28,5' Länge Sperrgebiet Wustrow
unter Waffengewalt das Schiff G-424 zu entführen. Bei
diesem Vorhaben wurde er durch Waffeneinsatz daran gehindert.
Bei diesen Handlungen traten Beschädigungen an den Auf-
bauten des Schiffes auf, der Obermaat Strehlow wurde
dabei schwer verletzt und das Schiff konnte die befohlene Grenzdienstaufgabe nicht weiter erfüllen.
Nach der Überwältigung des Täters führte der Kommandant
das Schiff in den Stützpunkt Warnemünde zurück.
Der Verletzte wurde zur medizinischen Versorgung in das
Bezirkskrankenhaus Rostock eingeliefert.

II. Wesentliches Untersuchungsergebnis sowie Ursachen
und begünstigende Bedingungen:

Am 05.08.1979 ankerte das Schiff G-424 auf der Posi-
tion Breite 54°10,5' und Länge 11°28,5' Sperrgebiet
Wustrow als Bereitschaftsschiff.
Gegen 03.00 Uhr befahl Strehlow, zu diesem Zeitpunkt
eingesetzt zur Schiffswache, unter einem dienstlichen
Vorwand die Genossen der Schiffswache einzeln zu sich
und isolierte diese unter Waffenandrohung in der Abteilung 2 des Schiffes. Die Waffe (MPi mit 30 Patronen)
verschaffte er sich durch Aufbrechen des Spindes des
Durchsuchungskommandos.
Danach setzte er die Luken zu den Mannschafts- und
Offiziersräumen fest, verschloß diese mit vorher be-
sorgten Sicherheitsvorhängeschlössern und isolierte
damit die Schiffsführung und Freiwache.
Selbständig startete er danach die Maschinen, slippte
den Anker und schaltete den Lichtstromkreis ab. Danach nahm er mit dem Schiff Fahrt auf in westliche
Richtung.
Der LI, Obltn. ▮▮▮▮ bemerkte das Laufen der Maschinen sowie die Fahrtaufnahme des Schiffes und informierte darüber den Kommandanten, Obltn. ▮▮▮▮, da
dafür kein Befehl vorlag.
Der Kommandant stellte fest, daß die Luken zum Oberdeck festgesetzt waren. Er forderte den Täter über
die Kommandoanlage auf, sein Vorhaben aufzugeben.
Dieser Aufforderung kam der Täter nicht nach, sondern setzte die Kommandoanlage außer Betrieb, so
daß sich der Kommandant entschloß, mittels einer Handgranate die Luke der Abteilung 7 aufzusprengen. Zu
diesem Zeitpunkt war dem Kommandanten noch nicht bekannt, daß es sich um einen Einzeltäter handelte.
Nach Öffnen der Luke gab der Kommandant einen Warn-
schuß ab, auf den der Täter mit gezieltem Feuer aus
einer MPi reagierte. Mit dem Wurf einer Handgranate
durch den Kommandanten wurde Strehlow kampfunfähig
gemacht.
Unter dem Feuerschutz des LI und Ari-Gasten (Werfen
mehrerer Handgranaten) gelangte der Kommandant auf
die Brücke und entwaffnete den schwerverletzten
Strehlow. Der Kommandant stoppte die Hauptmaschinen
und ließ die in der Abteilung 2 eingeschlossenen Genossen der Wache befreien.
Zu diesem Zeitpunkt befand sich das Schiff 2 Seemeilen vor den Territorialgewässern der BRD auf der
Position 54°12' Breite und 11°16' östlicher Länge.
Der Kommandant übernahm die Führung des Schiffes und
lief mit Kurs den Stützpunkt Warnemünde an.

156

Begünstigend auf die Handlungen des Täters wirkte sich
aus, daß im Grenzdienst nur ein seemännischer Offizier
(Kommandant) an Bord war und sich der Spind mit den Waffen für das Durchsuchungskommando im Uniformerraum unbe-
aufsichtigt befindet, zu dem Strehlow in einem günstigen
Augenblick unbemerkt herankommen konnte.

III. Einschätzung der Person des Schuldigen:

Obermaat Strehlow, Mitglied der SED und FDJ und E-Maat
auf dem Schiff G-424, zeigte in seiner Dienstzeit unterschiedliche Leistungen in der politischen und militärischen Ausbildung. Seine Verhaltensweisen trugen nicht
zur Festigung des Kollektivs bei. Zu seinen Vorgesetzten
hatte er kein festes Vertrauen und trat undiszipliniert
in Erscheinung. Aus diesem Grund wurde er auch als FDJ-
Sekretär nicht wiedergewählt und mußte parteierzieherisch
zur Verantwortung gezogen werden. Im Juli 1979 wurde durch
seine Grundorganisation der Beschluß gefaßt, gegen ihn ein
Parteiverfahren wegen EK-Tendenzen zu eröffnen.
Strehlow besitzt einen ausgeprägten Intelligenzgrad, ist
redegewandt und verstand damit, das Besatzungskollektiv
zu täuschen.
Er ist Abiturient und beabsichtigte, im Herbst 1979 ein
Physikstudium aufzunehmen.
Beide Elternteile sind Mitglieder der SED. Der Vater
arbeitet als Hauptabteilungsleiter in einem volkseigenen
Betrieb, die Mutter als Friseurmeister einer PGH.

IV. Schlußfolgerungen:

1. Die durch Strehlow am 05.08.1979 versuchte Entführung
des Schiffes G-424 in Verbindung mit versuchter Fahnenflucht im schweren Fall war von diesem, wie der Fakt
beweist, allseitig geplant und durchdacht. Zur Verwirklichung seines Vorhabens hatte er mehrfachen Mord ein-
geplant. Die Schußwaffe wurde durch ihn gegen die
Schiffsführung und Angehörige der Besatzung kaltblütig
in Anwendung gebracht.

2. Durch entschlossenes und kühnes Handeln des Kommandanten, Obltn. ████, des LI, Obltn. ████ sowie
durch aktive Unterstützung durch Angehörige der Besatzung, insbesondere Maat ████, Stabsmatrose ████,
Obermatrose ████e, Matrose ████, gelang es, den
Täter kampfunfähig zu machen und die geplante Schiffsentführung zu verhindern.

3. Der Einsatz von Handgranaten zur Unschädlichmachung
war gerechtfertigt. Das wird zusätzlich dadurch er-
härtet, da zu diesem Zeitpunkt dem Kommandanten nicht
bekannt war, daß es sich um einen Einzeltäter handelt.
Der Einsatz von Handgranaten an Oberdeck eines KMSR
bildet zur Verhinderung solcher oder ähnlicher Vorkommnisse eine zweckmäßige Variante.

Aufgaben/Festlegungen:

1. Im Ergebnis des Vorkommnisses wurde durch den Stellvertreter des Ministers und Chef der Volksmarine befohlen,
daß ab sofort alle Schiffe, die zum Grenzdienst eingesetzt werden, mit zwei seemännischen Offizieren zu be-
setzen sind.
In Durchsetzung des Befehls des Stellvertreters des
Ministers und Chef der Volksmarine ist die Seewache
(auch vor Anker) grundsätzlich von einem Schiffsoffi-
zier oder Angehörigen des Führungsorgans der GSA, der
entsprechend der Vorschrift bewaffnet, zu leiten. Er
hat sich grundsätzlich auf dem HBS aufzuhalten.

2. Bei der Einweisung der Besatzungen ist zu beachten:
- Belehrung der Angehörigen der Besatzungen über die
Pflichten der Schiffswache;
- Einweisung in die Festlegungen des DAB, daß nur
der Wachleiter das Recht hat zur Befehlserteilung
an alle Wachen und Posten.

3. Durch die Kommandanten der Schiffe und Boote ist vor
dem Auslaufen zum Grenzdienst dem OP-Dienst Namen und
Dienstgrad der an Bord befindlichen Offiziere/Funk-
tionäre zu melden.

4. Durch die TBK/TBZ und landseitig eingesetzten Beobachtungsposten sind alle Bewegungen (Fahrtaufnahme
der Vorpostenschiffe/-Boote) an die Führungspunkte
der Truppenteile und durch diese an den TGS zu melden,
sofort auszuwerten und bei Abweichungen vom bestätig-
ten Entschluß den Diensthabenden der Führung zu infor-
mieren.

5. Durch die Chefs der Grenzschiffsabteilungen sind bis
zur Kommandeursberatung August Vorschläge zur Veränderung der Unterbringung des Bereitschaftsspindes
mit dem Ziel der Erhöhung der Sicherheit vorzulegen
(Verhinderung unbemerkter Entnahme von Waffen und
Munition).

6. Die Chefs der Grenzschiffsabteilungen und die Kommandeure des GB-2 und GB-4 haben in Auswertung dieses Vorkommnisses alle Probleme der Sicherheit für Schiff/ Boot und Besatzung gründlich zu untersuchen und die sich daraus ergebenden Probleme und Vorschläge zur Kommandeursberatung im Monat August zu melden.

7. Durch den Stellvertreter für Rückwärtige Dienste des Chefs der 6. GBK ist dem Fachdienst eine Überprüfung des derzeitigen Zustandes der einseitigen Verriegelung der Luken zu befehlen. Bis 31.08.1979 ist ein Vorschlag zur Veränderung des Zustandes bzw. ein Antrag (Bitte) um Unterstützung durch den Fachdienst des KVM vorzulegen.

8. Das Material der Offiziershochschule der Volksmarine "Karl Liebknecht" über die Vorbereitung, Durchführung und Auswertung der politischen Arbeit im Vorpostendienst ist durch die Chefs und Leiter der Politabteilungen der Grenzschiffsabteilungen sowie die Chefs der Grenzbootsgruppen und deren Stellvertreter für politische Arbeit bis zur Schulung der leitenden Kader der 6. GBK durchzuarbeiten. Die Kenntnisse sind in einer seminaristischen Beratung zu überprüfen.

9. Die Auswertung des Vorkommnisses ist auf den Schiffen der GSA mit allen Offizieren, auf den Booten der GBG mit den Kommandanten und Steuerleuten und den leitenden Maschinisten aktenkundig durchzuführen. Der befohlene Personenkreis ist über die Geheimhaltung zu belehren.

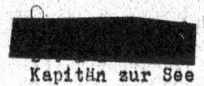

Kapitän zur See

Ein Magdeburger Schulfreund Strehlows wird zu drei Jahren verurteilt, weil er regimekritische Äußerungen seines Freundes nicht sofort gemeldet hat.

Um das unverhältnismäßig harte Urteil vor aller Welt geheim zu halten, wird Bodo Strehlow der am schärfsten bewachte Häftling im Hochsicherheitstrakt von Bautzen II. Er lebt in Isolationshaft in einer sechs Quadratmeter kleinen Zelle. Das winzige Fenster in unerreichbarer Höhe ist vergittert und mit einer Alarmanlage bestückt. Durch die mit Farbe überpinselte Glasscheibe dringt kein Sonnenlicht.

Strehlows einzige Kontakte zur Außenwelt sind die Besuche seiner Eltern. Nur sechsmal im Jahr dürfen sie ihn im Beisein von Aufsichtspersonal für jeweils eine Stunde sprechen. Die Stasi bedrängt die Eltern, sich von ihrem Sohn loszusagen. Doch die Eltern kommen immer wieder. Nur die Unzertrennlichkeit der Familie gibt dem hoffnungslosen Bodo Strehlow die Kraft zum Überleben.

Nach rund 530 Wochen in Isolierhaft gibt es für ihn erstmals einen Hoffnungsschimmer: Die Nachricht von der friedlichen Revolution dringt durch die Gefängnismauern. Fassungslos lesen die Gefangenen in der SED-Presse vom Sturz des Regimes. Am 4. Dezember 1989, die Mauer ist schon vor vier Wochen gefallen, hört Bodo Strehlow Sprechchöre vor den Gefängnismauern: „Erich rein, Bodo raus!"

An diesem Tag revoltieren die Häftlinge, fordern die Aufhebung der Isolationshaft und die Überprüfung der Urteile durch eine unabhängige Untersuchungskommission. Bodo Strehlow leitet die Gefängnisrevolte.

Dann findet, ebenfalls im Dezember 1989, das entscheidende Gespräch zwischen dem Bundeskanzler und der neuen DDR-Führung statt. Am 19. Dezember 1989 ist Bodo Strehlow endlich wieder ein freier Mann. Er hat nur einen Wunsch: auf schnellstem Weg in die Bundesrepublik Deutschland zu kommen. Hier will er auch seinen lang gehegten Wunsch endlich verwirklichen: Physik zu studieren.

14

Das erste U-Boot aus Thüringen

Im August 1980 lief der DDR-Frachter MS Colditz von Rostock aus, bestimmt nach Baltimore in den USA. Der Bordingenieur Ulrich Kujat, Jahrgang 1946, fuhr seit einem Jahr zur See. Einziger Grund für diesen Job war sein Drang nach Freiheit, sein Hunger auf die Welt. Die Sicherheitsüberprüfung durch die Stasi hatte er bestanden, schließlich war sein Leben bis dahin unauffällig verlaufen. Trotzdem war Kujat kein Duckmäuser, und während der Fahrt kam es denn auch zu Auseinandersetzungen zwischen ihm und dem Kapitän. Dafür erhielt er in Baltimore die Quittung: Er durfte nicht an Land. Zähneknirschend fügte er sich.

Wochen später erreichte der Frachter Piräus. Ulrich Kujat freute sich auf Athen. Er hatte einige freie Tage und beantragte Landgang, aber wieder wurde er enttäuscht: Der Kapitän lehnte ab. Das war zuviel für den Bordingenieur. Er fuhr doch zur See, um die Welt kennenzulernen! Von seinem Kapitän ließ er sich das nicht verbieten. An seinem ersten freien Tag ging er heimlich von Bord.

Als Fußballfan wußte er, daß sich die Mannschaft von Bayern München gerade in Athen aufhielt. Das Hotel der Fußballer fand er ebenso schnell wie Kontakt zu Uli Hoeneß. Glücklich über eine Freikarte für das Spiel am nächsten Tag, kehrte er auf sein Schiff zurück. Bei nur einem halben Tag Abwesenheit war sein Alleingang niemandem aufgefallen.

Am nächsten Morgen zog es Ulrich Kujat wieder an Land. Er wollte Athen entdecken und abends zum Fußballspiel gehen. Aber er war knapp an Geld, denn DDR-Seeleute erhielten umgerechnet nur 4 DM pro Seetag. Zum Glück lernte er westdeutsche Studenten kennen, mit denen er die Stadt besichtigte, beeindruckt von der Ungezwungenheit seiner Gastgeber.

Er spielte mit dem Gedanken, zur westdeutschen Botschaft zu gehen, ließ ihn aber wieder fallen, denn er hatte Familie zu Hause. So genoß er Athen und das Fußballspiel am Spätnachmittag und kehrte spät abends auf die Colditz zurück.

Aber dort erwartete man ihn bereits. Sofort wurde er vom Dienst suspendiert und anschließend zwei Tage lang in seiner Kammer bewacht. Am folgenden Morgen erschienen zwei ihm unbekannte Männer. Sie forderten ihn auf, seine Sachen zu packen und mit ihnen zum Flughafen zu fahren.

Ulrich Kujat ahnte, was ihn in der DDR erwartete. Auch würde er nie wieder reisen dürfen. Auf dem Weg zum Flugplatz rang er mit sich: Sollte er fliehen? Wieder bremste ihn der Gedanke an seine Familie, der er keine Schwierigkeiten bereiten wollte.

Voller Angst vor der Heimkehr stieg er in die Maschine nach Ost-Berlin.

Zwei Tage ist Ulrich Kujat zu Hause, als er eine Vorladung in seinen Betrieb bekommt. Dort teilt man ihm mit, daß er nie wieder zur See fahren darf. Zwar hat er damit gerechnet, dennoch ist er völlig niedergeschlagen. Bei dem Gedanken, wieder in einem sozialistischen Betrieb an Land arbeiten zu müssen, wird ihm klar, daß er das nicht kann und auch nicht will.

So bleibt Ulrich Kujat arbeitslos und hat viel Zeit zum Nachdenken. Langsam begreift er, daß er im SED-Staat keine Zukunft mehr hat, keine Hoffnung auf eine gute Arbeit. Eingeengt wie noch nie, faßt er den Entschluß, seinem Land den Rücken zu kehren. Selbst die Trennung von der Familie will er nun in Kauf nehmen. Für ihn gibt es nur noch einen Weg — die Flucht.

Ulrich Kujat ist risikobereit, aber weder leichtsinnig noch lebensmüde. Deshalb scheiden für ihn die Berliner Mauer oder die Grüne Grenze aus. Über Osteuropa kann er nicht fliehen, denn für Auslandsreisen besitzt er keinen Ausweis mehr. Ihm bleibt nur das Meer. Der einstige Bordingenieur Kujat will den Behörden mit seiner außergewöhnlichen Flucht einen Denkzettel verpassen und beschließt, mit einem U-Boot zu entwischen.

Wie besessen verfolgt er sein Ziel und baut in einer Garage der Neubausiedlung von Kahla in Thüringen sein Unterwassergefährt.

Dabei ist er ein absoluter Laie. Vom Bootsbau, geschweige denn von U-Booten, versteht er nichts. Und an Literatur ist nichts Gescheites erhältlich. So muß er sich allein auf sein technisches Können und sein handwerkliches Geschick verlassen. Darin ist er ein Meister.

Blick ins Cockpit des selbstgebauten U-Bootes

Das Beschaffen des Materials ist der schwierigste Teil der Bauphase. Da er nicht arbeitet, kann er nicht wie viele seiner Landsleute Material aus dem Betrieb organisieren. Er ist auf staatliche Bastlerläden angewiesen, doch in der Mangelwirtschaft ist dort nicht viel zu holen. Er muß improvisieren und ist manchmal eine Woche lang unterwegs, nur um eine passende Schraube zu bekommen.

Das Spantengerüst des U-Boots bilden Schneefanggitter aus verzinktem Eisen, wie sie auf Hausdächern angebracht sind. Kujat dimensioniert das Boot so, daß er gerade Platz darin findet. Auf das Gerippe schraubt er PVC-Platten, dadurch bekommt das Gefährt Stabilität. Mit Glasfaser und Polyesterharz dichtet und verstärkt er den tropfenförmigen Rumpf.

Als Antrieb verwendet Kujat drei Elektromotoren, von denen jeweils einer links und rechts vom Bug und einer achtern sitzt. Steuern läßt sich das Boot mit kleinen Tragflügeln, und drei Akkus sorgen für die notwendige Energie. Die Schalttafel im Cockpit ist ein Kuchenblech. Es nimmt Leuchtdioden und Schalter auf.

Zum Tauchen muß das Boot geflutet werden, und dazu dienen zwei landläufige Plastikwasserhähne. Lenzpumpen sollen das Auftauchen ermöglichen. Das U-Boot soll nur bis dicht unter die Wasseroberfläche abtauchen, damit das Deck gerade überspült wird. Lediglich der Schnorchel soll aus dem Wasser ragen. Ein elektronisch geregelter Ventilator wird Frischluft ansaugen und verbrauchte Luft nach außen blasen, wenn er sich rückwärts dreht. Und ein Seglerkompaß soll Kujat bei der Orientierung helfen. Seine Halterung ist schon eingebaut, doch zum Kauf des Kompasses kommt es noch nicht.

Ein halbes Jahr lang bastelt der Tüftler verbissen an seinem U-Boot, bis es endlich testreif ist. In einer abgelegenen Kiesgrube bei Kahla will er das einzigartige Unterwasserfahrzeug erproben. Für den Transport baut er einen Trailer, der auf acht Rollerrädern fährt.

An einem sonnigen Apriltag des Jahres 1981 fährt ein seltsames Gespann durch den kleinen Ort Kahla: Ein Moped zieht einen Hänger Marke Eigenbau, dessen Ladung durch eine graue Plane verdeckt ist. Der Transport erregt keinerlei Aufsehen, denn im sozialistischen Alltag wird vieles selbst gebaut, besorgt und transportiert. Kujat erreicht unbehelligt den einsamen Tümpel.

Dort bringt er das seltsame Gefährt zu Wasser. Freude erfüllt den Bastler, als sein ELECTRIC EEL (Zitteraal) endlich schwimmt. Er fährt damit Runden um den See und ist mit Geschwindigkeit und Manövrierbarkeit zufrieden. Dann kommt die spannende Tauchprobe. Kujat flutet einen Teil des Innenraums, um die Wassermenge zu ermitteln, die er zum Abtauchen braucht. Die Größe der künftigen Fluttanks, die er in Torpedoform an beiden Seiten des Rumpfes montieren will, hängt vom Ergebnis dieses Tests ab. Doch das Boot taucht nicht tief genug. Auch scheint die Leistung der Motoren bei tieferer Schwimmlage zu schwach.

Als der Bastler den noch bevorstehenden Arbeitsaufwand überdenkt, ist er schockiert: Da sind die Flutkammern, für die er Material und etliche Baustunden braucht; auch neue Motoren und Pumpen benötigt er. Weitere Akkus − ebenfalls Mangelware −

Auf einem Kiessee testete Ulrich Kujat sein U-Boot.

müssen beschafft werden. Für den Transport an die Ostsee müßte er einen geschlossenen Kleintransporter besorgen: ein äußerst schwieriges Unternehmen, da solche Fahrzeuge in der DDR Mangelware sind und von den volkseigenen Betrieben nicht verborgt werden. Zusätzlich würde Kujat einen besseren Trailer benötigen, um das Boot westlich von Warnemünde vom Transporter zur See bringen und abslippen zu können. All das sind große Probleme in der ostdeutschen Mangelwirtschaft, wo man nicht einmal ein Stück Kupferdraht zu kaufen bekommt.

Die sechsmonatige Bauzeit mit ihrem enttäuschenden Ergebnis hat Ulrich Kujat derart ausgelaugt, daß er vorerst nicht in der Lage ist, sein Ziel weiter zu verfolgen. Zwei Monate faßt er das U-Boot nicht mehr an.

Er spürt, daß er unter Menschen muß, und sucht Arbeit. Im Juli 1981 findet er einen Job als Energetiker im VEB Porzellanwerk Kahla. Fortan führt er ein normales Leben, ohne Angst, ohne irgendeine Gefahr. An das U-Boot denkt er kaum noch.

An einem herrlichen Sommermorgen im August 1981 will Ulrich Kujat wie gewohnt in sein Büro gehen. Doch er wird es nie wiedersehen. Zwei Männer in Zivil fordern ihn am Hauseingang auf, sofort mit ihnen zu kommen. Seine Fragen nach dem Warum und dem Wohin bleiben unbeantwortet.

Er wird in einem Wartburg der Staatssicherheit nach Gera gebracht und beginnt zu ahnen, daß die Stasi von seinem Fluchtplan Wind bekommen hat. Ihn quält die Frage, wieso das MfS davon erfahren konnte.

„Sie wollten mit dem Boot abhauen!" wirft ihm der Vernehmer im Stasigefängnis vor. Unter Androhung körperlicher Gewalt versucht der grobschlächtige Offizier, ein Geständnis zu erpressen.

Doch mit Druck erreicht man nichts bei Ulrich Kujat. Er verweigert die Aussage.

Am nächsten Morgen erwartet ihn ein feinfühligerer Vernehmer. Tagelang wird er verhört, aber nicht er allein. Alle Verwandten, Bekannten, Hausbewohner und Arbeitskollegen werden von Mielkes Handlangern befragt. Besonders schockiert ist der Hobby-Bootsbauer, als ihm ein Stasi-Offizier die Aussage eines

BEZIRKSVERWALTUNG FÜR STAATSSICHERHEIT
Gera
– Untersuchungsorgan –

Bildbericht

zum von dem KUJAT, Ulrich, Kahla, Magnus-Poser-Str. 22

selbsthergestellten Schwimmkörper mit den Abmessungen

Länge: max.: 260 cm, Breite: max.: 115 cm, Höhe: max. 85 cm

Gefertigt am   12. 8. 1981   von   Oltn.

*Aus dem Bildbericht der Stasi: die „U-Boot-Werft" in einer Garage
im thüringischen Kahla*

167

nahen Verwandten vorlegt: „Der Uli wollte mit dem U-Boot ein Ding drehen wie die vor einem Jahr mit dem Ballon*.“

Ulrich Kujat glaubt zunächst an eine List der Stasi, doch dann erkennt er verstört die Unterschrift seines Verwandten.

Wegen „Vorbereitungshandlungen zum ungesetzlichen Verlassen der DDR im besonders schweren Fall“ wird Ulrich Kujat zu vier Jahren Freiheitsentzug verurteilt. So ergab es sich, daß das erste U-Boot aus Thüringen nie Salzwasser zu schmecken bekam.

---

* 1980 waren zwei Familien mit einem selbstgebauten Heißluftballon über die Sperranlagen nach Bayern geflüchtet („Mit dem Wind nach Westen“)

Auszug aus dem 30seitigen „Sachverständigengutachten zum Schwimm- und Tauchfahrzeug ‚electric eel‘ des Beschuldigten Kujat“, angefertigt vom Institut für Schiffbautechnik Rostock.

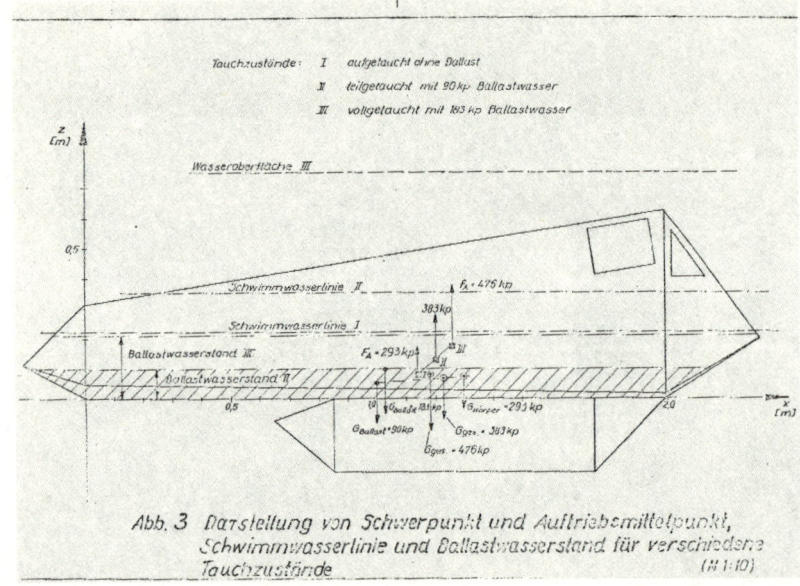

Abb. 3 Darstellung von Schwerpunkt und Auftriebsmittelpunkt, Schwimmwasserlinie und Ballastwasserstand für verschiedene Tauchzustände (M 1:10)

Zusammenfassung

Zur Beantwortung der erhobenen Fragen können in Rahmen des Sach-
verständigengutachtens folgende Aussagen getroffen werden:

1. Das Untersuchungsobjekt ist schwimmfähig, verfügt in Schwimm-
   zustand über eine geringe statische, jedoch ausreichende
   Formstabilität bei größeren Rollwinkeln, d. h. die Fahrt an
   der Wasseroberfläche ist ohne zusätzlichen Ballast, wie
   der Beschuldigte K. selbst einschätzt, eine "sehr wacklige
   Angelegenheit" (kurze Rollzeiten relativ große Rollwinkel
   infolge flach verlaufender Hebelarmkurve).

2. Der Schwimmkörper ist mittels der vorhandenen Antriebs- und
   Steuermittel in Gewässern gut bewegbar und besitzt eine be-
   friedigende Steuerbarkeit infolge relativ guter Gierstabili-
   tät. Dies bedeutet, daß der Schwimmkörper nach einer Störung
   auf gerader Bahn (infolge seitlicher Anströmung durch die See
   oder den Wind) wieder auf eine, jedoch anders gerichtete,
   gerade Bahn ohne Betätigung des Ruders zurückkehrt. Durch das
   zu kleine Seitenruder am Heckmotor sind relativ große Ruder-
   winkel erforderlich. Vollgetaucht ist das Fahrzeug am schlech-
   testen steuerbar. Die vorhandenen Tiefenruder sind zwar groß
   genug, um eine Steuerbarkeit in der vertikalen Ebene zu ge-
   währleisten, jedoch nicht für den vorliegenden Fall der teil-
   weisen Flutung des Innenraumes. Bei einer Versteuerung durch
   die Tiefenruder würde mit sehr hoher Wahrscheinlichkeit kopf-
   lastige Vertrimmung durch das frei bewegliche Ballastwasser
   auftreten, die durch die vorhandenen Tiefenruder und Steuer-
   motoren nicht mehr kompensiert werden kann. Dies würde damit
   zum Verlust des Tauchfahrzeuges einschließlich der Person führen. Diese Gefahr ist sehr groß und wird durch die erforderliche gleichzeitige Bedienung der unabhängig voneinander
   bewegbaren Tiefenruder und des Seitenruders noch erhöht, da
   bei Tauchfahrt in Schnorchelhöhe eine ständige Balance mit
   den 2 Steuerknüppeln der Tiefenruder erforderlich wäre und
   ein Festsetzen im vorhandenen Raster zur statischen Instabilität führt.

Hieraus folgt, daß

3. der Schwimmkörper von seiner Grundkonzeption her infolge
Instabilität durch frei bewegbaren Wasserballast im Innenraum
nicht tauchfähig ist. Die Tauchfähigkeit wäre nur gewährleistet bei Verwendung von festen Ballast oder separaten
Fluttanks unter dem Boden das Fahrzeuges.
Von der Festigkeit her ist entsprechend der Einsatzkonzeption
ein Abtauchen bis in Schnorchelhöhe mit Sicherheit gegeben.
Die maximale Tauchtiefe (kurzzeitiges Abtauchen) konnte infolge fehlender Festigkeitsangaben, Wanddicken und Verstär-
kungen nicht berechnet werden.

4. Unter Voraussetzung der nicht vorhandenen Tauchfähigkeit be-
steht somit nicht die Möglichkeit, das Fahrzeug im getauchten
Zustand längere Fahrtstrecken (z. B. von der Ostseeküste der
DDR bis außerhalb der 3-Meilen-Zone) zu steuern.

5. Das Fahrzeug kann nach rechnerischer Ermittlung folgende
Maximalgeschwindigkeiten bei voller Drehzahl der Antriebs-
motoren erreichen, wobei der Heckmotor auf 160 % der Nenn-
leistung überlastet wird (ruhige See, kein Gegenstrom)

Oberwasserfahrt: $9 \frac{km}{h} \; \hat{=} \; 4,9$ kn

Unterwasserfahrt: $9,4 \frac{km}{h} \; \hat{=} \; 5,1$ kn
(tiefgetauchter Fall
h = 2 m)

Auf Schnorcheltiefe abgetaucht (30 cm unter der Wasseroberfläche) erhöht sich nach Manula der Gesamtwiderstand durch
Welleneinfluß um ca. 20 % gegenüber dem tiefgetauchten Fall,
wodurch die Fahrtgeschwindigkeit um eta 5 % auf $8,9 \frac{km}{h}$ ab-
fällt.

Die für die Oberwasserfahrt zurücklegbare maximale Wegstrecke
beträgt bei aufgeladenen Akkumulatoren, idealen Seebedingungen
und nach 2-maliger Umschaltung der Batterien nur auf den
Heckmotor mit niedriger Drehzahlstufe ca. 210 km in rund 70 h,
d. h. bei einer Geschwindigkeit von $3 \frac{km}{h}$.

Anders verhält es sich bei einer Gegenströmung von 3 kn (5,55 km/h), so daß alle drei Motoren mit hoher Drehzahl- stufe laufen müssen. Die maximal mögliche Fahrtstrecke be- trägt dann nur noch ca. 6 km (≈3,2 Meilen) bei einer Fahrt- zeit von 1,8 Stunden.

Die vom Beschuldigten K. angegebene Fahrtzeit von ca. einer Stunde stimmt mit der berechneten Fahrtzeit bei geplanter Unterwasserfahrt und voller Drehzahl aller Motoren gut über- ein. Allerdings ist eine derartige Unterwasserfahrt ent- sprechend der 3. Aussage mit dem vorliegenden Fahrzeug nicht möglich.

15
Chartertörn ins Ungewisse

Bob Maler, Jahrgang 1953, war von Jugend an ein Abenteurer. Seinen Traum, Seemann zu werden, gab er den Eltern zuliebe auf. Statt dessen lernte er in BUNA, einem der dreckigsten Chemiebetriebe der DDR, und machte dort auch sein Abitur. Aber sein Drang in die große weite Welt blieb ungebrochen. Mehrmals reiste er per Anhalter durch Osteuropa bis zum Schwarzen Meer.

Auf einem kleinen Kiessee am Rand der Stadt Halle brachte er sich selbst das Segeln bei. Mit Freunden hatte er öfter Gelegenheit, auf den pommerschen Boddengewässern zu segeln. Für Bob Maler war Segeln die schönste Art zu reisen. Seit er die Segelei für sich entdeckt hatte, lebte er nur noch für ein Ziel: die Welt zu umsegeln.

1978 segelte Bob Maler mit seiner Frau Christiane und zwei Freunden von Giurgiu in Rumänien die Donau abwärts bis zum Kap Kaliakra an der bulgarischen Schwarzmeerküste. Dazu hatten sie ihr vier Meter langes, zusammenlegbares Segelboot bei der Zollkontrolle als Steilwandzelt ausgegeben und es ohne Probleme aus der DDR geschmuggelt. Sechs Wochen dauerte die Fahrt auf der Donau und durchs Delta. An einem frühen Sommermorgen fuhr das kleine einsame Boot aufs Schwarze Meer hinaus. Niemand hinderte es daran, niemand wollte die Papiere seiner Insassen sehen. Welch ein Kontrast zu den Verhältnissen an der DDR-Küste! In vollen Zügen genossen die Segler diesen Augenblick und das Gefühl der Freiheit, beobachtet nur von einer Schule Delphine.

Sie hätten bis in die Türkei segeln können, dann wären sie frei gewesen. Aber ein Ruderschaden am Kap Kaliakra und die Uneinigkeit der Crew verhinderten eine spontane Flucht.

Bob Maler, der inzwischen als Journalist arbeitete, veröffentlichte ein Jahr später diese Reiseerlebnisse im „Magazin", einer DDR-Monatszeitschrift. Mit seinem Bericht wollte er den

172

Behörden zeigen – immer mit dem Traum von der Weltumsegelung im Hinterkopf –, daß er als DDR-Bürger freiwillig in seine Heimat zurückkäme, wenn er nur frei reisen dürfte. Doch er erreichte damit genau das Gegenteil. Seit Erscheinen des Artikels durfte er nicht einmal mehr wie jeder andere DDR-Bürger in die Ostblockländer reisen. Außerdem verweigerten die Behörden dem leidenschaftlichen Segler die zum Seesegeln an der DDR-Küste notwendige PM 18.

Wie viele Eingaben, Beschwerden, Anfragen oder Bitten das Ehepaar Maler Jahr für Jahr schrieb, um die simplen Rechte eines DDR-Bürgers wiederzuerlangen, konnte es später nicht mehr sagen. Stets kam darauf die stereotype Antwort: „Ihren Antrag habe ich erhalten und bearbeitet. Die Überprüfung hat ergeben, daß keine Genehmigung erteilt werden kann. Nach § 17 der Anordnung über Paß- und Visaangelegenheiten vom 28.6.79 bedarf diese Entscheidung keiner Begründung."

Im März 1985 hatten Christiane und Bob Maler ihre Seglerfreunde Jens Fichte und Frieder Friedrichs aus Ostberlin zu Gast und besprachen mit ihnen den geheimen Plan einer Weltumsegelung. Einige Jahre lang hatten sie geglaubt, ihren Traum mit behördlicher Genehmigung und unter DDR-Flagge verwirklichen zu können. Doch inzwischen hatten sie begriffen, daß dies unter den herrschenden politischen Bedingungen unmöglich war. Keiner von ihnen besaß ein Parteibuch. Zu solch einer Unternehmung aber würde man, falls überhaupt, nur treue Staatsdiener entsenden. Enthusiasmus und Leidenschaft zählten da nicht.

Obwohl sie nun wußten, daß sie sich ihren Traum nur vom freien Teil Deutschlands aus erfüllen konnten, kam für Bob und Christiane Maler ein riskantes Fluchtabenteuer nicht mehr in Frage. Denn sie hatten inzwischen zwei Kinder, die sie keinen Gefahren aussetzen wollten. So erwogen sie, einen Ausreiseantrag zu stellen.

Doch Jens Fichte brachte interessante Neuigkeiten aus Berlin: Buchte man über das polnische Reisebüro Orbis Hotelplätze in Polen und brachte man eine Reisegruppe von mindestens acht Personen zusammen, dann umging man das Genehmigungsverfahren der DDR-Behörden. Sofort hatte Bob die zündende Idee: „Wenn es uns gelingt, so nach Polen zu kommen, können wir uns von der Gruppe absetzen. Dann chartern wir eine Yacht und probieren, ob sie uns damit auf die Ostsee lassen."

Der Plan wurde in allen Einzelheiten besprochen. Schließlich waren sie sich einig, im Juni 1985 die Fluchtmöglichkeit von einer polnischen Hafenstadt nach Bornholm zu erkunden. Sollte der Versuch gelingen, wollte die Familie mit den beiden Freunden im Spätsommer oder im nächsten Jahr auf diesem Weg aus der DDR fliehen.

Die beiden Berliner Segler übernahmen es, die Reisegruppe zusammenzustellen und eine Drei-Tages-Fahrt nach Warschau zu buchen. Absichtlich wählten sie die Binnenstadt Warschau, um keinerlei Verdacht wegen einer möglichen Flucht über See zu wecken. Bob und Christiane beschafften die Anschriften polnischer Yachtklubs an der Ostsee.

Mitte April 1985 erhielt Bob Maler einen Brief vom Yachtklub „Stal" aus Gdynia. Adam Malinski, Vorsitzender des Yachtklubs, bedankte sich darin überschwenglich für die Anfrage wegen eines Charterschiffs. Er erhoffte sich davon Kontakte zwischen polnischen und DDR-Seglern und lud sie zu einem Chartertörn ein. Ein Klubschiff vom Typ Karina, die NADIA, könne er ihnen zur Verfügung stellen. Sie sei 7,5 Meter lang und eigne sich für vier bis sechs Personen. Zum Ausklarieren bräuchten DDR-Segler nur den Personalausweis und eine Mannschaftsliste.

Auch in Berlin klappte alles nach Wunsch. Frieder Friedrichs hatte sechs Leute gefunden, die gern mit dem Zug nach Warschau fahren wollten. Jens Fichte, der sich zum Reiseleiter ernannte, buchte die Städtereise nach Warschau vom 4. bis 7. Juni 1985 und erhielt von Orbis die nötigen Papiere für alle Teilnehmer, selbst für Christiane und Bob Maler, die schon sechs Jahre nicht mehr in den Ostblock hatten reisen dürfen. Kurz vor ihrer Abreise nach Warschau bestätigte Adam Malinski aus Gdynia brieflich, daß die Vier-Mann-Crew die NADIA am 6. Juni übernehmen könne.

Am 3. Juni um 23.00 Uhr verläßt der Schnellzug nach Warschau den Bahnhof Berlin-Lichtenberg. Die kleine Reisegruppe ist voller Erwartungen, alle reden durcheinander. Nur Christiane Maler ist

174

seltsam still. Sie hat Angst vor der Grenze. Wird man sie und Bob reisen lassen – oder werden sie doch noch aus dem Zug geholt? Parallel zu den Vorbereitungen haben sie wie jedes Jahr einen Antrag auf Besuchsreise ins sozialistische Ausland gestellt, jedoch wie immer von den DDR-Behörden eine Ablehnung erhalten. Selbst zu einer Freundin nach Polen will man sie nicht reisen lassen. Und jetzt soll das so einfach sein?

Eine Stunde nach Mitternacht hält der Zug an der Grenze. Deutsche und polnische Paß- und Zollkontrolleure steigen ein. Die Abteiltür wird aufgerissen. Doch die Uniformierten finden nichts zu beanstanden, drücken den Stempel in das Gruppenvisum vom Reisebüro Orbis und wünschen gute Reise.

Am Morgen ist der Zug in Warschau. Gemeinsam fährt die Gruppe mit dem Bus ins Hotel, dann geht jeder seiner eigenen Wege. Die vier Segler organisieren die Weiterreise zur Küste, indem sie für den 6. Juni vormittags einen Inlandflug nach Gdynia buchen.

Am Tag vor dem Abflug machen sie einen Warschauer Yacht-klub an der Weichsel ausfindig. Dort wäre ein junger Pole, der seinen kleinen Seekreuzer für die Saison startklar macht, dazu bereit, sein Schiff für 20 000 Ostmark zu verkaufen. Denn falls der bevorstehende Probetörn gelingt, wollen die vier Ostdeutschen später in Polen ein Schiff erwerben und damit für immer verschwinden.

Am selben Abend übergibt Reiseleiter Jens Fichte die Papiere der Gruppe einem Bekannten mit der Begründung, daß er und seine drei Freunde einen Tag eher abreisen müßten.

Am Morgen des 6. Juni fahren die vier DDR-Segler mit dem Bus zum Flugplatz. Als sie die kleine LOT-Maschine betreten, sehen sie drei mit Revolver und Messer bewaffnete Fallschirmjäger vor der Tür zum Cockpit sitzen. Vermutlich sollen sie verhindern, daß DDR-Bürger wieder ein Flugzeug nach Berlin-Tempelhof entführen.

Nach knapp einer Flugstunde landet die Maschine planmäßig in Gdynia, wo Adam Malinski seine Gäste bereits erwartet. Die Begrüßung ist sehr herzlich, reichlich Wodka fließt dabei. Nachdem sie sich eine Stunde lang über einen möglichen Segleraustausch unterhalten haben, besprechen sie die Bedingungen des Chartervertrags. Adam Malinski sind Gegeneinladungen für seine Segler wichtiger als ein paar Złoty, deshalb verzichtet er schließlich ganz auf eine Chartergebühr. Auch diese Vereinbarung muß tüchtig mit Wodka besiegelt werden, ehe man zum Hafen aufbricht.

Der Yachthafen liegt direkt am Zentrum von Gdynia, und der Weg führt vorbei am Marinemuseum und an den Windjammern Dar Pomorza und Btyskawica. Adam erzählt, daß die Jugendlichen auf der Btyskawica die letzten Vorbereitungen für einen Törn nach Kanada treffen. Voller Fernweh und geheimer Hoffnungen mustern die DDR-Segler die sechzehnjährigen Polen, die Freiheiten haben, von denen ein Ostdeutscher nicht einmal zu träumen wagt.

Das Klubschiff Nadia ist äußerst spartanisch ausgerüstet und seine Kajüte schmuddelig. Die Sanitäranlage besteht aus einem Trinkwasserkanister und einer Pütz. Zweifelhafte Schwimmwesten und polnische Leuchtraketen bilden die Seenotausrüstung. Navigiert wird mit Karte, Zirkel, Kursdreieck und Kompaß. Karten von der Gdansker Bucht und der übrigen polnischen Ostseeküste sind an Bord und sogar ein Übersegler von Polen bis Dänemark. Allerdings gibt es weder einen Motor noch ein Beiboot. Doch als geübte DDR-Bürger finden sich die vier mit den Gegebenheiten schnell ab. Sie werden improvisieren, daran sind sie gewöhnt.

Die Schiffsübergabe dauert zwei Stunden. Der Klubchef überreicht ihnen ein Formblatt in vierfacher Ausführung, das sie beim Verlassen des Hafens am Grenzkontrollpunkt abgeben sollen. Dann geht er von Bord.

Die vier DDR-Segler verstauen Gepäck und Proviant. Danach überlegen sie, welchen Zielort sie auf dem Formblatt eintragen wollen. Auf keinen Fall darf der Verdacht entstehen, daß sie einen Abstecher nach Bornholm versuchen wollen. In der DDR grassieren Gerüchte, wonach die Stasi auch mit polnischen Grenzern kooperiert, um DDR-Flüchtlinge aufzuspüren. Nach langem Abwägen schreiben sie deshalb „Saßnitz" auf das Formblatt. Das ist auf Rügen in der DDR, und niemand kann ihnen verwehren, dorthin zu segeln, auch wenn dabei Bornholm fast am Wege liegt.

176

Der Morgen des 7. Juni ist trist und grau, nur gelegentlich durchbrechen Sonnenstrahlen die Wolken. Der Wind kommt mit drei Beaufort aus Ost. Das bedeutet Kreuzen im Hafenbecken bis zum Grenzkontrollpunkt. Nervös legen die vier DDR-Segler ab, sie haben kein gutes Gefühl dabei. Wie wird das Ausklarieren verlaufen?

Die Charteryacht NADIA im Hafen von Gdynia

Nach wenigen Kreuzschlägen machen sie am Checkpoint fest. Skipper Bob Maler nimmt die bereitliegenden Papiere und geht gemeinsam mit Jens Fichte ins Büro. Ein Offizier hinter dem Schreibtisch begrüßt sie auf polnisch. Bob Maler legt Ausweise und Crewlisten vor. Der Grenzer schaut sie sich lange an, sagt etwas, gestikuliert, aber die Deutschen können ihm nicht folgen. Sie versuchen es auf englisch und russisch, doch der Pole will sie nicht verstehen. Immerhin begreifen sie, daß sie doch nicht so einfach aufs Meer hinaus kommen. Der Grenzer zeigt zum Boot, schüttelt den Kopf, greift schließlich zum Telefon und spricht lange hinein. Danach reicht er ihnen die Papiere zurück. Auf einen Zettel schreibt er „13.00" und bedeutet ihnen mit einer Handbewegung, daß sie dann wiederkommen sollen.

Verunsichert legen die Ostdeutschen wieder ab und segeln die wenigen hundert Meter zurück zum Steg. Sie sind nervös, die Zeit bis zum vorgegebenen Termin scheint ihnen endlos lang. Während der Wartezeit sorgen sich alle nur um das Gelingen ihres Fluchtplans.

Um 13.00 Uhr geht die Crew über die rund zweihundert Meter lange Mole zur Grenzstation. Dort erwarten sie schon zwei hohe Offiziere, die ihre Papiere kontrollieren. Einer sagt den DDR-Seglern in fließendem Englisch, daß sie an diesem Tag nicht mehr auslaufen können. Seine vorgesetzte Dienststelle müsse sich erst mit den Genossen in der DDR abstimmen. Daß eine ostdeutsche Crew auf einem polnischen Boot einen polnischen Seehafen verlassen wolle, sei ein absolutes Novum, daher müsse man sich ringsum absichern. Morgen früh sollten sie nochmals nachfragen.

Beim Wort „DDR" zucken die Ostdeutschen zusammen, denn die eigenen Behörden fürchten sie mehr als der Teufel das Weihwasser. Sie haben nicht damit gerechnet, daß die Polen erst die „Waffenbrüder" im deutschen Arbeiter- und Bauernstaat einschalten werden. Aber jetzt, da ihre Personalien bekannt sind, können sie auch nicht mehr klammheimlich verschwinden. Damit würden sie alle unausgesprochenen Verdächtigungen nur bestätigen.

Nach einer unruhigen Nacht mit viel Wind und Regen ist die Stimmung an Bord der NADIA auf dem Tiefpunkt. Ohne erst zu frühstücken, geht die Crew zum dritten Mal zum Checkpoint. Die bereits bekannten Offiziere begrüßen die Segler mit ernster Miene. Einer greift zum Telefon, sagt ein paar Worte auf polnisch und übergibt den Hörer an Bob Maler. Der Skipper bekommt Order, daß sich die gesamte Crew an Bord verfügbar zu halten habe. Am Nachmittag werde sich alles klären.

Doch die vier haben die endlose Warterei satt. Bis zum Nachmittag ist noch lange Zeit. Sie gehen in die Stadt und gönnen sich ein ausgiebiges Frühstück. Gegen 13.00 Uhr treibt sie die Unruhe zurück zum Schiff. Als sie an Bord gehen wollen, werden sie von zwei jungen bewaffneten Soldaten der polnischen Volksarmee aufgehalten. Einer erklärt in stockendem Englisch, daß sie das Segelboot nicht mehr verlassen dürfen. Auf die Frage nach der Begründung hören sie nur: „Das ist ein Befehl!" Selbst der Gang zur Toilette des Yachtklubs ist nur noch in Begleitung eines Wachpostens gestattet.

Am späten Nachmittag erscheint ein Offizier des polnischen Geheimdienstes in Zivil und verkündet in fließendem Deutsch: „Sie werden Polen auf dem schnellsten Weg verlassen. Ich habe Fahrkarten und Platzreservierungen für Sie. Morgen früh um 09.00 Uhr haben Sie fertig gepackt. Dann kommt Adam Malinski, dem geben Sie das Schiff zurück. Bis dahin dürfen Sie nicht von Bord gehen!"

Die ostdeutschen Segler fügen sich, schließlich haben sie keine andere Wahl. „Es hätte schlimmer kommen können", meint der Skipper. „Ich hoffe nur, daß die Geschichte mit der Ausweisung aus Polen zu Ende ist und es in der DDR kein Nachspiel gibt." Während die Segler ihre Rucksäcke packen, ruft jemand nach ihnen. Als sie an Deck kommen, werden sie von einem freundlichen westdeutschen Segler angesprochen, dessen Schiff, die SEVEN SEAS, am Steg gegenüber liegt. Von seinem Platz aus hat er die merkwürdigen Vorgänge um die ostdeutsche Crew beobachtet und fragt nun, ob er helfen kann. Die beiden bewaffneten Polen lassen den Mann nicht an Bord der NADIA, haben aber nichts dagegen, daß sich die Deutschen unterhalten.

Fassungslos hört der Segler aus Westdeutschland die Geschichte der vier. Er kann nicht begreifen, warum ein Ostdeutscher nicht einfach von einem polnischen Hafen aus auf See fahren darf, und ist betroffen, weil er nicht helfen kann. Eine halbe Stunde nach der Verabschiedung kommt er noch einmal zurück und schenkt den Ostdeutschen eine prall gefüllte Plastiktüte mit Lebensmitteln.

Noch am selben Abend verläßt die westdeutsche Yacht den Hafen von Gdynia. Die vier DDR-Segler blicken ihr sehnsüchtig nach.

Als Adam Malinski am nächsten Morgen mit drei Zivilisten ankommt, sieht er sehr besorgt aus. Mit einer heimlichen Geste bedeutet er seinen Charterkunden, daß sie ihn fast um Kopf und Kragen gebracht hätten. Mehrere Stunden hat ihn der polnische Geheimdienst verhört.

Die vier Ostdeutschen sind der Meinung, daß sie nun allein zum Bahnhof gehen und nach Hause fahren können. Doch als sie das Boot mit ihrem Gepäck verlassen, steht da wieder der Geheimdienstler in Zivil und ordnet an: „Wir bringen Sie zum Zug. Das Auto wartet schon." Aber dieses Auto ist ein Gefangenentransporter, und nun beginnen die Segler zu ahnen, daß ihr zwangsweiser Rücktransport an der polnisch-deutschen Grenze nicht zu Ende sein wird. Sie kalkulieren eine eventuelle Übergabe an den Staatssicherheitsdienst der DDR mit ein.

Während der Fahrt sitzen sie allein im vergitterten Teil des Wagens und können vorsorglich einige letzte Absprachen treffen: Ihr Urlaubsziel war ein Chartertörn an der polnischen Küste, mehr nicht. Ansonsten wollen sie in jedem Punkt die Wahrheit sagen, dadurch werden sich ihre Aussagen decken. Wenn alle konsequent bleiben, hat die Stasi keine Chance, denn Beweise gibt es nicht. Sie einigen sich, auch dann noch den Fluchtversuch zu leugnen, wenn die anderen angeblich gestanden haben.

Das Auto hält vor dem Bahnhof von Gdynia. Zwei bewaffnete Posten mit vorgehaltener Maschinenpistole führen die Gefangenen durch das Bahnhofsgebäude zur Bahnpolizei. Dort werden sie in eine fensterlose Zelle ohne jedes Möbelstück geperrt. Sie stinkt nach Fäkalien, auf dem nackten Betonboden stehen Urinlachen. Der Gestank ist so unerträglich, daß es Christiane zum Erbrechen übel wird. Ihre drei Begleiter protestieren lautstark gegen diese Behandlung, bis ein Offizier die Zellentür aufschließt und den Seglern gestattet, zum Durchatmen in der geöffneten Tür stehen zu bleiben.

Das endlose Warten nutzen die gestrandeten Segler, um sich auf eventuelle Stasi-Verhöre vorzubereiten. Weil es nur ein Probetörn werden sollte, hat niemand von ihnen Zeugnisse dabei, niemand hat zu Hause das Konto leergeräumt, auch die Autos wurden nicht verkauft. Christiane und Bob Maler haben ihre Kinder bei den Großeltern gelassen. Es gibt also keinen handfesten Beweis für einen Fluchtversuch, alles hängt nur von ihren Aussagen ab.

Spät am Abend werden die müden Segler endlich aus ihrer stinkenden Zelle erlöst. Ein Leutnant und zwei bewaffnete Soldaten führen die vier wie Schwerverbrecher durch das belebte Bahnhofsgebäude, wo ihnen alle Blicke folgen. Im Zugabteil setzen sich der Leutnant und ein Soldat an die Tür, der andere Soldat muß davor Wache stehen. Die Segler wissen nicht, wohin sie fahren werden, denn der Leutnant beantwortet keine Fragen.

Während der nächtlichen Zugfahrt schweigen die Gefangenen. Sie sind nicht sicher, ob der polnische Offizier vielleicht doch Deutsch versteht. Die Angst, die Ungewißheit und die Unbequemlichkeit lassen sie auch jetzt nicht zum Schlafen kommen. Über zwei Stunden sind sie gefahren, als der Zug plötzlich auf freier Strecke scharf bremst. Vor ihrem Abteilfenster laufen Menschen aufgeregt herum. Als es auch nach einer halben Stunde noch nicht weitergeht, bemüßigt sich der Leutnant endlich, nach dem Grund ihres Aufenthalts zu fragen. Bei der Rückkehr sagt er in gebrochenem Deutsch: „Ein Mann ist vom Zug überrollt worden und liegt genau unter diesem Abteil."

Mit zwei Stunden Verspätung hält der Zug am frühen Morgen in Szczecin. Wieder werden die Segler wie Schwerverbrecher durch das Bahnhofsgebäude geführt. Davor steht ein Gefangenentransporter bereit, der sie zu einem nahen Militärgefängnis bringt. Hier erhalten Christiane und Bob Maler, Frieder Friedrichs und Jens Fichte ihre erste Gefängnismahlzeit. Doch keiner mag etwas essen. Sie ahnen, daß ihnen das Schlimmste noch bevorsteht: die Auslieferung an den Staat, in dem sie leben.

Es ist 10.00 Uhr, als sie wieder in einen Gefangenentransporter steigen müssen. Nach einer Stunde Fahrt erreichen sie den Grenzübergang Linken, wo das Auto kurz hält. Ein Stasi-Mann steigt in die Fahrerkabine ein, reißt das vergitterte Fenster zum Gefangenenraum auf und höhnt: „Na, hat wohl nicht ganz geklappt. Herzlich willkommen in der Deutschen Demokratischen Republik!"

An einer Baracke hält das Auto wieder. Als die vier Segler aussteigen, sehen sie sich mehreren Stasi-Leuten gegenüber. Bob, Jens und Frieder werden in Handschellen gelegt, und von diesem Zeitpunkt an sind die vier Freunde voneinander getrennt. Die Männer müssen in einen Kleintransporter vom Typ B 1000 steigen, der speziell präpariert ist: Hinten im Wagen, wo sonst der Gepäckraum ist, hat man drei fensterlose enge Boxen aus Stahlblech eingebaut. In jede davon paßt ein Erwachsener gerade hinein und füllt den Raum mit seinem Körper nahezu völlig aus. Die nach innen gerichteten Türen weisen als einzige Belüftung eine winzige eiserne Luke auf, die nur von außen geöffnet werden kann. Den Türen gegenüber sitzen drei Stasi-Leute als Bewacher.

Bob Maler versucht zu schlafen. Ein Stasi-Mann sieht das durch die Beobachtungsluke und schaltet die Lautsprecher über den Köpfen der Gefangenen ein, aus denen nun laute Marschmusik dröhnt. Die Zellen sind so eng, daß die Köpfe der Gefangenen genau am Lautsprecher lehnen. Bob Maler hält das nicht aus, er protestiert und tritt gegen die Tür. Da geht unmittelbar vor seinen Augen ein Autoscheinwerfer an und wird mehrmals von Abblend- auf Vollicht umgeschaltet. Das grelle Licht vor den Augen und die damit verbundene Hitze sind eine Folter. Bob Maler hört auf zu protestieren.

Christiane Maler hat man in einen Wartburg-Pkw gesetzt. Nachdem zwei Stasi-Männer und ein Frau zugestiegen sind, setzt sich der Konvoi in Bewegung.

Nach über vierstündiger Fahrt erreichen die Fahrzeuge Rostock. Christiane muß am Ortseingang eine ringsum geschlossene Schweißerbrille mit schwarzen Gläsern aufsetzen, damit sie nichts mehr sehen kann. Doch sie kennt sich in Rostock aus und bemerkt an den Kurven der Straßen, daß ihr Weg zum Stasi-Hauptgebäude in der August-Bebel-Straße führt.

In einer großen Garage des Rostocker Stasi-Labyrinths werden die Gefangenen einzeln aus den Autos geholt. Christiane kann dabei gerade noch erkennen, wie das Nummernschild des B 1000 zugehängt wird. Dann wird sie in scharfem Ton aufgefordert, sich umzudrehen und die Hände auf den Rücken zu nehmen. Sie muß durch einen Gang gehen, an dessen einer Seite sich Zellentüren aneinander reihen. Drei davon sind bereits geschlossen. Jetzt wird die vierte hinter ihr verriegelt.

Getrennt werden die vier Segler bis in die späte Nacht und gleich wieder am nächsten Morgen verhört. Obwohl angeblich die anderen gestanden haben, bleibt jeder der Freunde bei der abgesprochenen Aussage. Die Stasi-Leute überprüfen alle Angaben und können keine Widersprüche entdecken. Die Aussagen von Frieder Friedrichs, Jens Fichte, Christiane und Bob Maler stimmen in allen wesentlichen Punkten überein. So kann die Stasi den vier Seglern versuchte Republikflucht nicht nachweisen und entläßt sie – einzeln, immer im Abstand von einer halben Stunde – im Lauf des nächsten Tages.

Ein halbes Jahr später registrieren die Abteilungen für Innere Angelegenheiten in Rostock und Berlin insgesamt sechs neue Anträge auf ständige Ausreise aus der DDR.

16

Mit dem Surfbrett durch den Herbststurm

In der Segelsektion der BSG Stahl Finow am Werbellinsee bei Berlin lernten sich 1983 der Metallfacharbeiter Karsten Klünder und der Modellbauer Dirk Deckert kennen. Die jungen Ost-Berliner unterhielten sich über den eventuellen Eigenbau eines Segelboots. Doch schon nach kurzer Zeit gestanden sie sich ein, daß es sinnlos war, sich in der DDR ein Boot zu bauen. Segeln auf der See durfte man sowieso nicht.

Beide hatten schon lange die Reglementierung im Honecker-Staat satt. Karsten und Dirk gewannen Vertrauen zueinander und suchten gemeinsam nach einem Ausweg aus der Misere: Flucht in den Westen.

Im Frühjahr 1986 unternehmen sie Erkundungsfahrten an die Westgrenze. Beim Anblick der tödlichen Sperranlagen entscheidet Karsten: „Hier abzuhauen ist Selbstmord. Wir fliehen über die Ostsee."

Die nach westlichen Vorlagen selbstgebauten Funboards

Karsten Klünder mit dem selbstgeklebten Handschuh

Dirk Deckert (links) und Karsten Klünder (rechts) beim Anziehen der Kälteschutzoveralls

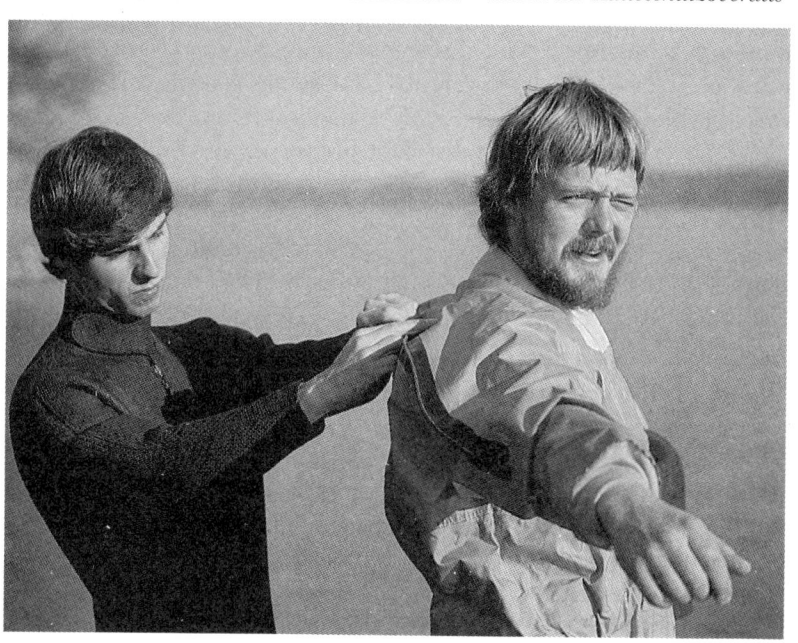

Die beiden Wassersportler besitzen Funboards, die sie sich nach Abbildungen in der westdeutschen Zeitschrift SURF selbst gebaut haben. Das Segeltuch haben sie sich aus der Tschechoslowakei geholt. Sie beschaffen sich über Freunde im Westen Neoprenanzüge. Füßlinge, Kopfhauben und Handschuhe kleben sie sich in mühseliger Kleinarbeit selbst zusammen. Eine wasserdichte Uhr und einen kleinen Handkompaß können sie in der DDR kaufen. Im Frühjahr 1987, so der Plan, wollen sie von Rügen nach Dänemark surfen.

Durch einen Zufall können sie im Sommer 1986 in Ost-Berlin Trockenanzüge erstehen, die man über der Neoprenhaut trägt. Der Erwerb dieser Raritäten ist der Auslöser für das Vorverlegen ihres Fluchttermins auf Herbst 1986. In solcher Bekleidung fühlen sie sich warm genug verpackt, um durch die Herbststürme zu surfen.

Am 24. November fahren sie in Karstens Trabi mit der Surfausrüstung auf dem Dach von Berlin in Richtung Küste. Um mit der verdächtigen Ladung nicht aufzufallen, melden sie sich auf dem Zeltplatz in Ummanz, einer kleinen Halbinsel auf Rügen, offiziell als Herbsturlauber an. Ummanz liegt am Schaproder Bodden, einem geschützten Revier der sogenannten inneren Seegewässer, auf denen das Brettsegeln erlaubt ist. Die im Westen vorgelagerte Insel Hiddensee trennt das Revier von der offenen See. Der Campingplatz liegt zu dieser Jahreszeit längst verwaist da. Zwischen den leeren Wohnwagen bauen Karsten und Dirk ihr Zelt und die Surfausrüstung auf. Am Nachmittag testen sie auf dem Schaproder Bodden die Trockenanzüge. Luft und Wassertemperatur liegen bei sechs Grad, doch die Bekleidung hält dicht und ist warm.

Als am Abend der Wind mit fünf Stärken aus Südwest bläst, sagt Karsten spontan: „Jetzt stimmt alles. Morgen früh hauen wir ab."

Nachts verkriechen sie sich zwischen den Wohnwagen in ihr kleines Bergsteigerzelt. Es ist undicht und läßt den Regen durch. Trotzdem ist Dirk guter Laune und kann den nächsten Tag kaum erwarten. Doch Karsten plagen die Sorgen: Würden sie morgen an der offenen Küste die Wachen überrumpeln können? Würden die Surfbretter eventuell im Radar der Küstenschutzboote zu sehen sein? Konnten die selbstgebauten Mastfüße der stürmischen See standhalten?

Um halb fünf erwachen sie aus dem Halbschlaf und sind aufgeregt wie noch nie in ihrem Leben. Der Sturm pfeift. Sie kochen schnell eine Tasse Tee, schlingen ein paar Brote herunter – und in wenigen Minuten sind die Bretter aufgeriggt. Es ist noch stockdunkle Nacht und sehr kalt. Aber um sechs Uhr starten die Surfer zur ersten Etappe über den Schaproder Bodden zur Insel Hiddensee. Schon nach einer halben Stunde erreichen sie das boddenseitige Ufer Hiddensees. Hier, im Bereich des Naturschutzgebiets Gellen, beginnt das scharf bewachte Grenzgebiet. Auf der Seeseite der Insel ist Surfen strengstens verboten.

Allmählich wird es gefährlich hell, Eile ist geboten. Wie um ihr Leben rennen Karsten und Dirk die 400 Meter durch die Dünenlandschaft in Richtung Ostsee, dabei die Funboards hinter sich herziehend. Unmittelbar am Strand sehen sie die frischen Spuren eines Armeejeeps. Beide haben furchtbare Angst. Vor ihnen rauscht die starke Ostseebrandung, in der sie noch nie gesurft sind.

„Jetzt geht's um Leben oder Tod", sagt Karsten.

Das Herz klopft ihm vor Aufregung und Anstrengung im Hals. Voller Angst vor einer Patrouille riggt er in Sekunden sein Brett auf und geht an den Start. Wind und Wasser sind eiskalt, der Himmel bleibt grau und trüb. Trotz des Starkwinds gelingt Karsten auf Anhieb der ungewohnte Start in der dröhnenden Brandung. Er dreht sich um, erkennt Dirk hinter sich und surft weiter.

Plötzlich sieht er einen grellen Lichtstrahl an Land. Aus Angst vor einem Grenzboot läßt er alles fallen und springt ins Wasser. Beim Auftauchen merkt er voller Entsetzen, daß Dirk verschwunden ist, der Lichtstrahl aber näherzukommen scheint.

Karsten hängt an seinem Brett. Am Ufer ist nichts mehr zu sehen. Da setzt er sich auf das Brett und läßt sich treiben. Wo bleibt Dirk? Die Küstenlinie wird von einem grauen, herbstlichen Dunst verschluckt. Hat man Dirk verhaftet? Oder ist er ertrunken?

In dieser Situation wird Karsten von qualvollen Gewissensbissen gepeinigt. Was ist seine Freiheit wert, wenn sein bester Freund dafür ins Gefängnis muß oder gar ertrinkt? Aber er weiß, daß er jetzt nicht wieder zurück darf. Er startet erneut, um Abstand von der gefährlichen Küste zu gewinnen. Ständig blickt er achteraus, doch von Dirk sieht er keine Spur.

Auf der offenen See erkennt Karsten, daß es gar kein Such-scheinwerfer war, vor dem er in solcher Panik geflohen ist. Es war der Strahl des Leuchtturms Gellen im Süden der Insel Hiddensee. Noch nie hat er ein solches Licht von See aus gesehen.

Nach einer Stunde läßt er sich wieder fallen und hockt sich aufs Brett, wartet im eiskalten Wasser auf seinen Freund. Doch Dirk kommt nicht mehr. Der Schock der unerwarteten Trennung und die Angst vor der Küstenwache quälen Karsten mehr als die Kälte des Meeres. Sollte Dirk tatsächlich gefaßt worden sein, dann muß er selbst so schnell wie möglich von hier verschwinden.

Er findet sich mit der deprimierenden Erkenntnis ab, daß Dirk nicht mehr kommen wird, und konzentriert sich auf das Surfen in der immer stärker werdenden Sturmwelle. Die Küste verschwindet völlig und damit auch Karstens größte Angst vor den Wachbooten. Dafür jagt ihm die See immer mehr Furcht ein. Aus dem Halb-gleiten der ersten Kilometer ist längst eine rasante Fahrt über fast zwei Meter hohe Wellen geworden. Der Wind kommt nach wie vor aus Südwest, hat aber noch weiter aufgefrischt.

Karsten fährt Halbwindkurs. Ungewollte Sprünge lassen sich in diesem Seegang nicht mehr vermeiden. Seine Sorge wächst, daß dabei etwas zu Bruch gehen könnte. Immer öfter stürzt er in Wel-lentäler, verliert das Gleichgewicht und landet in der eiskalten See. Nur noch mit größter Mühe schafft er die Wasserstarts, immer im Bewußtsein der Gefahr, in der er schwebt. Denn falls ihm ein Was-serstart wegen seiner nachlassenden Kräfte nicht mehr gelingt, muß er ertrinken.

Nach drei Stunden taucht vor ihm in der Gischt eine riesige dunkle Wand auf: ein Frachter. Das große schwarze Schiff ist Kar-sten unheimlich. „Das sind bestimmt Russen", sagt er sich, „mög-licherweise sogar unterwegs nach Rostock." Aus Angst, von den Falschen gerettet zu werden, macht er sich aus dem Staub.

Mit dem Kompaß am Handgelenk versucht er immer wieder, den richtigen Kurs zu finden. Doch Wind und Seegang nehmen ihn ganz in Anspruch. Außerdem — wer weiß, ob der billige Wan-derkompaß genau funktioniert? War er vielleicht schon zu lange von seinem Kurs Nordnordwest abgekommen? Ihm scheint, dieses Meer hört nie mehr auf.

Karstens selbstgebastelte Füßlinge sind zu groß für die engen Fußschlaufen. Seine Füße beginnen zu schmerzen und sind schon seit Stunden eiskalt. Jetzt werden sie allmählich taub. Und die tödliche Kälte kriecht langsam immer weiter die Beine hinauf. Karsten merkt, wie ihm allmählich die Kräfte schwinden. Er hat nur noch einen Wunsch: daß dieses Elend endlich vorbeigeht.

Verzweifelt gleitet er weiter durch den Sturm und sagt sich immer wieder: „Jedes Meer hat mal ein Ende. Auch dieses!"

Manchmal glaubt er im Norden Land zu sehen, dann werden seine Kräfte augenblicklich stärker. Doch um so bitterer ist die Enttäuschung, wenn er begreift, daß er nur von Wellenkämmen und Wolkenfetzen genarrt wurde.

Karsten hält weiter Kurs, konzentriert sich voll auf das Surfen. Trotzdem kann er nicht verhindern, daß er immer apathischer wird. Soll das schon sein ganzes Leben gewesen sein? Sein bester Freund im Gefängnis oder gar tot − und er selbst auf dem Meer erfroren?

Verzweifelt späht Karsten hinter dem Segel hervor. Da − was ist das? Ein fester Streifen am Horizont, der nicht mehr verschwindet: Land − Dänemark! In seiner Apathie hat er gar nicht bemerkt, daß die Küste schon dicht vor ihm liegt. Plötzlich verspürt er Bärenkräfte. Es macht wieder richtig Spaß, über die Wellenberge zu gleiten.

Nach etlichen Stürzen stolpert Karsten bei Klintholm auf den Strand der Insel Mön. Und bricht in schallendes Gelächter aus, als er vor sich ein Schild entdeckt: „SURFEN VERBOTEN!"

Vier Stunden und 18 Minuten war er unterwegs.

Zwei dänische Fischer kommen den Strand entlang gestapft. Karsten erzählt ihnen, daß er 70 Kilometer weit über die Ostsee gesurft ist. Der eine meint, das sei wohl ein schlechter Scherz. Doch der andere begreift den Ernst der Situation. Bei diesem Hundewetter Ende November macht niemand solche Witze.

Die Fischer laden Karsten zu einer Flasche Bier ein und bringen ihn zu Hafenmeister Erik Jensen. Im gemütlichen Hafenkontor erhält er trockene Kleidung und wärmt sich bei einem heißen Kaffee am Kanonenofen auf. Für den alten Hafenmeister Jensen und seine Frau ist Karsten nicht der erste DDR-Flüchtling, den sie hier wieder aufgepäppelt haben.

Aber Karsten kann sich über die neue Freiheit noch nicht so recht freuen. Er ist in großer Sorge um seinen Freund Dirk und meldet ihn als vermißt. Eine halbe Stunde später starten dänische Seenot-Hubschrauber. Alle Fischer werden über Funk gebeten, nach dem verschollenen Surfer Ausschau zu halten. Doch ohne Erfolg.

Dänische Behördenvertreter bringen Karsten am nächsten Tag zur bundesdeutschen Grenze. Während der Zugreise zur zentralen Aufnahmestelle Gießen findet Karsten eine BILD-Zeitung und liest voll Entsetzen: *„DDR-Flucht mit Surfbrettern – einer tot".*

Was ist mit Dirk Deckert geschehen?

Die geplante gemeinsame Flucht mit Karsten Klünder endete für ihn schon an der Küste von Hiddensee mit einem Fiasko. Mit dem viel zu kleinen Surfbrett hatte er große Schwierigkeiten, auf die stürmische See hinaus zu kommen. Dirk besaß überhaupt keine Erfahrung im Starkwindsurfen. Während er sich noch im Flachwasser abmühte, verlor er Karsten aus den Augen. Schließlich kam er doch aufs Brett und versuchte, seinem Freund nachzueilen. Doch da passierte das nächste Malheur.

Bei einem vergeblichen Schotstart stürzte Dirk unglücklich und riß sich ein großes Loch in den Trockenanzug. Sofort schoß eiskaltes Wasser hinein. Der lebenswichtige Kälteschutz war dahin. Kurz darauf brach auch noch der Handkompaß aus seiner Halterung an Dirks Arm und funktionierte nicht mehr. Sein Begleiter Karsten, der ihm die Richtung hätte weisen können, war inzwischen im grauen Dunst verschwunden. Dirks Situation war aussichtslos. Er entschloß sich zur Rückkehr.

Am Ufer von Hiddensee verkroch er sich mit seinem Material in einem Fichtenwäldchen. Zwei Stunden harrte er im Versteck aus und hoffte vergebens, sein Freund Karsten käme aus dem Grauschleier über der See zurück.

Als es taghell ist, wächst Dirks Angst vor einer Grenzstreife. Aus Furcht, Spuren zu hinterlassen, kriecht er nur durch dichtes Unter-

190

holz zurück zum boddenseitigen Ufer der Insel. Dabei muß er höllisch aufpassen, daß sein Segel nicht zerschlitzt wird, denn Ersatz dafür gibt es nicht.

Gegen zehn Uhr surft Dirk über den Schaproder Bodden zu ihrem Ausgangslager auf Ummanz zurück. Da steht noch Karstens Trabi – unentdeckt. Aber Dirk weiß, daß er damit nicht wieder nach Hause fahren darf. Wegen Beihilfe zu Karstens Republikflucht käme er für lange Jahre hinter Gitter.

Um einer Polizeikontrolle zu entgehen, fährt er über holprige Nebenstraßen nach Stralsund. Dabei trocknet er den zerrissenen Anzug auf den Heizungsschlitzen des Autos. In Stralsund kauft er einen Fahrradschlauch und Gummilösung für die Reparatur des Trockenanzugs. Auch einen Autoatlas, auf dem die Ostsee dargestellt ist, und einen neuen Kompaß kann er zum Glück erstehen.

Wieder im Zelt auf dem menschenleeren Campingplatz, studiert er den Atlas. Doch der Wind wird immer schwächer. Ein Gedanke schießt Dirk dauernd durch den Kopf: „Wenn die Herbststürme vorbei sind und ich nicht mehr fortkomme, dann muß ich ins Gefängnis."

Er findet einfach keine Ruhe. Nachts um zwei Uhr steht er im geflickten Trockenanzug erneut am Bodden. Immer wieder sagt er sich: „Hau ab, ehe der Wind ganz weg ist." Doch auf dem Bodden weht nur noch ein schwaches Lüftchen, und der nächtliche Surfer kommt nicht vom Fleck. Völlig entnervt wartet er am Ufer von Ummanz bis zum Morgengrauen.

Gegen sechs Uhr kommt endlich Wind auf, und Dirk kann sich über den Schaproder Bodden nach Hiddensee mogeln. In panischer Angst hastet er mit seiner verräterischen Surfausrüstung über den Heideboden der Insel und erreicht atemlos die Ostsee. Niemand hat ihn gesehen.

Die Brandung rollt weiter mit unverminderter Wucht heran, obwohl der Wind abgeflaut ist. Wieder beginnt die Folter der anstrengenden Schotstarts in der Brandung. Kaum ist Dirk wenige Meter gesurft, stürzt er in der nächsten Welle. Nach einer halben Stunde ist er so verzweifelt, daß er aufgeben will. Er surft zurück zur Küste. Jetzt plötzlich läuft sein Brett so gut wie beim Training im Sommer.

„Verdammt, das muß doch auch in Richtung Dänemark gehen",
keucht er, wendet entschlossen und schafft es schließlich, bei drei
bis vier Windstärken ins Gleiten zu kommen. Die Konzentration
auf Wind und Wellen fesselt ihn so sehr, daß er überhaupt nicht
mehr an die Patrouillenboote denkt. Weil der Wind für einen Was-
serstart immer noch zu schwach ist, fürchtet er sich vor einem
Sturz. So bleibt ihm nur der akrobatische Seiltanz an der Start-
schot, um weiterzukommen.

Mitten auf See wirft ihn eine Welle um. Beim Aufschlagen aufs
Brett verliert er den Kompaß. Aber es gelingt ihm, wieder zu
starten. Dirk orientiert sich am Stand der Sonne, die milchig durch
die Wolken scheint. Der Gedanke, eventuell an Mön vorbei zu
surfen, beunruhigt ihn sehr.

Einmal verpaßt er es, einer heranrollenden Wasserwand rechtzeitig auszuweichen, und knallt erneut in die See. Dabei bricht der
Mastfuß aus. Während sein Brett wie wild auf den Wellenbergen
tanzt, repariert er mühselig die Halterung. Völlig erschöpft bleibt er
danach zunächst auf dem Brett sitzen und ißt eine Tafel Schokolade. Jetzt macht sich verhängnisvoll bemerkbar, daß er viel zu
wenig geschlafen und überhaupt keine Kraftreserven mehr hat.
Auf dem Brett hockend, döst er aus Schwäche für eine halbe
Stunde ein.

Der eiskalte Schwell einer über ihn hinwegrollenden Welle reißt
ihn aus dem Halbschlaf. Endlich gelingt ihm auf Anhieb ein Was-
serstart. In rasanter Fahrt jagt Dirk, der bisher so unerfahrene Bin-
nensurfer, mit halbem Wind die Wellenberge hinauf und hinunter.

Nach dem Stand der Sonne müßte es bald Mittag sein. Da sieht
Dirk am nördlichen Horizont einen orangefarbenen Punkt, den er
zunächst für eine große Fahrwassertonne hält. Er surft darauf zu,
um sich daran auszuruhen. Doch die vermeintliche Tonne ent-
puppt sich beim Näherkommen als ein kleines Boot mit Fischern in
orangefarbenen Overalls. Erleichtert hält er auf sie zu. Ehe er
längsseits geht, brüllt er aus sicherem Abstand: „Was seid ihr für
Landsleute?"

Die Dänen rufen ihn heran, kräftige Fischerarme ziehen den
erschöpften Flüchtling ins Boot. Kapitän Larsen Find vom Kutter
JANNE weiß genau, wen er da aufgefischt hat: den vermißten

Freund des Mannes, der am Vortag den dänischen Seenot-Rettungsdienst alarmiert hat.

Es ist 10.45 Uhr am 26. November, als der Kutterkapitän von seinem Einsatzort, 18 Seemeilen südlich von Mön, den Funkspruch abgibt: „Habe zweiten Surfer gefunden." Er nimmt sofort Kurs auf Klintholm, während Dirk mit heißen Getränken und warmer Kleidung versorgt wird. Der Kapitän, der die Gefahren der Ostsee zwischen Rügen und Mön von vielen Stürmen her kennt, meint kopfschüttelnd: „Junge, du hast verdammt viel Mut."

Einen Tag später ist Dirk wieder soweit bei Kräften, daß er in die Bundesrepublik weiterreisen kann. Im Aufnahmelager Gießen trifft er Karsten Klünder und erlöst ihn aus seinen Ängsten. Überschwenglich fallen sich die beiden Freunde in die Arme.

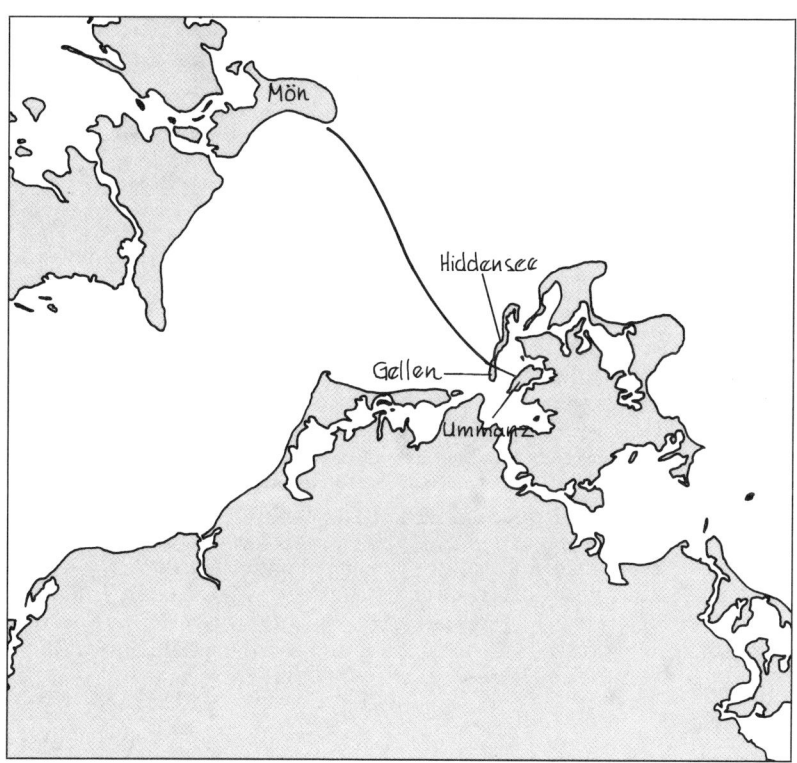

Vertrauliche Verschlußsache!
VVS-Nr.: D
, Ausfertigung, 4 Blatt

RAPPORT

Nr.: 335 / 86

vom: 30.11.86 07.00 Uhr bis: 01.12.86 07.00 Uhr

2. Ereignisse an der Seegrenze

2.1. Handlungen und Meldungen durch eigene Kräfte

2.1.1   Ergänzung zum Rapport Nr.232/86 vom 27.11.86
„Verdacht des ungesetzlichen Grenzübertritts"
Am 30.11.86 informierte der Diensthabende der Militärabwehr,
daß es sich bei den Tätern vermutlich um

1) D e c k e r t,Dirk geb.21.05.64
wohnhaft in 1301 Lichterfelde (Krs.Eberswalde)
Steinfurter Allee 70;Modellbauer
und

2) K l ü n d e r, Karsten geb.22.08.56
wohnhaft in 1274 Altlandsberg(Krs. Strausberg)
Platz der Freiheit 16; Schmied

handelt.
Deckert soll im Besitz eines Trabant-Kombi,weiß,pol.Kenn-
zeichen ERB 7 - 19 sein und sich in einem Wohnwagen in Klein-
Zicker(bei Gager) aufgehalten haben.
Das GB-2 wurde angewiesen,die operativen Kräfte einzuweisen
und nochmals eine Absuche im Raum des Südperds durchzuführen.

2.1.2   Handlungen zur Aufklärung eines Funkmeßzieles
Am 30.11.86 ortete die Funkmeßanlage des B-Turmes Prerow in
der Zeit von 10.50 bis 11.20 Uhr ein Funkmeßziel mit unter-
schiedlicher Zielausdehnung und Geschwindigkeit.Die 5 sm
nördlich des Zieles vor Anker liegende G-441(VP 14/2) wurde
in nördlicher Richtung bis Höhe Moen zur Aufklärung befoh-
len.Kräfte der GK 4 hatten landseitig keine Anzeichen für
eine Grenzhandlung festgestellt.

17
Zwei-Mann-Torpedo mit Muskelantrieb

Nach dem Fall der Mauer war im Museum für Deutsche Geschichte in Ost-Berlin eine Ausstellung zum Thema Republikflucht zu sehen. Ein seltsames Wasserfahrzeug, das sowohl einem U-Boot als auch einem Torpedo ähnelte, war stets von Schaulustigen umringt. Doch die Aussteller besaßen keinerlei Hinweise auf seinen Konstrukteur und Erbauer. Sie hatten das Exponat im „Traditions- und Lehrkabinett" des Ministeriums für Staatssicherheit gefunden. Ein beflissener Mitarbeiter aus Mielkes Trophäenkabinett hatte in den Bootsrumpf eine Plexiglasscheibe eingesetzt und innen eine Leuchtstoffröhre installiert. So konnten die Meisterschüler der Stasi einen Blick ins Innere des seltsamen Geräts werfen und die ausgeklügelte Antriebstechnik begutachten. Noch während der Sonderausstellung im Museum für Deutsche Geschichte wußte niemand, welches Schicksal an dem einzigartigen Wasserfahrzeug hing...

Im Sommer 1983 unternahmen die Brüder Wolfgang und Manfred Kleistner aus Güstrow (Jahrgang 1962 und 1966) eine mehrtägige Motorradtour zur Insel Rügen. Sie kampierten eine Nacht am Herthasee. Weil sie am nächsten Tag an der Steilküste bei Stubbenkammer baden gehen wollten, versteckten sie Motorrad und Gepäck im Wald. Dabei wurden sie vom Revierförster gesehen, maßen der Begegnung aber keine Bedeutung bei.

Als sie abends zum Versteck zurückkamen, sprangen vier Uniformierte aus den Büschen, Maschinenpistolen in Anschlag, und riefen: „Halt, stehenbleiben! Im Namen des Gesetzes, Sie sind verhaftet!"

Die völlig fassungslosen Brüder wurden mit Handschellen gefesselt und samt Motorrad zum Armeestützpunkt Lohme verfrachtet.

Getrennt verhörten Stasi-Offiziere sie eine ganze Nacht lang. Der Vorwurf lautete: versuchter Grenzdurchbruch über die Ostsee. Gleichzeitig vernahm die Stasi die Eltern der Brüder sowie ausgewählte Arbeitskollegen. Als sich herausstellte, daß die Kleistners tatsächlich nur einen Ausflug geplant hatten, wurden sie am nächsten Tag freigelassen und von der Insel verwiesen.

Seit diesem Vorfall wurde es Wolfgang und Manfred Kleistner, die sich bisher nie um Politik gekümmert hatten, erst so richtig bewußt, wie eingesperrt und überwacht sie lebten. Von nun an verfolgten sie politische Beiträge im Westfernsehen, und die ihnen wichtigste Sendung wurde „Kennzeichen D“. Sie suchten nach einer Hintertür, um im Notfall heimlich aus der DDR verschwinden zu können.

Die beiden jungen Mecklenburger hegten eine große Liebe zu Booten, Schiffen und allem, was auf dem Wasser fährt. Keine Frage: Ihr Fluchtmittel mußte ein Wasserfahrzeug sein. Schließlich hatte die Stasi sie erst darauf gebracht, daß man über die Ostsee flüchten konnte.

Versuchsweise formulieren Wolfgang und Manfred nun für sich die Eigenschaften, die ein solches Fahrzeug besitzen sollte: So klein muß es sein, daß gerade zwei Menschen hineinpassen, ringsum geschlossen, hochseetüchtig, optisch getarnt, mit Radar und Hydroakustik nicht auffindbar. Außerdem braucht es einen kraftvollen, aber völlig lautlosen Antrieb, der keine Wärme abgibt, damit sie mit Infrarot-Suchgeräten nicht zu orten sind.

Immer neue Skizzen bringen die zwei Handwerker zu Papier und verbrennen hinterher jeden Schnipsel. Doch in ihren Köpfen reift der Entwurf. Es soll ein torpedoartiges Boot mit Muskelantrieb werden, das nahezu unsichtbar in Höhe der Wasseroberfläche fahren kann.

Ungeklärt ist noch das Problem des Transports an die Küste. Das Seefahrzeug muß sich zerlegt in einem Pkw verstauen lassen. Auch suchen die Brüder noch eine geeignete Stelle, wo sie ihren Torpedo leicht und unbemerkt zu Wasser bringen können. Wolfgang und Manfred Kleistner gehen am 14. Oktober 1984 zielstrebig auf Erkundungsfahrt.

Mit dem Motorrad fahren sie im Kreis Grevesmühlen an der Ostseeküste so weit wie möglich nach Westen, ohne dabei das Grenzgebiet zu berühren. Schon hinter Klütz merken sie, daß die DDR-
Autokarte in Grenznähe nicht stimmt. Sie fragen einen Passanten
nach dem Weg zu den Küstendörfern Elmenhorst und Brook.
Doch der Mann weist ihnen nicht den Weg, sondern erkundigt
sich: „Zu wem wollen Sie denn da?"

Den Brüdern kommt das alles merkwürdig vor, aber sie finden
an dem düsteren Herbsttag allein den Weg bis Brook. Hier beginnt
die Mauer, die bis zum Priwall führt. Die jungen Mecklenburger
sind entsetzt über die Friedhofsstimmung im Dorf: eingefallene
und leerstehende alte Häuser, fast nur betagte Einwohner. Die
fremden jungen Männer werden mißtrauisch beäugt. Kleistners
fühlen sich unwohl. Nichts wie weg, sagen sie sich.

Hinter dem Ortsausgang von Brook werden sie von einer motorisierten Grenzstreife überholt und gestoppt. Minuten später ist ein
Mannschaftswagen zur Stelle. Mit vorgehaltener Maschinenpistole werden die Brüder abgeführt. Beim nächtlichen Verhör im
Armeeobjekt Elmshorn wird ihnen wieder der Versuch eines illegalen Grenzdurchbruchs vorgeworfen. Es gelingt beiden, sich
gerade noch herauszureden. Der Umstand, daß Manfred einen
gebrochenen Arm hat und Gips trägt, überzeugt schließlich die
Genossen. Damit hätte er nicht über die Ostsee schwimmen
können. Beide kommen nach einer Nacht im Arrest wieder auf
freien Fuß.

Nach diesem Erlebnis ist den Brüdern Kleistner endgültig klar:
Im Honecker-Staat wollen sie nicht mehr leben. Sie sind jetzt fest
entschlossen, ihren Torpedo zu bauen, um damit zu fliehen.

Der vier Meter lange Rumpf entsteht aus gespundetem Holz, das
im Radar nicht geortet werden kann, und wird in drei Segmenten
gebaut, die zerlegt in einen Pkw passen. Die Teile können in
wenigen Minuten zusammengeschraubt werden. Gummiringe
dichten die Fugen ab. Die Stabilisierungsflossen werden aus
Aluminiumblechen gebaut. Die Schiffsschraube entsteht aus dem
Alublech einer Fleischtransportkiste. Für die Führung der
Antriebswelle durch die Bordwand muß eine Waschmaschinen-

Dichtung herhalten. Der Rumpf ist so bemessen, daß die Brüder im Liegen gerade Platz darin finden. Die Kopfenden mit den Einstiegsluken befinden sich jeweils an den Rumpfspitzen.

Nachdem der Rohbau in einer Hobbywerkstatt in Güstrow fertiggestellt ist, wird er aus Sicherheitsgründen im Winter 1985/86 in ein Dorf transportiert und auf einem Dachboden versteckt weitergebaut.

Das Herzstück des Fahrzeugs wird die Antriebsmaschine, die in der Schiffsmitte zwischen den Füßen der beiden Passagiere Platz findet. Damit keinerlei Motorengeräusch zu hören ist, entscheiden sich die Brüder für den Antrieb durch Muskelkraft.

Von der Kurbelwelle eines Dreizylinder-Wartburg-Motors wird ein Drittel abgesägt. Die so verkürzte Welle wird kugelgelagert auf einem hölzernen Gestell montiert, das auf Gummifüßen ruht, um jedes Unterwassergeräusch zu vermeiden. Die Mechanik des Motors wird so umgebaut, daß die Pleuelstangen der Kurbelwelle waagrecht liegen und wie bei einem Boxermotor gegeneinander arbeiten. Die Kraft der beiden Pleuelstangen wird auf je einen waagrecht liegenden Winkel übertragen, der drehbar gelagert ist.

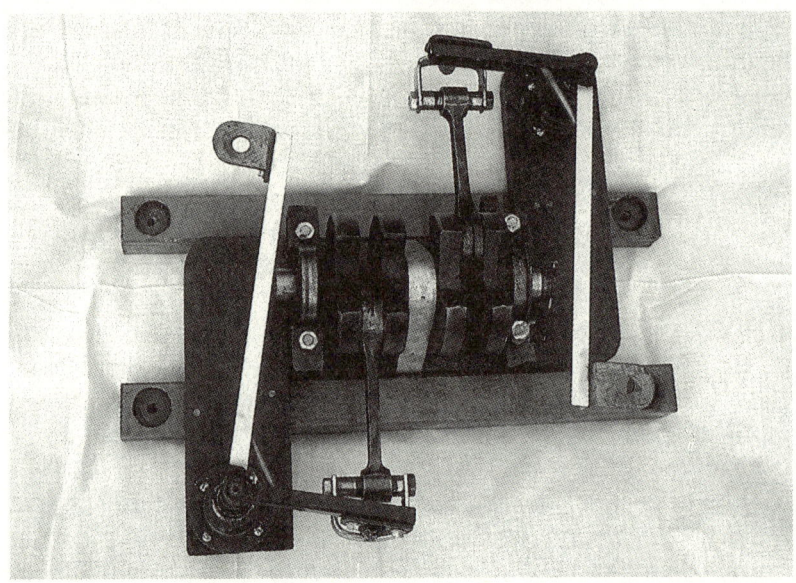

Die Antriebsmaschine des Torpedos

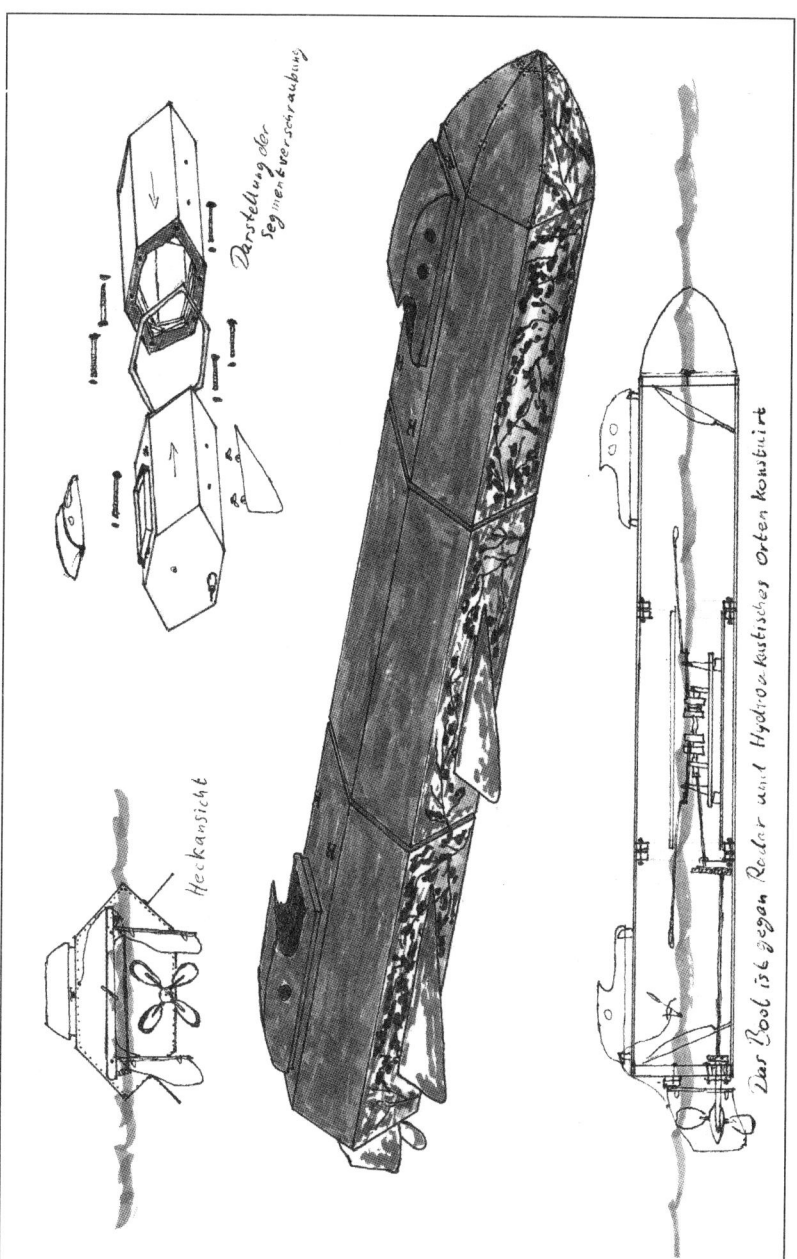

Darstellung der Segmentverschraubung

Heckansicht

Das Boot ist gegen Radar und Hydro-akustisches Orten konstruirt

Die Konstruktionszeichnungen des Zwei-Mann-Torpedos

199

Von dort wird die Kraft über ein Drehgelenk auf eine Schub- und Druckstange übertragen. Mit Hilfe dieser Stangen kann die Mechanik per Muskelkraft nahezu geräuschlos angetrieben werden.

Im April 1986 graben die Brüder hinter dem Haus eine Kuhle für einen Teich, die so groß ist, daß der Torpedo gerade hineinpaßt. Der erste Test in diesem hauseigenen „Schlepptank" dient der Erprobung der Schwimmlage. Das Gefährt soll mindestens zur Hälfte abtauchen, damit es im Seegang nicht gesehen werden kann. Um den notwendigen Ballast zu ermitteln, fahren die Brüder Gehwegplatten heran und laden so viele davon ins Boot, bis die optimale Schwimmlage erreicht ist. Als notwendigen Ballast errechnen sie knapp 300 Kilogramm.

In den Folgemonaten komplettieren sie den Zwei-Mann-Torpedo. Nach und nach finden sie in der DDR genügend Fachliteratur, aus der sie viele Informationen gewinnen. Ihre wichtigsten Quellen sind die Veröffentlichungen des DDR-Militärverlags.

Wie so oft bleibt das Baumaterial ihr größtes Problem. Wolfgang und Manfred können beim üblichen „Besorgen" von Werkstoffen niemandem sagen, wozu die Teile wirklich benötigt werden. Phantasie und Improvisationstalent sind gefragt. Weil es zum Beispiel kein geeignetes Blech für die abgerundete Bugspitze gibt, schneiden sie das Material aus vier Waschkesseldeckeln, bringen es mühsam in Form und nieten es zusammen.

Im Herbst 1986 ist der Torpedo soweit fertig, daß er für die erste bemannte Probefahrt zu Wasser gebracht werden soll. Aber ein derartiges Fahrzeug darf von keinem Menschen gesehen werden.

Wolfgang und Manfred Kleistner reisen durch Mecklenburg und suchen ein Gewässer, das so einsam gelegen ist, daß sie dort garantiert nicht beobachtet werden. Westlich von Güstrow entdecken sie zwischen weiten Schilfwäldern das alte Flußbett der Nebel. Seitdem wenige hundert Meter entfernt der Güstrow-Bützow-Kanal verläuft, verkehren auf der Nebel keine Boote mehr. Ihre verwilderten Ufer sind schwer zugänglich. Das wird ihr Testrevier.

Abends bringen die Brüder den Torpedo zur Nebel und montieren ihn in einer halben Stunde. Als er am Ufer liegt und mit der Spitze über die Böschung ragt, staunen sie selbst über ihr Werk. Wolfgang meint: „Das sieht richtig gefährlich aus."

Sie schieben das Fahrzeug in den Fluß. In tiefer Schwimmlage ist es dank der blaugrünen Tarnbemalung kaum noch zu sehen. Die Brüder legen sich flach hinein und bringen es mit den Schubstangen in Fahrt. Polternd holpert es über die Steine des flachen Gewässers. So fahren sie in der Abenddämmerung vier Kilometer stromabwärts. Dabei erweist sich die Lenkung als zu wenig wirkungsvoll. Stromauf geht es besser. Wie ein Pfeil schießt der Torpedo durchs Wasser — bis sie plötzlich die Schiffsschraube verlieren.

Zu Hause werden alle Mängel beseitigt, aber der Test im Fluß hat die beiden Amateurkonstrukteure nicht ganz befriedigt. Sie brauchen ein offenes Gewässer mit Wind und Seegang. Das geht nur im Winter, wenn an den abgelegenen Seen Mecklenburgs kein Mensch anzutreffen ist.

In einer eiskalten, stürmischen Nacht im Januar 1987 bringen sie ihren Torpedo zum Hohensprenzer See zwischen Güstrow und Laage. Sie bauen ihn in der Dunkelheit zusammen und verstauen die Ausrüstung, die sie zur Flucht mitnehmen wollen, einschließlich des Proviants für mehrere Tage. Mit neuer Schraube und verbesserter Ruderanlage jagen sie nachts über den See. Sturm und Seegang machen dem Fahrzeug nichts aus. Es ragt nur wenige Zentimeter aus dem Wasser. Unter den Luken mit Sehschlitzen sind die Männer gut geschützt. Begeisterung kommt bei ihnen auf, als der Torpedo krachend durch die Eisfelder am Seeufer schnellt.

Wenige Wochen später muß Wolfgang Kleistner zur Vormusterung und fürchtet seine baldige Einberufung zur Armee. Jetzt drängt die Zeit. Aus einer Bibliothek holen sich die Brüder, die noch nie zur See gefahren sind und keine Ahnung von Navigation haben, alle verfügbare nautische Literatur. Jeder montiert einen Handkompaß an seinem Ende des Torpedos. Eine Knotenschnur zum Loten wird angefertigt und aus dem Blei einer alten Wasserleitung ein Senklot gegossen. Wolfgang baut einen Winkelmesser, über dessen Schenkel hinweg er Objekte anpeilen kann. Sie lernen die Sternenkarte auswendig. Aber den Kauf einer Seekarte wollen sie nicht riskieren. Dafür gibt es in der DDR nur eine einzige offizielle Erwerbsstelle, in der alle Kunden registriert werden. Lieber beschaffen sie sich eine Vorkriegskarte von der Ostee, zeichnen den für sie wichtigen Teil heraus und tragen alle Leuchtfeuer ein.

Im April 1987 ist der Torpedo startklar ausgerüstet.

Die Brüder haben einen geeigneten Ablandeort erkundet. Sie wollen das scharf bewachte Gebiet an der westlichen Ostseeküste meiden und darum bei Kühlungsborn in See gehen. Etwa einen Kilometer östlich des Ortes führt ein Fahrweg bis zum Strand. Wo im Sommer reger FKK-Betrieb herrscht, ist es jetzt menschenleer. Neben dem Zugang zum Strand wächst dichtes Gestrüpp, dort können die Segmente des Torpedos, die ja einzeln herangeschafft werden müssen, getarnt liegen bleiben. Manfred hat die Unterseite der Rumpfteile mit grün-brauner Tarnfarbe gestrichen, so daß man die umgedreht liegenden Segmente nur schwer erkennen kann.

Am Spätnachmittag des 10. April 1987 transportieren Wolfgang und Manfred in ihrem alten Wartburg das erste Segment zum vorgesehenen Startplatz, wo sie sich ganz allein wähnen. Sie messen der Tatsache keine Bedeutung bei, daß ihr Pkw eine Schweriner Nummer hat, während die einheimischen Fahrzeuge aus dem Grenzgebiet Nummern des Bezirks Rostock tragen. Schließlich ist es Schwerinern nicht verboten, im April einen Ausflug in das bekannte Seebad Kühlungsborn zu machen, das weitab vom Westen liegt.

Die Brüder sehen nach kurzer Zeit einen älteren Herrn, der auf einem Weg an der Steilküste entlang wandert. Als sie sich wieder unbeobachtet glauben, laden sie im Schutz der Abenddämmerung das Torpedosegment aus und verstecken es im Gestrüpp. Es ist gut getarnt.

Am folgenden Abend fahren sie auch die restlichen Teile zum Parkplatz an der Steilküste. Diesmal ist kein Mensch zu sehen, nicht einmal ein einsamer Spaziergänger. Im Dunkeln schaffen sie die Teile des Torpedos ins Unterholz, wo sie es später aufbauen wollen.

Vom Versteck sind es nur wenige Schritte bis zum Wasser. Sie haben so lange geübt, bis sie den Torpedo in 30 Minuten startklar machen können, um ihn anschließend sekundenschnell über die Böschung ins Wasser zu ziehen und dann mit voller Fahrt zwischen den Wellen zu verschwinden. Alles ist vorbereitet, sogar das Wetter stimmt. Es herrscht leichter Seegang, und der Wind kommt optimal aus Südost. Lautlos beginnen sie mit dem Zusammenbau der Segmente.

Wolfgang und Manfred Kleistner montieren die Segmente.

Doch dann schrecken sie zusammen: Motorengeräusch! Aber nicht auf dem Parkplatz, sondern am Strand. Sofort unterbrechen sie die Arbeit, schieben die Teile leise ins Gestrüpp zurück und gehen über den Parkplatz den öffentlichen Weg zum Strand hinab. Was sie dort sehen, verschlägt ihnen den Atem: Ein großer Funkmeßwagen der Armee mit einem Wald von Antennen ist ausgerechnet dort aufgefahren, wo sie ins Wasser wollten. Offiziere und Soldaten rennen geschäftig herum.

„Müssen die mit dem Blödsinn ausgerechnet heute anfangen?" stöhnt Manfred. Sie spazieren, gelassen eine Zigarette rauchend, an den Armisten vorbei.

Als sie außer Hörweite sind, sagt Wolfgang: „Laß uns verschwinden. Die Teile sind gut versteckt. Wir kommen morgen wieder."

Ruhig schlendern sie den Strandzugang hinauf in Richtung Parkplatz. Als sie sich kurz vor dem Losfahren noch einmal

Der Zwei-Mann-Torpedo

umdrehen, läuft es ihnen eiskalt über den Rücken: Der gesamte Strand ist mit Kriegsschiffen abgeriegelt. Sie sind so dicht ans Ufer gefahren, daß sie eigentlich schon auflaufen müßten. So etwas haben die Brüder noch nie gesehen, sie bekommen eine Heidenangst. Ein Blickwechsel sagt: Nichts wie weg! Doch als sie das Auto wenden, kommen mehrere zivil aussehende Pkw angebraust. Junge Männer mit Krawatte und Windjacke springen heraus. Die Kleistners wissen genau, zu welcher „Firma" diese Typen gehören.

Aber sie bleiben zunächst unbehelligt und fahren im Wartburg zurück nach Güstrow. Der Schreck sitzt so tief, daß sie sich in ihrer Wohnung noch lange unterhalten, ehe sie gegen Mitternacht endlich erschöpft ins Bett gehen. Doch zum Schlafen kommen sie nicht mehr. Kurz nach Mitternacht wird ihre Wohnungstür mit Stiefeln eingetreten. Mit vorgehaltener Maschinenpistole werden die Brüder abgeführt.

Nach einem Vierteljahr Untersuchungshaft bei der Staatssicherheit werden sie am 3. Juli 1987 vom Kreisgericht Schwerin wegen „versuchten ungesetzlichen Grenzübertritts im schweren Fall" zu zwei Jahren und sechs Monaten beziehungsweise zu zwei Jahren und drei Monaten Freiheitsentzug verurteilt. Ihren Zwei-Mann-Torpedo eignet sich Erich Mielke an, um ihn als Prachtstück in seine Trophäensammlung zu stellen.

Das ist die Geschichte des Exponats in der Berliner Sonderschau, von der die Museumsbesucher selbst nach dem Fall der Mauer noch nichts ahnten.

3 Juli 87
8.7 87

(Worlan)

Urteil

Im Namen des Volkes!

In der Strafsache

gegen

Wolfgang Kleistner
wohnhaft 2600 Güstrow
Niklotstraße 4
PKZ? 31 05 62 40 19 20
Staatsbürger der DDR
nicht vorbestraft
seit 12. 4. 1987 in U-Haft
des MfS Schwerin

Manfred Kleistner
wohnh. 2601 Mistorf, OT Käselow
Dorfstraße 5
PKZ: 22 04 66 40 19 21
Staatsbürger der DDR
nicht vorbestraft
seit dem 12. 4. 1987 in U-Haft
des MfS Schwerin

vorsätzlicher Straftat
hat die Strafkammer des Kreisgerichts Schwerin-Stadt

in der Hauptverhandlung am 1./3. 7. 1987 , an der teilgenommen haben

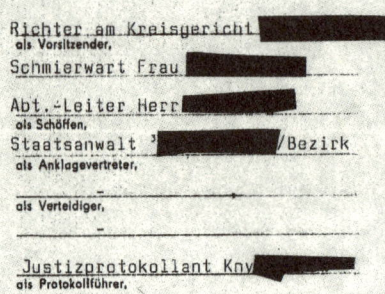

Richter am Kreisgericht
als Vorsitzender,

Schmierwart Frau
Abt.-Leiter Herr
als Schöffen,
Staatsanwalt /Bezirk
als Anklagevertreter,

als Verteidiger,

Justizprotokollant Kny
als Protokollführer,

für Recht erkannt:

1. Der Angeklagte Wolfgang Kleistner wird wegen versuchten ungesetzlichen Grenzübertritts im schweren Fall - Verbrechen gem. §§ 213 Abs. 1 und 3 Ziffer 3 und 5, Abs. 4 StGB - zu einer Freiheitsstrafe in Höhe von

2 Jahren und 6 Monaten

verurteilt.

2. Der Angeklagte Manfred Kleistner wird wegen versuchten ungesetzlichen Grenzübertritts im schweren Fall - Verbrechen gem. §§ 213 Abs. 1 und 3 Ziffer 3 und 5, Abs. 4 StGB - zu einer Freiheitsstrafe in Höhe von

2 Jahren und 3 Monaten

verurteilt.

3. Gem. § 56 Abs. 1 StGB werden nachfolgend genannte Gegenstände eingezogen:

3.1. 1 Pkw Wartburg 311, pol. Kennzeichen BCO 2-92 mit leerem 5-Liter Kanister, 1 Wagenheber und Bordwerkzeug,

18
Ein Schlauchboot mit Hockeyschläger-Rigg

„Wir werden Ihre Frau doch nicht damit belohnen, daß sie nach einem halben Jahr ihren Mann wiederbekommt, obwohl sie Republikflucht begangen hat. Ob Sie Ihre Frau in vier oder in zehn Jahren oder gar nicht wiedersehen, das bleibt uns überlassen."

Seit Peter Faust diese höhnischen Sätze aus dem Mund eines Mitarbeiters für innere Angelegenheiten beim Rat der Stadt Leipzig zu hören bekam, gab es für ihn nur noch einen Gedanken – Flucht.

Die Vorgeschichte: Im Frühjahr 1988 erkrankte ein Verwandter des Ehepaars Faust in Köln schwer. Nach DDR-Recht war damit ein Anlaß gegeben, eine Besuchsreise in die Bundesrepublik zu beantragen. Peter und Uschi Faust wollten gemeinsam fahren, doch ihr Antrag wurde gar nicht erst entgegengenommen. Nacheinander reichten sie nun einen Reiseantrag ein, und nach vier Wochen erhielt Uschi Faust die Genehmigung. Wenig später fuhr sie in den Westen, während ihr Mann noch immer auf eine Reaktion der Behörden wartete.

Nach zwei Wochen Aufenthalt in der Bundesrepublik machte Uschi Faust auf der Rückreise Halt in Wolfsburg, um Freunde zu besuchen. Hier kam endlich eine Telefonverbindung mit ihrem Mann in Leipzig zustande. Dabei erfuhr sie, daß der Antrag ihres Mannes abgelehnt worden war. Für sie war damit das ertragbare Maß an Demütigungen voll. Spontan entschloß sie sich: „Ich bleibe hier. Dann ist wenigstens schon einer von uns in Freiheit."

Für Peter kam der Entschluß seiner Frau überraschend, aber er zögerte nicht. Am nächsten Tag, dem 30. April 1988, stellte er einen Antrag auf ständige Ausreise aus der DDR. Doch die unerträgliche Aussicht, für diesen Weg in die Freiheit Jahre zu brauchen oder sogar für immer von seiner Frau getrennt leben zu müssen, ließ ihn auch an Flucht denken. Die folgenden Wochenenden verbrachte er damit, Fluchtwege auszukundschaften.

Auf der Suche nach Fluchtmöglichkeiten besuchte Peter Faust die Frühjahrsmesse in Leipzig. Auf der Bootsausstellung kam ihm sofort die Idee: der Seeweg. Einer Surfer-Jolle für zwei Personen widmete Peter nun seine ganze Aufmerksamkeit.

Er erinnerte sich an eine Geschichte, die er in seiner Kneipe in Vitt auf Rügen gehört hatte: Ein Surfer war von Kap Arkona aus über die Ostsee nach Schweden und zurück gesurft, alles an einem Tag. Doch Peter hatte von Grenzsoldaten auch gehört, daß Fluchtfahrzeuge von den Wachbooten überfahren wurden. Die Schiffbrüchigen hatte man dann so lange ihrem Elend überlassen, bis sie, völlig entkräftet, nur noch gerettet werden wollten. Für unvorhergesehene Zwischenfälle brauchte er also ein Rettungsboot.

In der DDR war ein aufblasbares Schlauchboot schwer zu bekommen, denn man hätte ja damit abhauen können. So fuhr Peter nach Prag und entdeckte dort ein rotes Schlauchboot mit fünf Kammern, die im Sitzen leicht aufzublasen waren. In einem Wanderrucksack konnte das nur 16 kg schwere Boot überall hin getragen werden, auch unauffällig an den Strand. Und es hatte keine Metallteile, die Radarechos abgeben konnten. Mindestens eine von den fünf Kammern würde im Ernstfall einen Beschuß schon überstehen, dachte Peter Faust, und ihn wenigstens über Wasser halten.

Nach diesen Überlegungen ließ er seine Idee vom Gleitsurfer fallen und entschied sich für das rote Schlauchboot. Mit dem Boot in seinem Trabi-Kombi fuhr er zurück nach Leipzig.

Nun bleiben Peter nur noch zehn Tage bis zu seinem Fluchttermin am 7. Oktober, dem Nationalfeiertag der DDR. Offiziere und Soldaten werden an diesem Tag ausgezeichnet und erhalten verstärkt Ausgang. Ihre Wachsamkeit an der Grenze sollte dann erheblich geringer sein als sonst, kalkuliert Peter.

Inspiriert durch das Surfboot auf der Bootsausstellung in Leipzig, kommt Peter auf die Idee, sein Schlauchboot mit einem Segel auszurüsten. Zwei Hockeyschläger, je 1,90 m lang, nimmt er als Mast und Baum. Das ganze Rigg konstruiert Peter so, daß es zusammengelegt und unauffällig transportiert werden kann. Im Sitzen soll es sich leicht montieren und bedienen lassen. Mit nur einer Kupferschraube werden die Hockeyschläger verbunden, dem einzigen Metallteil am Boot. Der Nichtsegler ist gut belesen und näht sich nach eigenem Entwurf das rund 4 m² große Segel selbst. Vom Rigg laufen drei Leinen über seinen Rücken und treffen an einem Punkt zusammen. So will er die Kraft des Windes über seinen Körper auf das Boot übertragen. Als Steuer will Peter ein Paddel benutzen.

Am Morgen des 7. Oktober 1988, einem Freitag, sind alle Ausrüstungsgegenstände im Trabi verstaut. Peter fährt zur Insel Rügen, um von Kap Arkona aus zu fliehen. Aus seiner Zeit als Gastwirt in Vitt kennt er die dortige Küste und die Gewohnheiten der Grenzer genau. Er ist gut vorbereitet, doch ein steifer Wind bläst konstant aus Nord. Damit hat er in seinem Schlauchboot keine Chance. Bis 23.00 Uhr bleibt Peter am Strand, dann gibt er für diesen Tag auf.

Auch am Sonnabend und Sonntag ändern sich Windrichtung und -stärke nicht. Er fährt in seine Leipziger Wohnung. Hier sieht Peter spät abends den Wetterbericht und ist wie elektrisiert, als er auf dem Satellitenbild der Wetterkarte den Kreis über der Biskaya entdeckt, der ideales Wetter für die nächsten Tage verspricht.

Wie gewohnt geht Peter Faust am Montag früh in sein Büro. Doch er ist unkonzentriert, immer wieder schaut er zum Fenster. Der Wetterbericht hält, was er versprach: Südwind. Am Dienstag, dem 11. Oktober 1988, klagt Peter Faust im Büro über Kopf- und Halsschmerzen, rast förmlich zum Arzt und wird wunschgemäß krankgeschrieben. Die Krankmeldung steckt er in den Briefkasten seines Chefs, an seinen eigenen hängt er einen Zettel: „Bin in Hainichen bei den Schwiegereltern". Dadurch verhindert er, daß Krankenbesuch kommt.

Peter Faust hat seinen Fluchtplan geändert: Vom Fischland aus will er auf dem kürzesten Weg nach Gedser segeln. Noch am Dienstag vormittag um 09.30 Uhr verläßt er Leipzig. Wieder ist der Trabi beladen mit seinen Fluchtutensilien. Wieder fährt er stundenlang Autobahn in Richtung Ostsee. Gegen 15.30 Uhr erreicht er die reizvolle Halbinsel Fischland.

Kaum angekommen, beginnt er mit der Suche nach geeigneten Absprungplätzen. Im Dämmerlicht begutachtet er später noch einmal seine ausgewählten Stellen in Wustrow, in der Nähe von Nienhagen und auf dem Darß. Entsetzt stellt er fest, daß gerade die Plätze, die Versteckmöglichkeiten für Fluchtgegenstände bieten, in einem unbestimmbaren Rhythmus von den Scheinwerfern der Grenzwächter voll erfaßt werden. Hinzu kommt die Gefahr, von den Streifen bei den Vorbereitungen entdeckt zu werden. Peter Faust hat starke Herzklopfen und Angst.

Mitten im Künstlerort Ahrenshoop entdeckt er, daß die kleine Landspitze Windeck nicht völlig von den Scheinwerferkegeln erfaßt wird. In diesem Schatten steht ein Bauwagen. Ein besseres Versteck kann er sich für seine Fluchtvorbereitungen nicht wünschen. Außerdem würde kein Grenzschützer annehmen, daß jemand mitten aus dem Ort flieht.

Im Schutz der Dunkelheit bringt Peter Faust seine Ausrüstung nach und nach zum Bauwagen. Zwei Stunden läßt er sich Zeit dazu, denn wenn er von einem Grenzer kontrolliert wird, darf kein Verdacht aufkommen. Trotz seines Herzstechens und seiner Angst behält er die Nerven und geht sehr sorgfältig vor. Jedes Ausrüstungsstück bindet er am Boot fest. Papiere, Kleidungsstücke, Proviant und vor allem der kleine Kinderkompaß, sein einziges Navigationsinstrument, sind unersetzlich.

Peter Faust zieht nun seinen Taucheranzug an. Er ist ihm etwas zu eng, wird ihn aber vor Unterkühlung schützen. Da sein Boot knallrot ist, bedeckt er es mit einer Plane aus dunkelblauem Stoff, aus dem auch sein Segel besteht. Dann steigt er ins Boot. Es ist sehr instabil und droht bei der kleinsten Welle zu kentern. Also läßt er etwas Luft aus dem Boden, sinkt im Sitzen tiefer und verlagert damit auch den Schwerpunkt nach unten.

Es ist 20.30 Uhr. Peter hockt in seinem Boot und wartet, bis die Scheinwerfer verlöschen. Dann paddelt er los, so schnell er nur kann. Bei zwei bis drei Windstärken aus Südost sind die Seeverhältnisse ideal. Nach etwa einer Viertelstunde gehen die Scheinwerfer wieder an, und er wird voll vom Lichtkegel erfaßt. Sofort läßt er die Paddel ins Wasser fallen, denn sie sind das Hellste am Boot. Peter hat wahnsinnige Angst, entdeckt zu werden.

Doch dank seiner guten Tarnung bemerken ihn die Grenzer nicht. Im Dunkeln paddelt er weiter und wird noch mehrmals von den Scheinwerfern erfaßt. Erst als die Lichtkegel endlich weit hinter ihm zurückbleiben, fühlt er sich sicherer. Nun entledigt er sich der Persenning, montiert sein Hockeyschläger-Rigg und ist selbst erstaunt über die Geschwindigkeit, die er damit erreicht. Nach kurzer Zeit lernt er das Boot mit Hilfe des Paddels und des Segels steuern. Orientierungshilfen sind ihm der Leuchtturm Darßer Ort an seiner rechten Seite und ein großer Lichtfleck links, die Stadt Rostock.

Recht voraus sieht Peter in regelmäßigem Rhythmus einen ganz schwachen Lichtschein aufflackern. Das kann nur der Leuchtturm von Gedser sein, wie er aus seinem eingehenden Studium der Seekarte weiß. Nach etwa einem Drittel des Wegs erkennt er das Licht des Leuchtturms genauer. Er schätzt die Abdrift und steuert etwas nördlicher, um Umwege zu vermeiden. Der Himmel ist sternenklar. Er freut sich über die Schönheit des Meeres und ist beeindruckt, als hinter ihm ein Schiff vorbeifährt. Jegliche Angst ist jetzt von ihm gewichen.

Ein Gefühl für seine Geschwindigkeit hat Peter Faust nicht. Aus einer Westzeitung weiß er, daß ein flüchtendes Ehepaar Gedser nach 15 Stunden Paddeln erreichte. Für die 46 km Entfernung veranschlagt er 12 bis 15 Stunden. Um sein Segel besser handhaben zu können, streift er die Handschuhe ab, denn sie sind zu eng und behindern ihn sehr. Bei guter Fahrt beobachtet er genau jede Wasserbewegung, den Sternenhimmel und die Lichter. Bald gewahrt er weit vor sich ein blaues Licht: ein Wachschiff. Im Fernglas erkennt er die Silhouette und entschließt sich, das Schiff am Heck in weiter Entfernung zu runden. Von seinem Radar wird er nicht erfaßt werden, und auf Sicht ist er bei dieser Distanz nicht zu erkennen. Für den Fall, daß er doch bemerkt wird, hat sich Peter Faust etwas einfallen lassen: fünf Luftballons und mehrere Bogen Aluminiumfolie. Sollte er bemerkt werden, will er jeweils einen Luftballon mit Folie umhüllen und ihn dann auf dem Wasser treiben lassen. Damit hofft er, die Radarbeobachter von sich abzulenken.

Es ist 22.30 Uhr. Peter entdeckt das riesige Fährschiff PETER PAN, holt sein Segel ein und wartet ab. Das Schiff kommt so nahe, daß er die Aufschrift „TT-Line" lesen kann und schließlich sogar die Musik hört. Aber er verzichtet darauf, sich mittels seiner starken Taschenlampe bemerkbar zu machen, denn das Wachboot liegt noch in Sichtweite.

Nachdem die Ostseefähre vorüber ist, segelt er weiter. Plötzlich ist er völlig irritiert. Ein ebensolches Schiff kommt genau aus der Richtung, in die der Gigant gerade verschwunden ist. Kehrt die PETER PAN zurück? Doch die zweite Fähre passiert in größerer Entfernung.

Gegen 00.30 Uhr sichtet Peter Faust ein Fischereifahrzeug, erkennt aber nicht seine Nationalität. Es fährt zwar in die gewünschte Richtung, hätte aber auch ein polnisches oder russisches Schiff sein können. Wieder verhält er sich ruhig.

Allmählich werden die Sterne immer weniger und verschwinden schließlich ganz. Der Himmel hat sich bewölkt, Peter wird es unheimlich. Um 02.30 Uhr erfaßt ihn die erste Bö und reißt ihm fast das Segel aus der Hand. Der Wind hat seine Richtung schlagartig geändert und kommt nun direkt aus Ost. Der Flüchtling fiert das Segel, um den Druck zu mindern, und kann so noch eine Dreiviertelstunde weitersegeln. Aber bald friert er derart, daß er das Segel wegpackt, um sich warm zu paddeln. Außerdem weiß er nicht, wie sein Schlauchboot unter Segel im höher gewordenen Seegang reagieren würde. Er arbeitet kräftig und erwärmt sich wieder etwas. Zwar bekommt er die ersten Spritzer ab, doch sein Spritzschutz verhindert, daß Wasser ins Boot schlägt.

Der Leuchtturm Gedser vor ihm scheint jetzt genauso nah zu sein wie der von Darßer Ort, den er hinter sich läßt. Es heißt paddeln, paddeln, paddeln... Und Peter Faust beginnt, ein Gefühl für das Verhalten des Bootes bei höherem Seegang zu entwickeln. Allerdings scheint ihm das Meer immer bedrohlicher zu werden. Der Ostwind ist jetzt so stark, daß der einsame Mann den nördlichen Kurs nicht mehr halten kann. Unerbittlich treiben ihn Strom und Wind an seinem Ziel Gedser vorbei.

Langsam steigt die Morgendämmerung herauf. Jedesmal, wenn Peter auf einem Wellenberg reitet, kann er bereits die Küste von

Falster erkennen, einen schmalen Streifen Land. Doch die See wird immer rauher. Plötzlich ist der Leuchtturm Gedser, seine Orientierungshilfe, verschwunden. Er wurde ausgeschaltet.

Mit Hilfe seines Kinderkompasses stellt Peter fest, daß der Wind weiterhin aus östlicher Richtung weht. Die Wellen bekommt er direkt von der Seite. In ihren Tälern macht er gute Fahrt, doch auf dem Wellenberg läßt der Wind sein kleines Boot tanzen. Jedesmal hat er Mühe, es wieder auf den richtigen Kurs zu bringen.

Eine riesige Welle, doppelt so groß wie ihre Vorgänger, rollt unvermittelt auf den erschrockenen Mann in seiner Nußschale zu. Ehe Peter reagieren kann, wird er völlig überspült. Die Wucht der Wassermassen hat den Spritzschutz aus seiner Halterung gerissen, und das Schlauchboot ist vollgelaufen. Mit Becher und Eimer versucht Peter zu lenzen. Doch beides wirft er bald über Bord und nimmt einen großen Schwamm. Ganz leer bekommt er das Boot auch damit nicht. Schon wird er vom nächsten Wellenberg begraben, aus dem er erst Sekunden später wieder auftaucht. Weitere acht Brecher überspülen ihn in gleicher Weise.

Nur noch der Sturm, weiße Schaumstreifen und die brechenden Seen sind Peters Begleiter. In Böen um acht Beaufort kämpft er ums Überleben. Bei halbem Wind kann er sich nicht mehr über Wasser halten. Also ändert er seinen Kurs und fährt jetzt mit dem Wind Richtung Westen auf die offene See.

Das anstrengende Paddeln im rauhen Seegang erwärmt den Erschöpften nicht mehr. Er friert jämmerlich. An einem vorbeitreibenden Brett erkennt er jedoch, daß er immer noch vorwärtskommt. Das gibt ihm neuen Mut, obwohl er nur noch von weißer Gischt umgeben ist. Doch er hat inzwischen gelernt, die großen Brecher mit seinem Boot zu nehmen, ohne ständig von ihnen überrollt zu werden.

Peter ist mit Schöpfen und Paddeln so beschäftigt, daß er den entgegenkommenden Frachter erst ziemlich spät bemerkt. Zu diesem Zeitpunkt ist er schon bereit, sich von jedem Schiff retten zu lassen, gleich welcher Nationalität. Er gibt Lichtsignale, winkt, pfeift mit seiner Trillerpfeife und schreit. Aber das Schiff fährt an ihm vorüber, eine riesige Schaumkrone vor sich herschiebend. Und wieder bleibt ihm nichts als Paddeln.

213

Peter unterhält sich mit einer Möwe, die interessiert zu ihm herabschaut. Eine aufsteigende Gänseschar gibt ihm das Gefühl, daß das Land nicht mehr weit sein kann. Schließlich sichtet er wieder eine Fähre, aber sie fährt in rund 500 Meter Entfernung vorbei. Diesmal unternimmt er kaum einen Versuch, auf sich aufmerksam zu machen. Viel zu klein ist sein Boot, als daß es auf diese Entfernung hätte erkannt werden können.

Weiter und immer weiter paddelt er. Längst hat er das Gefühl für die Zeit verloren. Seine Uhr läuft schon lange nicht mehr. Eine tiefe Müdigkeit überfällt ihn, er ist völlig ausgepumpt. Doch er kann nicht aufhören zu paddeln, er würde sonst noch fürchterlicher frieren. So arbeitet er wie mechanisch weiter.

Die See ist etwas ruhiger geworden, aus der größten Gefahrenzone ist Peter heraus. Doch Übermüdung und Kälte setzen ihm nach wie vor zu. Plötzlich schreckt er auf und ist wieder hellwach. Für Sekundenbruchteile sieht er die Wellen rückwärts laufen. Die Grenzen seiner Kraft sind erreicht, aber sein Körper aktiviert irgendwie eine letzte Reserve.

Im Gefühl neuer Kraft setzt der einsame Paddler wieder das Segel. Wind und Seegang sind jetzt etwas ruhiger, und bald nimmt sein kleines Boot mehr Fahrt auf. Allerdings hat Peter völlig die Orientierung verloren. Er will nur durchhalten, bis es dunkel wird und er sich wieder an den Lichtern orientieren kann.

Peter Faust in seinem Paddelboot

Wie lange er schon so segelt, vermag er nicht mehr zu sagen, als er plötzlich etwas Weißes auf sich zukommen sieht. „Diesmal muß ich mich bemerkbar machen", denkt er sofort. Schnell schraubt er sein Rigg auseinander und winkt mit dem Segel.

Immer größer wird der weiße Fleck: ein Passagierschiff namens DANIA. Es fährt direkt auf ihn zu. Peter Faust hört nicht mehr auf zu winken, die Rettung scheint greifbar nahe. Als das Schiff beidreht, wirft er vor Freude das Segel über Bord und paddelt wie wild näher heran. Endlich ist er in Rufweite, ein Besatzungsmitglied fragt ihn auf deutsch nach seinem Begehr. „Ich komme aus der DDR und möchte gerettet werden", lautet Peters Antwort.

Wenig später wirft man ihm einen Rettungsring zu. Als man ihn mit seinem Boot über Heck zum Schiff heranziehen will, kentert er. Um seine wenigen Habseligkeiten zu retten, läßt er den Rettungsring los und klammert sich an sein Boot. Endlich legt sich die DANIA auf seine Luvseite, und jetzt geht alles sehr schnell. Arme greifen nach ihm und ziehen ihn an Bord. Sein Boot folgt hinterher.

Mit lautem Beifall wird der Gerettete auf der DANIA, einem deutschen Ausflugsschiff mit überwiegend dänischen Passagieren, von ihnen und der Mannschaft begrüßt. Peter Faust kann es noch nicht fassen, daß er im Westen und in Freiheit ist. Die Crew stellt ihn

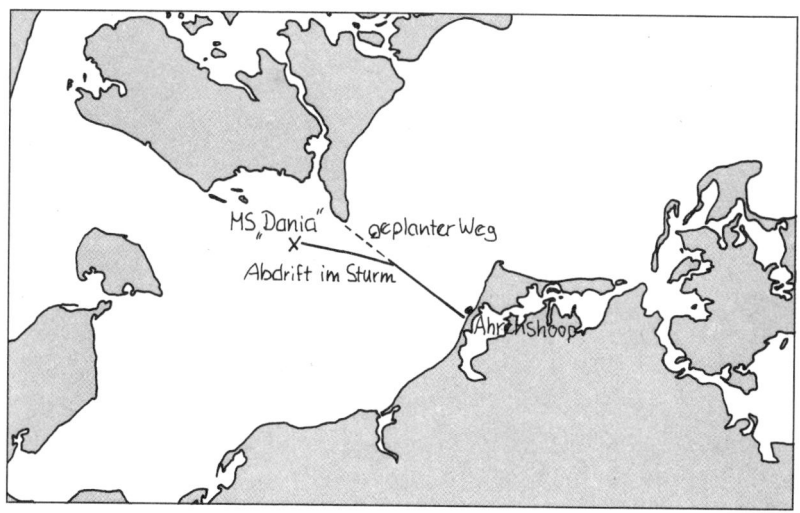

zuerst unter eine warme Dusche. Doch man rät ihm, seine Hände vom Wasser fernzuhalten. Sie sind völlig ausgelaugt, nur noch Hautfalten bedecken die Fingerknochen. Da er bei der Kenterung seine Reservekleidung verloren hat, bekommt er von der Mannschaft etwas Trockenes zum Anziehen. Seine erste Mahlzeit besteht aus einer warmen Suppe, danach kann er sich in der Krankenkajüte ausruhen.

Doch Peter ist völlig überdreht und findet keinen Schlaf. 15 Stunden war er auf See, aber das Geschehen scheint ihm immer noch unwirklich. Befindet er sich wirklich in der ersehnten Freiheit?

In Burg auf Fehmarn verlassen die Passagiere das Schiff, bleiben aber am Kai stehen. Als Peter dann in Begleitung des Bundesgrenzschutzes von Bord geht, klatschen alle erneut Beifall. Ein Reiseleiter der Gruppe überreicht dem Geflüchteten zwei Plastiktüten. Sie sind mit dänischen Kronen gefüllt, die für ihn gesammelt wurden.

Als Peter Faust mit seiner Frau telefoniert, bricht sie vor Freude in Tränen aus.

Peter Faust nach seiner Rettung an Bord der DANIA. Seine ausgelaugten Hände sind jetzt aufgequollen.

19
Geisterschiff W<small>INGA</small>

Am Freitag, dem 22. Juni 1989, einen Tag vor Eröffnung der Internationalen Ostseeregatta in Warnemünde, geschieht etwas Außergewöhnliches: Die Segelyacht W<small>INGA</small> aus Falkensee bei Potsdam wird nördlich von Darßer Ort herrenlos treibend entdeckt.

DDR-Segler finden das 9,30 Meter lange Stahlschiff unter vollen Segeln, doch von der Crew fehlt jede Spur. Sie bringen die Yacht nach Warnemünde, wo sie von der Grenzbrigade Küste übernommen und zum Steg der Wasserschutzpolizei nach Rostock geschleppt wird. Die Fragen der Regattateilnehmer nach dem Verbleib der W<small>INGA</small>-Crew bleiben unbeantwortet...

Die W<small>INGA</small> am Steg der Wasserschutzpolizei in Rostock

217

Für WINGA-Skipper Lutz Brendel, seine Frau Annelie sowie die beiden erwachsenen Söhne Dirk und Rayk hatte der Segelurlaub 1989 nach außen hin begonnen wie jeder andere. Am 13. Juni stiegen sie in Stralsund auf ihren in fünfjähriger Eigenarbeit gebauten Segelkreuzer. Und doch lief in diesem Jahr alles anders: Familie Brendel war fest entschlossen, über die Ostsee zu fliehen. Der Reglementierung im totalitären SED-Regime schon lange überdrüssig, trugen sie diesen Gedanken bereits seit Jahren mit sich herum. Ihre endgültige Entscheidung fiel im Frühjahr 1989, als die DDR-Führung die gewaltsame Niederschlagung der Studentendemonstrationen in China ausdrücklich befürwortete.

Vor der Saison haben die Brendels ihre Ersparnisse in Höhe von 13 000 Ostmark auf dem Schwarzmarkt in einen 25-PS-Außenborder vom Typ Volvo Penta investiert. Der soll ihr Fluchtfahrzeug antreiben, ein DDR-Schlauchboot aus dem VEB Textil- und Veredlungsbetrieb Großschönau. Der einzige DDR-Außenborder vom Typ Forelle wäre wegen seiner ohrenbetäubenden Lautstärke und notorischen Unzuverlässigkeit ungeeignet gewesen. Lutz Brendels Plan sieht vor, beim Überführungstörn von Stralsund zur Ostseeregatta nach Warnemünde auf See ins Schlauchboot umzusteigen und nach Nordwesten zu brausen.

Auf der einsamen Glewitzer Wiek, einem wenig befahrenen Seitenarm des Strelasunds, üben sie das nächtliche Umladen des schweren Motors ins Beiboot und unternehmen damit Probefahrten. Das nur 2 mal 0,8 Meter große Dingi ist mit der Crew und dem Gepäck völlig überladen. Skipper Lutz Brendel notiert mit seemännischer Genauigkeit die Zeiten zwischen den Tonnen und errechnet eine Geschwindigkeit von 30 Stundenkilometern. Das müßte reichen, um in zwei bis drei Stunden über die Ostsee zu kommen. Zugleich erprobt er seine selbstgebaute Windfahnensteuerung, mit der er die WINGA als Geisterschiff nach Dänemark nachkommen lassen will.

Annelie Brendel ist nach den Probefahrten im viel zu kleinen Schlauchboot völlig durchnäßt und halb erfroren. Dazu die nervliche Anspannung: Wird es gelingen? Die Familie unternimmt Ausflüge nach Hiddensee und Darßer Ort. Von beiden Landspitzen aus beobachtet Skipper Lutz in der Abenddämmerung mit Kompaß und Fernglas die Schiffsbewegungen auf der Ostsee. Westlich von Darßer Ort entdeckt er den Minensucher der Grenzbrigade Küste auf seinem Beobachtungsposten. Zudem sieht er im Seegebiet zwischen Darßer Ort und Hiddensee einen verdächtigen Fischkutter. Dort liegt ein Sperrgebiet der Armee, in dem überhaupt nicht gefischt werden darf. Und doch taucht der Kutter an jedem Abend darin auf.

Am 22. Juni klariert die WINGA am Kontrollpunkt Barhöft offiziell zur Überführung von den Rügenschen Bodden nach Warnemünde aus. Die Papiere der Crew sind in Ordnung. Kurz danach ankert der Skipper, um Zeit bis zum Einbruch der Dunkelheit zu gewinnen. Annelie belegt Brote und füllt eine Thermoskanne mit heißem Tee. In der Abenddämmerung geht die Yacht auf Kurs Nordwest. Vor Aufregung bekommt Annelie Durchfall. Sie nimmt ein Beruhigungsmittel.

Gegen 23.00 Uhr beginnen die drei Männer mit dem Zusammenbau der Holzteile des Schlauchboots und müssen dabei bedenken, daß bei der absoluten Windstille und spiegelglatten See jeder Laut weit zu hören ist. Deshalb starten sie den an der Badeleiter der WINGA hängenden Außenborder. Er übertönt die Geräusche beim Aufbau des Bootes und läßt sie ihren geplanten Ausstiegsort schneller erreichen. Um Mitternacht beginnen die beiden Jungen mit dem Aufpumpen des Bootskörpers, der auf dem Kajütdach liegt.

In dem Augenblick kommen von achtern die Positionslichter eines Fischkutters auf. Es ist derselbe verdächtige Kutter, den sie damals schon von Land aus beobachteten.

Haben die Grenzer Verdacht geschöpft?

Die Brendels brechen ihre Fluchtvorbereitungen ab und verstauen alles unter Deck. Um herauszubekommen, ob der Verfolger ein Grenzboot oder nur ein friedlicher Fischer ist, läßt Lutz Brendel die WINGA mal schneller und mal langsamer laufen. Und tatsächlich, der Kutter ändert in genau gleicher Weise seine Fahrt und bleibt ihnen auf den Fersen.

Jetzt ist alles klar.

Unentwegt beobachtet Skipper Lutz mit dem Fernglas die See. Dank seiner gründlichen Vorbereitung weiß er ziemlich genau, welche Schiffe gefährlich sind und welche nicht. Der Kutter der Grenzbrigade Küste bleibt jetzt achteraus und verliert sich in der Dunkelheit. Gemeinsam bauen die Männer das Schlauchboot weiter auf. Um 01.15 Uhr liegt es neben der WINGA. Mit Hilfe der Großschot wird der schwere Motor am Großbaum hinübergehievt. Aber genau in dem Moment nähern sich wieder die Positionslichter ihres Verfolgers. Wenn die Besatzung des Wachkutters das Beiboot mit Außerborder entdeckt, ist alles verloren.

Auf der WINGA bricht Panik aus. Lutz scheucht Frau und Söhne ins Dingi, wirft Reisetaschen, Kompaß, Taschenlampe und Schöpfpütz hinterher. Vor Aufregung vergißt er seinen Parka und die Seekarten, als er selbst ins Beiboot springt. Zum Glück startet der Motor auf den ersten Zug. Das Schlauchboot nimmt Fahrt auf.

Doch das völlig überladene Boot kommt nicht ins Gleiten, es schafft kaum zehn Stundenkilometer. Dabei waren 30 Stundenkilometer geplant, um den Bewachern schnell zu entkommen. Lutz will die Reisetaschen über Bord werfen. Annelie läßt es nicht zu, weil sie überall Wertgegenstände hineingestopft hat.

Also geht wenigstens einer der drei vollen Benzinkanister über Bord. Vor Angst, daß hinter ihnen der Suchscheinwerfer aufflammt, sind alle klatschnaß geschwitzt. Sie beugen sich weit nach vorn, damit das Heck etwas höher kommt. Endlich wird das Boot schneller und schneller und gleitet schließlich mit mehr als 30 Stundenkilometern über die spiegelglatte Ostsee.

Ganz vorn im Bug sitzt Annelie. Rayk hat sie mit einer Plane zugedeckt und hält ihre Hand. Dahinter hockt Familienvater Lutz mit dem Kompaß. Er hält Kurs Nordnordwest zur dänischen Insel Mön. Sohn Dirk bedient den Motor. Er hat schon Monate vorher daran gebaut und probiert. Von der Zuverlässigkeit ihrer Maschine hängt alles ab.

Gegen 02.30 Uhr erreichen die Flüchtenden etwa zwölf Meilen nördlich von Darßer Ort den internationalen Schiffahrtsweg und verlassen die DDR-Hoheitsgewässer. Annelie kriecht unter der Plane hervor und schenkt der ehemaligen Heimat einen letzten Blick. An der Küste blitzen von den Wachtürmen die Scheinwer-

ferkegel, mit denen nach Flüchtlingen gesucht wird. „Wie im KZ",
denkt Annelie. In diesem Moment verspürt sie zum ersten Mal ein
Gefühl der Befreiung. Aber die Angst kehrt sofort zurück, als sie
die Lichter zweier Kriegsschiffe aufkommen sieht. Sind es wieder
die grauen Wölfe aus der DDR? Familie Brendel weiß, daß die
Grenzbrigade Küste die Flüchtlinge noch in internationalen
Gewässern jagt. Dirk reduziert die Fahrt und geht auf Ausweich-
kurs. Die Kriegsschiffe kreuzen dichtbei den Kurs des Schlauchboots, ohne es zu entdecken.

Kurz nach 03.00 Uhr steigt das erste Morgenlicht über die
Kimm. Die Flüchtlinge entdecken etwas Graues am nördlichen
Horizont. Endlich kommt der befreiende Aufschrei: „Land in
Sicht! Mön!"

Die Insel wird immer größer, bald sind ein Leuchtturm und eine
Hafeneinfahrt zu erkennen. Doch den Freudentaumel der Brendels trübt noch eine kleine Unsicherheit. Sie sind ohne Seekarte
geflüchtet. Ist das auch wirklich Dänemark? Vor der Küste dümpelt
eine westlich aussehende Yacht mit schlaffen Segeln in der

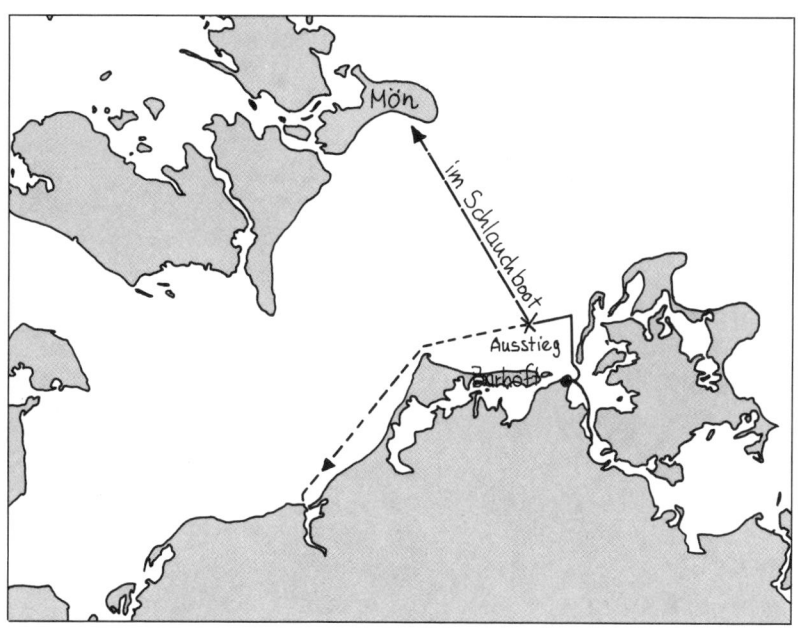

Dünung. Die Flüchtlinge umkreisen sie und sehen die westdeutsche Flagge am Heck. Im Cockpit döst der Skipper vor sich hin.

Lutz Brendel fragt ihn: „Ist das die Insel Mön?"

Der einsame Seemann bejaht verschlafen und zeigt ihnen die Hafeneinfahrt von Klintholm. Übermütig vor Freude gibt Dirk Gas. Da erst scheint der westdeutsche Segler die Situation zu begreifen und winkt ihnen lange nach.

Die Flüchtlinge laufen in Klintholm ein, wo noch alles schläft. Am Steg liegen sie sich in den Armen und machen sich dann hungrig über die Stullenpakete her.

Sie haben es geschafft!

Heute gehört die WINGA wieder der Familie Brendel und liegt am Steg der SVG in Geesthacht. Daß dies so gekommen ist, verdanken die Republikflüchtlinge ihrem Segelfreund Bodo Rex aus Hennigsdorf. Die Stasi hatte das Schiff als Fluchthilfsmittel eingezogen und wollte es an den Meistbietenden verhökern. Bodo Rex hatte damals den Mut, gegenüber der Stasi zu behaupten, daß er Miteigner der Yacht sei. Dadurch lief die Enteignung nicht so glatt wie vorgesehen und verzögerte sich bis zum Fall der Mauer. Im Frühjahr 1990 erhielt Familie Brendel dann ihr selbstgebautes Schiff zurück.

Glückliche Ankunft der Familie Brendel in Klintholm

20

Die Gestrandeten von Klintholm

Hafenmeister Erik Jensen erzählt

Nur 32 Seemeilen nordwestlich von Rügen und Hiddensee liegt die dänische Insel Mön. Bei klarem Wetter kann man von den deutschen Inseln aus den Kreidefelsen bei Klintholm erkennen. Viele Flüchtlinge sahen in diesem weißen Felsen das Ziel ihrer Reise in die Freiheit. Darum bedeutete für sie Mön mehr als jede andere Stelle an der freien Ostseeküste das erfolgreiche oder auch tragische Ende ihrer DDR-Flucht.

Erik Jensen, Jahrgang 1932, wurde 1963 Hafenmeister von Klintholm. Obwohl er nie in der DDR war, hatte er in knapp drei Jahrzehnten seines Berufslebens immer wieder mit diesem Staat und seinen Bürgern zu tun. Viele Flüchtlinge aus dem SED-Regime landeten unmittelbar vor seiner Haustür, lebend oder tot.

Solange die DDR existierte, zog es Jensen vor, über die seltsamen Ereignisse auf Mön zu schweigen, um dem ostdeutschen Geheimdienst keine Hinweise zu geben. Nun aber erzählte er den Autoren erstmals die Geschichte der Gestrandeten von Klintholm.

Hafenmeister Erik Jensen

Wann hatten Sie die ersten Begegnungen mit ostdeutschen Wasser-
sportlern?

Das war gleich, nachdem ich 1963 hier Hafenmeister wurde. Es
kamen Segler und Fischer aus Warnemünde. Aber die wollten
nicht fliehen, sondern blieben nur ein paar Tage, weil sie sonst
nicht wieder in den Westen kamen. Viele besuchten von hier aus
Verwandte in Hamburg. Wir beschafften ihnen eine Fahrkarte,
paßten auf ihr Boot auf und versuchten, alles geheim zu halten.
Diese Leute hatten furchtbare Angst, daß etwas herauskommen
könnte.

Und wann kamen dann die ersten Flüchtlinge?

Das ging 1969 los. Von da an muß es wohl in Ostdeutschland
immer schlimmer geworden sein. Im Sommer '69 machte hier ein
kleiner Segelkreuzer fest, ein selbstgebautes Holzboot. Der
Skipper hieß Gottwald und hatte Frau und zwei Kinder an Bord.
Die sind dann mit dem Zug nach Westdeutschland gefahren. Aus
Angst vor ostdeutschen Kriegsschiffen haben sie ihr Boot später
von Freunden nachholen lassen.

Im Herbst 1970 kamen zwei Mann angeschwommen und zogen
jeder ein Paddelboot hinter sich her. Die hatten zwar Außenborder,
aber der Sprit war ihnen ausgegangen. Paddel besaßen sie nicht.
Sie waren von Stralsund über Hiddensee geflüchtet.

1972 versteckte ich einen Fischer von einem Stralsunder Kutter,
der hier kurz festgemacht hatte. Die Crew suchte ihn im ganzen
Hafen. In meinem Büro stand der Kapitän und wollte wissen, wo
der Flüchtling steckte. Der saß ein Zimmer weiter bei meiner Frau
am Kaffeetisch und hörte alles mit. Aber natürlich stellte ich mich
unwissend.

Im Juli 1973 sahen wir die ersten Flüchtlinge mit einer offenen
Segeljolle. Ich meldete unserer Polizei, daß im Hafen zwei ostdeutsche Segler seien. Die Polizisten kamen und befragten sie. Danach
sagten sie entsetzt zu mir, die Fremden kämen anscheinend nicht
aus Ostdeutschland, sondern von einem anderen Stern, denn sie
hätten blaue Haare und blaue Gesichter. Das stimmte wirklich.

Alle staunten damals über die Blaugesichter. Das geflohene Ehepaar hatte mit der Jolle auf der Boddenseite von Hiddensee Urlaub gemacht. In der Nacht malten sie die Segel zur Tarnung blau an, zogen das Boot über die schmale Insel und hauten ab. Aber die ostdeutsche Farbe taugte nichts. Im ersten Regen auf See lief den Flüchtlingen das Blau über die Köpfe. Sie stammten aus Berlin, und ihre Jolle hieß IXYLON. Sie hatten sogar das Ruderblatt und die Wanten mit Gummi überzogen, weil sie glaubten, daß die Radarstrahlen dadurch nicht so gut vom Metall reflektiert würden.

Im Herbst 1973 landete hier eine völlig überladene Jolle mit sechs ausgehungerten Menschen aus Rostock. Sie hatten bei schlechter Sicht die Orientierung verloren, waren lange auf See herumgeirrt und hatten viele Tage nichts gegessen oder getrunken. Wir versorgten sie, damit sie wieder zu Kräften kamen.

Im Sommer '78 oder '79 kam ein Fischkutter aus Warnemünde in den Hafen, nur wegen des schlechten Wetters. Als er wieder losfahren wollte, fehlte ein Mann, der Sohn des Kapitäns. Der Junge hatte sich auf einem Fischkutter aus Niendorf versteckt und wollte nach Westdeutschland. Später habe ich erfahren, daß der Kapitän, weil er ohne seinen Sohn zurückkam, nie mehr zur See fahren durfte und in Warnemünde Fischkisten reparieren mußte.

Die erste größere ostdeutsche Segelyacht sah ich im Sommer 1980. Sie hieß NADIR, kam aus Warnemünde und wollte zu einer Regatta nach Tallinn. Weil Sturm war, ankerte sie vor Klintholm. Aber der Anker hielt nicht. Erst nach 36 Stunden traute sich die Crew endlich in den Hafen. Der Kapitän war sehr ängstlich und sagte mir abends, daß niemand etwas davon erfahren dürfe. Am nächsten Tag um sechs Uhr wollte er gleich wieder los. Doch dann sah ich ihn morgens um acht Uhr noch zwischen den Fischkisten nach irgend etwas suchen. Völlig niedergeschlagen sagte er mir, daß einer seiner Segler abgehauen sei. Wir riefen dann in Warnemünde an und meldeten den Absprung. Die Yacht durfte nicht mehr nach Tallinn zur Regatta, sondern mußte sofort zurück.

Dann kam der Herbst 1986 und brachte so schwere Stürme, daß sich keiner unserer Fischer rauswagte. Zwei von ihnen fanden einen erschöpften Surfer am Strand. Er hieß Karsten und war von Hiddensee aus geflohen.* Ich wollte das gar nicht glauben. Das

* siehe Kapitel 16

war ja Wahnsinn! Wir steckten ihn in warme Sachen, er hatte ja nichts. Meine Frau versorgte ihn dann weiter. Der Surfer war in großer Sorge um seinen Freund, den er unterwegs verloren hatte. Wir alarmierten unseren Seenot-Rettungsdienst und schickten Hubschrauber auf die Suche nach ihm. Dabei benutzten wir kein UKW-Gerät, damit die Ostdeutschen nicht mithören konnten, sondern funkten über Autotelefon. Einen Tag später war die See etwas ruhiger. Da erhielt ich von unserem Fischer Larsen Find, der mit seiner JANNE ausgelaufen war, einen Funkspruch: „Habe den zweiten Surfer gefunden. Er lebt und trinkt gerade bei mir Kaffee."

Sie haben von erfolgreichen Fluchtversuchen erzählt, wissen Sie auch von gescheiterten?

Wir haben ostdeutsche Boote gefunden, die nach den Stürmen hier angetrieben sind. Ohne Besatzung. Die Boote wurden an der Felsküste zertrümmert. Aber wir haben noch feststellen können, daß sie aus der DDR stammten. Es waren vor allem Paddelboote und Jollen. In jedem Herbst fanden wir solche Boote. Am schlimmsten war das in der Zeit zwischen 1977 und 1979. Da hatten wir einmal in kurzer Zeit sieben Bootswracks.

Und wissen Sie auch etwas von den Menschen?

Das ist nicht schön zu erzählen. Wenn unsere Fischer zwischen Mön und Rügen das Schleppnetz hochholten, lagen manchmal Leichen zwischen den Fischen. Ich kann mich an zwölf Tote erinnern. Wir brachten sie hier an Land und übergaben sie dem Gerichtsmedizinischen Institut in Kopenhagen. Dort wurden sie untersucht und als unbekannte Personen begraben. Wir wußten nicht, woher sie kamen. Ostdeutschland hat uns keine Vermißtenmeldungen geschickt. Aber es wurden nirgendwo so viele Leichen aufgefischt wie zwischen Rügen und Mön.

Könnte ein Angehöriger, der nach einem vermißten DDR-Flüchtling sucht, noch heute dessen Schicksal aufklären?

226

Wenn er die ungefähre Fluchtzeit weiß und eine Personenbeschreibung oder gar ein Foto hat, ist das vielleicht möglich. Die
Beschreibungen der Toten liegen beim Retsmedicinsk Institut,
Kobenhavns Universitet, Rigshospitalet, Blegdamsveg 9, Kopenhagen.

*Haben Sie von der Insel Mön aus DDR-Kriegsschiffe beobachten
können?*

Die waren oft hier, hielten aber immer etwa vier Meilen Abstand.
Einmal, das war wohl '81, haben die ein kleines Fluchtboot bis
kurz vor Klintholm verfolgt und noch eingefangen. Eine westdeutsche Segelyacht war in der Nähe, deren Crew hat alles gesehen.
Aber die Segler konnten nichts mehr machen. Wer will schon mit
einem ostdeutschen Kriegsschiff streiten?

Erklärung der Abkürzungen

ABV	Abschnittsbevollmächtigter
BBB	Bagger-, Bugsier- und Bergungsreederei
BDS	Bund Deutscher Segler der DDR
BDVP	Bezirksbehörde der Deutschen Volkspolizei
BGS	Bundesgrenzschutz
BPO	Betriebs-Parteiorganisation
BRD	Bundesrepublik Deutschland
BSG	Betriebssportgemeinschaft
CSFR	Tschechoslowakische Föderative Republik
DDR	Deutsche Demokratische Republik
DM	Deutsche Meisterschaft
DTSB	Deutscher Turn- und Sportbund der DDR
FDGB	Freier Deutscher Gewerkschaftsbund
FHG	Freiwillige Helfer Grenze
FPG	Fischereiproduktionsgenossenschaft
GAKl	Grenzaufklärer
GB	1. Grenzbataillon, 2. Grenzboot
GBG	Grenzbootsgruppe
GBK (GBrK)	Grenzbrigade Küste
GD	Grenzdurchbruch
GK	Grenzkompanie
GMS	Gesellschaftlicher Mitarbeiter für Sicherheit
GSA	Grenzschiffsabteilung
GVS	Geheime Verschlußsache
HMSR	Hochsee-Minensuch- und Räumschiff
IM	Inoffizieller Mitarbeiter der Staatssicherheit

KVM	Kommando Volksmarine
LPG	Landwirtschaftliche Produktionsgenossenschaft
MAW	Seitenanbaumotor für Fahrräder
MfS	Ministerium für Staatssicherheit
PM 18	Genehmigung zum Befahren der DDR-Hoheitsgewässer
PM 19	Genehmigung zum Verlassen der DDR-Hoheitsgewässer
PZF	Postzollfahndung
TBK	Technische Beobachtungskompanie
TBZ	Technischer Beobachtungszug
TGS	Täglicher Gefechtsstand
TTG	Territoriale Grenzgewässer
SED	Sozialistische Einheitspartei Deutschlands
SIL	Schwerer russischer Militärtransporter
SSO	Schutz- und Sicherheitsorgane (bestehend aus Staatssicherheit, Volkspolizei, Zoll und Grenzschutz)
Stasi	Staatssicherheitsorgane
VEB	Volkseigener Betrieb
VM	Volksmarine
VP	Volkspolizei
VPKA	Volkspolizeikreisamt
VVS	Vertrauliche Verschlußsache
ZB	Zollboot

Literaturhinweis

Uwe Gerig: *Morde an der Mauer*, Böblingen 1989

Werner Filmer/Heribert Schwan: *Opfer der Mauer. Die geheimen Protokolle des Todes*, München 1991

Dr. Rainer Hildebrandt: *Es geschah an der Mauer*, Berlin 1990

Peter-Joachim Lapp: *Frontdienst im Frieden – Die Grenztruppen der DDR*, Koblenz 1987

Hartmut Mehls: *Im Schatten der Mauer*, Berlin 1990

Peter Przybylski: *Tatort Politbüro. Die Akte Honecker*, Berlin 1991

David Ulrich/Gill Schröter: *Das Ministerium für Staatssicherheit. Anatomie des Mielke-Imperiums*, Berlin 1991

Heiner Sauer/Hans-Otto Plumeyer: *Der Salzgitter-Report. Die Zentrale Erfassungsstelle berichtet über Verbrechen im SED-Staat*, München 1991

Bildnachweis

Bodo Müller (5), Lutz Brendel (1), Helmuth Seltmann (12), Dieter Rother (2), Bild-Zeitung (3), Woche Aktuell (1), Museum Haus am Checkpoint Charlie (2), Rudolf Alert/Bild am Sonntag (1), BGS-See (2), Jürgen Rieck (1), Dieter Nöckel (3), Willi Gaeth (1), Archiv Ulrich Kujat (8), Redaktion surf/Achim Rubel (3), Archiv Brüder Kleistner (3), Manfred Hebekerl (1), Archiv Peter Faust (2); alle weiteren Dokumente: Bundesarchiv Koblenz, Zweigstelle Militärisches Zwischenarchiv Potsdam.

Jedes Buch ein Abenteuer

Nur wenige Menschen können sich Monate oder gar Jahre vom Alltag lösen. Und dann das erleben, wovon jeder insgeheim träumt. Was Segler auf langen Törns gewagt und gewonnen haben, erzählen sie in diesen Büchern. Jeder auf seine Art: spannend, nachdenklich, humorvoll. Eben keine Logbücher, sondern packende Erlebnisse für alle, die das Abenteuer lockt.

Wilfried Erdmann
Ein unmöglicher Törn
Transatlantik mit GATSBY und Gewinnern
Ein riskantes Unternehmen: Der erprobte Einhandsegler führt zweimal acht Gewinner eines Preisausschreibens über den Atlantik, die vorher kaum ahnten, auf was sie sich eingelassen hatten.
278 Seiten mit 37 Farbfotos und 54 Abbildungen, geb. DM 36,-

Burghard Pieske
Abenteuer unter arktischer Sonne – Shangri-La
Die letzte Etappe der 10-jährigen Reise führt Pieske durch die grandiose nordische Natur, durch Stürme und Eis, zu einem triumphalen Empfang im Heimathafen.
288 Seiten mit 34 Farbfotos, gebunden DM 34,-

Gudrun Calligaro
Ein Traum wird wahr
Als erste Deutsche einhand um die Welt
Mit ihrer Serienyacht „Mädchen" besteht eine Frau allein die Gefahren einer Weltumsegelung. Offen und ehrlich beschreibt sie die Erlebnisse und Gefühle ihrer zweijährigen Fahrt.
264 Seiten mit 42 Farbfotos und 1 Routenkarte, geb. DM 36,-

Jeff MacInnis und Wade Rowland
Eher friert die Hölle zu
Abenteuer Nordwestpassage
Ein dramatischer Erlebnisbericht über die erste Durchsegelung der tückischen Nordwestpassage Kanadas.
216 Seiten mit 38 Farbfotos, 18 Zeichnungen und 1 Routenkarte, gebunden DM 34,-

Erhältlich
im Buchhandel

Ernst-Jürgen Koch
Paradies im Stundenglas
Unsere letzte Reise mit der „Kairos"
Ein letztes Mal segeln Ernst-Jürgen und Elga von der Ostküste der USA südwärts in die Karibik und müssen erkennen, daß die Paradiese weniger geworden sind – zerronnen wie der Sand im Stundenglas.
408 Seiten mit 41 Farbfotos, gebunden DM 36,-

Bobby Schenk
80 000 Meilen und Kap Hoorn
Ein Seglerleben
Von seinen großen Reisen um die Welt und rund Kap Hoorn berichtet der beliebte Autor und gewährt zugleich einen Einblick in die bunte Szene der Yachties.
400 Seiten mit 50 Farbfotos und 2 Karten, gebunden DM 38,-

Tania Aebi und Bernadette Brennan
Die Welt im Sturm erobert
Ein exzentrischer Vater schickt seine junge Tochter ohne große Segelpraxis „einhand" um die Welt. Ihr Erlebnisbericht ist fesselnd wie ein Roman – ein Bestseller in den USA!
368 Seiten mit 24 Farbfotos, gebunden DM 38,-

Karl Vettermann
Barawitzka – Lauter Kapitäne, keine Matrosen
Als selbsternannter Admiral führt „B. A." vier Charteryachten nach Tunesien, deren Crews zum großen Teil aus Skipper-lehrlingen bestehen. Das bringt viele Probleme mit sich, die sich nur mit seiner gewohnten Pfiffigkeit lösen lassen.
278 Seiten mit 27 Zeichnungen, gebunden DM 34,-

Preisänderungen vorbehalten!

Delius Klasing
Verlag